Patricia Allen · Sandra Harmon
Kein Mann für eine Nacht

Dr. Patricia Allen praktiziert als Ehe-, Kinder- und Familienberaterin in Los Angeles und Newport Beach. Sie stützt sich in diesem Buch auf ihre eigenen Erfahrungen und auf die ihrer Klientinnen. Sie ist heute glücklich verheiratet und Mutter von vier Töchtern.

Sandra Harmon ist Schriftstellerin und Drehbuchautorin. Sie begeisterte sich spontan für Pat Allens Programm, nachdem sie selbst an einem Seminar teilgenommen hatte. Sie wurde als Autorin der *Dick Cavett Show* mit dem Emmy Award ausgezeichnet und war die führende Drehbuchautorin bei der *New Bill Cosby Show.* Außerdem schrieb und produzierte sie den Fernsehfilm *Fast Friends.* Sie ist Autorin des Romans *A Girl Like Me* und arbeitete mit Priscilla Presley zusammen an dem Bestseller *Elvis und ich.* Sie lebt in New York und Los Angeles.

Patricia Allen
Sandra Harmon

Kein Mann für eine Nacht

Den Richtigen finden und binden

Aus dem Amerikanischen
von Anni Pott

Kabel

Titel der amerikanischen Originalausgabe:
GETTING TO »I DO«
William Morrow and Company, Inc., New York

Während die Fallstudien in diesem Buch auf Interviews mit echten Personen beruhen, wurden die Namen, Berufe, Orte und andere biographische Details der Beteiligten geändert, um ihre Würde und ihre Anonymität zu wahren.

Aus dem Amerikanischen übersetzt von Anni Pott

Umschlag: Theodor Bayer-Eynck
Satz aus der Aldus (Linotronic 500)
Papier: Fortuna Werkdruckpapier »Pegasus« chlorfrei, säurefrei
Steinbeis Temming Papier GmbH & Co., Glückstadt
Gesamtherstellung: Clausen & Bosse, Leck
ISBN 3-8225-0304-5

1 3 5 7 9 10 8 6 4 2

Inhalt

Teil IV – Der Rest der Geschichte

Die Frauenbewegung brachte uns die Unabhängigkeit, aber sie brachte uns nicht die Liebe.

DR. PATRICIA ALLEN

Vorwort

Die Frauenbewegung hat mein Leben verändert. Bis ich Betty Friedans *Weiblichkeitswahn* gelesen hatte, war ich mir wie eine ganz normale, traditionelle Ehefrau vorgekommen. Mittelschicht, Mutter von vier Kindern, die nebenher Kunst und Sozialkunde an einer Junior-High-School unterrichtete. Rückblickend weiß ich jedoch, daß mir jedes Bewußtsein von meinen Rechten als eigenständiger Mensch fehlte.

Mein Mann war Sozialkundelehrer an einer High-School und Leichtathletiktrainer. Ich war neunzehn, als wir heirateten, er einundzwanzig. Er kontrollierte jeden Penny, den wir nach Hause brachten. Er erledigte sogar die Lebensmitteleinkäufe. So unglaublich es auch klingen mag, ich erhielt von ihm ein Taschengeld von nur 25 Cents am Tag (die ich lose in der Tasche trug, weil ich kein eigenes Portemonnaie besaß), wovon ich mir mein Mittagessen zu kaufen hatte: einen Salat für 15 Cents – der Discount-Preis in der Mensa – und etwas zu trinken für die restlichen 10 Cents. Meistens gab ich diese 25 Cents jedoch in der nahegelegenen Bäckerei für Kalorienbomben aus und kaufte mir ein paar Doughnuts. Mit dem Ergebnis, daß ich ständig weiter zunahm und am Ende einhundertsechsundachtzig Pfund auf die Waage brachte.

Eine Kollegin an der Schule, an der auch ich unterrichtete, drückte mir dann eines Tages das Buch *Der Weiblichkeitswahn oder Die Selbstbefreiung der Frau* in die Hand. Ich verschlang es. Ich verstand plötzlich, daß viele Frauen wie ich unter der Fuchtel von Männern lebten, die ihnen in Wahrheit unterlegen waren. Und ich erkannte, wie dringend ich selbst Hilfe brauchte.

Ich begann eine Therapie, und alsbald fing für mich ein neues Leben an, in dem ich als Individuum förmlich aufblühte. Ich nahm ab und entdeckte plötzlich ein Interesse an Kleidern und Make-up. Ich entschloß mich, nochmals ein Studium aufzunehmen, meinen Doktor zu machen, mit dem Ziel, Psychotherapeutin zu werden. Ich wollte anderen helfen können, die in der gleichen Lage waren, aus der ich mich befreit hatte.

Gehofft hatte ich natürlich, mein Mann wäre stolz auf die Veränderungen, mit denen ich mein Leben umkrempelte. Ich mußte aber schon bald feststellen, daß Unabhängigkeit, Individualität und der Punkt, gut auszusehen, nicht die Eigenschaften waren, die er zu schätzen wußte und sich von einer Frau wünschte. Je schlanker und attraktiver ich wurde und je besser ich meine eigene Meinung artikulieren konnte, um so wütender wurde er und um so mehr verlor er das sexuelle Interesse an mir, bis er sich schließlich völlig von mir abwandte.

Was mich bewegte, mich nun intensiv mit der Frage menschlichen Verhaltens zu beschäftigen. Ich besuchte Kurse und nahm an Gruppentherapien teil, um Antworten auf das Problem zu finden, wie Ehe und Beruf sich erfolgreich miteinander vereinbaren lassen. Aber noch ehe ich irgendeine Lösung gefunden hatte, gab mein Mann mir den Laufpaß.

Damit war ich zum erstenmal in meinem Leben allein. Und gezwungen, mich und meine Kinder selbst zu versorgen, mit Geld umzugehen, vier Töchter großzuziehen, mein Studium zu beenden und eine psychotherapeutische Praxis aufzubauen. Und ich hielt auch Ausschau nach einem neuen Ehemann, der mich so akzeptieren würde, wie ich sein wollte. Ich wollte beides sein: verheiratet und erfolgreich.

Wenige Monate nach meiner Scheidung lernte ich einen verdammt gutaussehenden arbeitslosen »Cowboy« kennen, der mir alsbald einen Heiratsantrag machte. Meine Kinder mochten ihn. Und ich, ich war begeistert und nahm natürlich an.

Die ersten Monate, die wir zusammen waren, waren wundervoll. Abgesehen vielleicht von der Tatsache, daß mein neuer Mann nicht in dem Haus meines Ex-Mannes und mit den Möbeln meines Ex-Mannes leben wollte. Da er nun bankrott, ich aber sehr wohl kreditwürdig war, wollte ich ihm den Gefallen tun und kaufte für uns ein neues Haus, die Möbel für zehn Zimmer, fünf reinrassige Pferde und ein Motorrad, eine Harley-Davidson.

Ich war außer mir vor Freude, als er schließlich einen Job bekam. Sechs Monate später, bei einer Weihnachtsparty, verzettelte er sich dann jedoch in eine Auseinandersetzung mit seinem Chef. Und wurde gefeuert. Am nächsten Morgen, kurz bevor ich zur Schule los mußte, erklärte er mir, er ginge nach Hause zurück, auf die Ranch seiner Mutter. Ich dachte, er macht Witze. Als ich dann am Abend jedoch nach Hause zurückkehrte, konnte ich gerade noch einen Blick von ihm erhaschen. Es sollte, wie sich herausstellte, der letzte sein.

Ich sah gerade noch, wie er mit einem großen Umzugswagen und meinen ganzen Möbeln davonfuhr. Die Pferde hatte er natürlich bereits weggeschafft.

Ich sah weder ihn noch die Pferde, noch die Möbel jemals wieder. Wenige Monate später verlor ich mein Haus, stand mit Bluthochdruck da und mußte Konkurs anmelden.

Wenig später lernte ich einen anderen Mann kennen. Er schien genau das zu sein, was ich nach dem »Cowboy« brauchte. Er war liebevoll, nett und reich. Er arbeitete nicht, weil er es nicht nötig hatte. Er kam aus einer angesehenen Familie, alter Geldadel, und besaß sogar eine Yacht. Er war für meinen Begriff das genaue Gegenteil meines Cowboys.

Wiederum heiratete ich meinen »Helden«, ziemlich schnell, nachdem wir uns kennengelernt hatten. Und wiederum schien am Anfang alles bestens. Mein Mann liebte mich und meine Kinder. Und er bezahlte nicht nur alle Rechnungen, er war auch insgesamt sehr großzügig. Das Leben mit ihm gab mir ein Gefühl der Sicherheit.

Nachdem wir dann aber etwa ein Jahr verheiratet waren, fing er an, sich zu beschweren, er fühle sich zu Hause einsam, während ich ständig unterwegs und hinter meiner Karriere her sei. Ich hatte zwar Schuldgefühle und wußte, daß ich meiner Arbeit Vorrang vor meiner Ehe gab. Ich war aber nicht bereit, klein bei- und meine Arbeit aufzugeben. Ich wollte Gleichberechtigung, so wie die Frauenbewegung sie mir versprochen hatte.

Ich kämpfte um die Beziehung. Aber es glückte mir nicht, das gewünschte Gleichgewicht zwischen Ehe und Beruf zu finden. Nach drei Jahren wurden wir geschieden.

Allmählich fragte ich mich, ob denn Ehe und berufliche Erfüllung *überhaupt* miteinander zu vereinbaren seien. Gleichberechtigung schien doch statt zu Liebe nur zu Konflikten und Verwirrungen zu führen.

Was ich in der Folgezeit beobachtete, war, daß Männer sich von Frauen, die stärker und »männlicher« waren, eingeschüchtert fühlten, selbst »weiblicher« wurden und nicht mehr so ohne weiteres bereit waren, sich zu binden und die Verantwortung für eine unabhängige Frau zu übernehmen, die ihn jederzeit, wenn es ihr in den Sinn kam, verlassen konnte. Kurz: Diese Männer wünschten sich noch immer eine traditionelle, fügsame und anschmiegsame Frau, keine »Emanze«.

Fest steht zumindest, daß die Mehrzahl der Männer, die ich in dieser Zeit meines Single-Daseins kennenlernte, sich entweder durch meinen Erfolg eingeschüchtert fühlten oder wollten, daß ich sie versorgte. Und die anderen mieden mich einfach.

Meine Töchter hatten die gleichen Schwierigkeiten. Auch sie konnten, als sie erwachsen waren, keine Partner finden, die bereit waren zu akzeptieren, daß sie berufstätig und damit rein zeitlich weniger verfügbar waren. Drei meiner Töchter studierten und übten ihren Beruf aus, während die vierte heiratete und ein Kind bekam. Was dazu führte, daß meine karriereorientierten Töchter diejenige mit Mann und Kind beneideten und sie wiederum die anderen drei um ihre Ausbildung beneidete.

Nach der Scheidung von meinem dritten Mann blieb ich achtzehn Jahre Single. Ich hatte in dieser Zeit eine Reihe von Beziehungen mit den unterschiedlichsten Männern. Und von allen lernte ich etwas, was ich offensichtlich lernen mußte.

1981 promovierte ich in Psychologie im Bereich Kommunikationsmethoden. Als Transaktionsanalytikerin hatte ich mich mit der zwischenmenschlichen Kommunikation beschäftigt, mit der Bedeutung und den Absichten, die hinter den Worten stecken, die Menschen in ihrer Kommunikation verwenden. Es gelang mir schließlich, Kommunikationsmuster so zu vereinfachen und zu Techniken zusammenzufassen, die ich in meine therapeutische Praxis übernehmen und damit meinen Klientinnen und Klienten zu einem besseren Umgang in ihren Beziehungen verhelfen konnte.

Die von mir entwickelte Technik bezeichnete ich als Semantische Wiederangleichung; sie war Gegenstand meiner Doktorarbeit. Grundlage sind bestimmte konsistente, logische Prinzipien, die innerhalb eines sorgfältig ausgearbeiteten Systems angewendet werden. Ausgehend von einem klaren Entscheidungsfindungsprozeß, der gezielt anzuwenden ist, brachte ich Männern und Frauen bei, wie sie rational sprechen (und argumentieren) konnten. So konnte ich pragmatisch ein System einer sich »ergänzenden« Kommunikation entwickeln.

Während meines Praktikums mußte ich mit Gruppen arbeiten, um meine Fertigkeiten unter Beweis zu stellen. Ich begann mit Seminaren über Beziehungsprobleme, die wöchentlich an einer High-School abgehalten wurden. Ich wollte Daten sammeln und die Ergebnisse meiner Untersuchungen möglichst vielen Menschen zugänglich machen.

Woche für Woche hörte ich Männern und Frauen zu, die, verwirrt über die Rollenverteilung von Männern und Frauen, emotional nicht mehr zurechtkamen. Da waren Männer, die sich beklagten, sie fühlten sich von den Frauen erdrückt, die hinter ihnen her wären. Andere fühlten sich von den Frauen abgelehnt, die ihrerseits nicht die Initiative ergriffen. Manche sagten, sie fühlten sich in ihrer natürlichen »männlichen« Großzügigkeit gehemmt, wenn Frauen wie selbstverständlich die Rechnung bezahlten. Andere fragten, wie sie sich bei einer Frau verhalten sollten, die sie zwar zum Ausgehen eingeladen hatte, dann aber erwartete, daß sie bezahlten. Die Frage war: Wie sollten sie einerseits die »männlichen« Qualitäten der Frau »respektieren« und andererseits gleichzeitig liebevoll verwöhnend auf ihre weiblichen Qualitäten »eingehen«?

Und die Frauen beklagten sich ihrerseits über die Männer. Einige zweifelten die Männlichkeit derjenigen an, die es nicht auf Sex abgesehen hatten. Andere weigerten sich, mit einem Mann zu schlafen, solange sie keine »feste Bindung« hatten, nur um dann zu sehen, daß der Mann seiner Wege ging, noch ehe so etwas wie eine Beziehung zustande kommen konnte. Wiederum andere Frauen verliebten sich, hatten Sex und erwarteten, daß eine feste Beziehung die natürliche Konsequenz sein würde, nur um dann festzustellen, daß der Mann in dieser Richtung keinerlei Absichten hatte. Wie auch immer, bei allen ging es um die Frage der Bindung. Mir war inzwischen klar, daß Frauen dabei waren, so männlich zu werden, daß Männer sie als ihresgleichen ansahen, als eine »der Typen«, die Geld und Genitalien ohne Bindung teilen.

Und es gab Mißtrauen. Die Frauen beklagten sich, daß die Männer mit ihrer neuentdeckten »Sensitivität« zwar darüber sprachen, wie sie sich fühlten, aber nicht bereit waren zuzuhören, wenn die Frauen erzählen wollten, wie sie sich fühlten. Während wir uns vorher an das traditionelle Rollenverteilungsmuster zwischen Männern und Frauen gehalten hatten (wonach der Mann der Ernährer und die Frau für den Nestbau zuständig war), erwarteten wir jetzt mit einemmal alles von unserem Partner – und bekamen außer Enttäuschungen in der Konsequenz wenig.

Das war der Hintergrund, vor dem ich begann, meine Beziehungstheorien zu Männer- und Frauenrollen aufzustellen. Kann eine Frau Beruf und Ehe miteinander vereinbaren? Wieviel Unabhängigkeit und Verantwortung ist gut für eine intime Beziehung – oder schlecht?

Mich faszinierte das Werk von C. G. Jung, jenem brillanten

Schweizer Analytiker, der überzeugt war, jeder Mann und jede Frau verfüge auch über einige Hormone des jeweils anderen Geschlechts und damit auch über Persönlichkeitsmerkmale des anderen Geschlechts. So haben Männer, laut Jung, eine weibliche Seite, die er als »Anima« bezeichnete. Sie trägt dazu bei, daß sie Frauen entweder lieben oder sie verwünschen. Und Frauen haben eine entsprechende männliche Seite, ihren »Animus«. Sie trägt dazu bei, daß sie stark sind und sich selbst lieben können oder daß sie wütend und selbstzerstörerisch sind. Dieses dualistische Konzept wird heute als »Androgynie« bezeichnet.

Ich wollte herausfinden, wie Menschen ihre positiven weiblichen und männlichen Seiten ausgewogen miteinander in Einklang bringen und den negativen Aspekt des Mißbrauchs ausschalten können.

Ausgehend von Jungs Theorien entwickelte ich eine Theorie und Strategie, wie Männer und Frauen ihre weiblichen und männlichen Seiten in einer ausgewogenen und konfliktfreien Weise zusammenbringen können, die es ihnen, so wie es recht und billig ist, ermöglicht, alle ihre positiven Aspekte als Paar miteinander zu teilen. Das Ergebnis meiner Forschungen gab ich an meine Klientinnen und Klienten und in meinen wöchentlichen Seminaren weiter.

So hatte ich schließlich mein Ziel erreicht: Ich konnte Menschen helfen, ihr Potential voll zu entwickeln – physisch, mental und emotional –, und ihnen gleichzeitig beibringen, wie sie miteinander in einer Weise kommunizieren konnten, die es ihnen ermöglichte, ein Leben zu leben, das von Autonomie, Kreativität und Spontaneität geprägt war.

Als sich alsbald herumgesprochen hatte, daß ich Männern und Frauen tatsächlich helfen konnte, erfolgreich miteinander zu kommunizieren und umzugehen und zu heiraten, waren die Wartezimmer meiner Praxen in Los Angeles und Newport Beach in Kalifornien nur noch selten leer. Und ebenso drängten sich inzwischen die Teilnehmer und Teilnehmerinnen in meinen wöchentlichen Seminaren, die in einem großen Saal veranstaltet werden. Bei vielen der Teilnehmerinnen handelt es sich um die schönsten und erfolgreichsten Frauen Los Angeles', darunter Hollywood-Top-Stars, Top-Filmemacherinnen und führende Managerinnen – die alle im Büro, auf der Bühne oder auf der Leinwand erfolgreich ihren »Mann« stehen, aber in ihren Liebesbeziehungen als »Frau« nicht unbedingt erfolgreich sind. Sie kommen in meine Seminare, hören sich meine Radiosendungen an und haben meine Selbsthilfe-Kassetten zu Bestsellern gemacht. In Zeitungen und Zeitschriften wurde über mich geschrieben, ich wurde der »Liebesdoktor« oder »Beziehungs-Guru« genannt, und ich bin in vielen großen Fernsehshows aufgetreten.

Von einer zwanzigjährigen Warte zurückblickend, sehe ich die Ergebnisse meiner Arbeit bei den Tausenden Männern und Frauen, die an meinen Seminaren teilnehmen und mit dem, was ich ihnen vermittele, experimentieren und so lange probieren, bis sie ihren eigenen Weg zur Nutzung meiner Lehren gefunden haben. Sie lernen es, geschickter mit der Liebe und ihren persönlichen Beziehungen umzugehen. Mehr als zweitausend Paare haben dank meiner Techniken ihr Eheglück gefunden und sind zusammengeblieben.

Und auch ich habe dieses Glück gefunden. Eines Abends nahm ein ausgesprochen toller Mann an einem meiner Seminare teil. Nun, er kam immer wieder, und wir lernten einander kennen. Drei Jahre lang nutzte er die Informationen, die er in diesen Gruppen gelernt hatte, um mich zu umwerben. 1990 heirateten wir.

Meine drei alleinstehenden Töchter, die das, was ich sagte, anfänglich natürlich nicht ernst nahmen, schließlich war ich die »Mutter«, griffen dann später doch darauf zurück und heirateten wundervolle Männer.

Ich wünsche mir, daß Sie die gleiche Erfüllung finden wie wir. Zusammen mit meiner Mitautorin Sandra Harmon habe ich in diesem Buch die Ergebnisse meiner zwanzigjährigen Forschungen und Erfahrungen als Eheberaterin, als Familien- und Kindertherapeutin und als Transaktionsanalytikerin zusammengefaßt.

Ich habe meine eigene, durchaus etwas »andere« Sicht von Beziehungen entwickelt. Möglich, daß manche sich über meine Verhaltensregeln ärgern. Daran kann ich nichts ändern – jedenfalls: Die Regeln funktionieren dennoch. Mein System ist nicht komplex, aber es ist die Antwort auf die Bedürfnisse von Individuen, die in einer komplexen Welt leben. Was ich propagiere, soll Ihnen helfen, in Ihren Beziehungen und in Ihrem Beruf eine intelligente Wahl zu treffen, so daß Sie beides so miteinander kombinieren können, daß es Ihren spezifischen Bedürfnissen entspricht.

Ich möchte den vielen Menschen danken, die alle auf ihre Weise zu diesem Buch beigetragen haben.

Als erstes möchte ich vor allem meiner Mitautorin Sandra Harmon danken. Sie nahm vor sechs Jahren an einem meiner Seminare teil. Wir trafen uns anschließend, und ich war von ihrer Dynamik, ihrer mitreißenden Persönlichkeit und ihrem herausragenden

Geist sowie auch von der Tatsache beeindruckt, daß sie die Mitautorin von Priscilla Presleys Bestseller *Elvis und ich* war.

Ich fragte Sandy, ob sie bereit sei, mit mir bei diesem Buch zusammenzuarbeiten. Nachdem sie sich ein Jahr lang mit meinen Theorien beschäftigt und sie in ihrem eigenen Leben ausprobiert hatte, stimmte sie zu. Sie glaubte an meine Arbeit, und ich schätzte und brauchte ihren außergewöhnlichen logischen Verstand, ihren Humor und ihre Qualifikationen als großartige Autorin und als jemand, der komplexe Ideen allgemeinverständlich ausdrücken und vermitteln kann. Mit »Danke, Sandy« ist kaum alles gesagt, aber es ist das, was ich sagen möchte. Ohne sie hätte dieses Buch nicht geschrieben werden können, und es wäre nicht geschrieben worden.

Es gibt andere, die uns bei dieser Arbeit unterstützten. Sandys Agentur, William Morris, die für mich als unbekannte Autorin mit ihrem Top-Literaturagenten Owen Laster ein Bonus war. Pam Bernstein, die mit Owen zusammenarbeitete, war eine wundervolle Unterstützung, und sie half uns, das Buch an Susan Leon und Howard Kaminsky vom William-Morrow-Verlag zu verkaufen. Mein Dank gilt auch Liza Dawson, die uns als Lektorin unterstützte, nachdem Susan Leon Morrow verlassen hatte, und ebenso Sally Arteseros, die glänzende Arbeit bei der Schlußredaktion des Manuskriptes leistete. Und danken möchte ich auch Marcy Posner, die unsere Agentin bei William Morris wurde, nachdem Pam die Agentur verlassen hatte. Nicht zuletzt möchte ich auch meinem loyalen und geduldigen Mann Guy und meinen vier Töchtern, insbesondere Susan, danken für all die praktische Hilfe, die sie mir gegeben haben.

Ebenso danken möchte ich meinen langjährigen Partnern und Partnerinnen, die mit mir zusammen in einer Gemeinschaftspraxis praktizierten, Marilyn Brown, Bob Stohr, Tom Lord, Rick Harrison, Chloe Parham und Lucille Posner, die, wie viele andere, die kamen und dann ihre eigene Praxis eröffneten, halfen, die Feinheiten meines Systems auszuarbeiten. Dank auch an Steven Kral, der am Anfang mit dabei war.

Mein besonderer Dank gilt natürlich den Tausenden Frauen und Männern, die über ihre Erfolge und ihr Scheitern dazu beigetragen haben, daß ich jede Idee, jede Technik, jeden Schritt des Weges bis hierhin lernen konnte. Dieses Buch ist das Ergebnis von zwanzig Jahren Forschung mit Tausenden von Frauen, die in der gleichen Situation wie ich waren. Sie wollten neue Wege kennenlernen, wie sie eine glückliche Beziehung finden konnten. Sie halfen mir, diese Informationen zu sammeln, von denen Sie jetzt profitieren können. Als Therapeutin und als Frau habe ich diesen Klientinnen und Studentinnen vieles zu verdanken.

Und schließlich möchte ich Ihnen als Leserin danken. Solange Frauen (und Männer) wie Sie in Büchern, Seminaren und Vorträgen nach besseren Antworten auf die Fragen des Lebens suchen, wird die Menschheit mit besseren Ehen und Familien davon profitieren.

Wenn Sie sich an das halten, was Sie aus diesem Buch lernen können, kann ich Ihnen versprechen, daß Sie

1. Ihre männliche und weibliche Energie am Ende ausgewogen miteinander in Einklang bringen können;
2. in der Lage sein werden, Ihren potentiellen Partner anzuziehen und anhand von Beobachtungen einzuschätzen, wie es um sein inneres Gleichgewicht und seine Integrität als Heiratskandidat bestellt ist;
3. über die Kommunikationsfertigkeiten verfügen, um innerhalb eines Jahres eine gesunde Beziehung und Ehe »aushandeln« zu können.

Einleitung

Dieses Buch ist für jeden, ob Mann oder Frau, der in der heutigen Zeit eine Beziehung finden und / oder aufrechterhalten möchte. Es wendet sich allerdings vorrangig an Frauen. Es gibt viele Tausende wie Sie da draußen, die beruflich erfolgreich, aber unfähig sind, eine Beziehung zu finden, weil sie mit der heute vorherrschenden Rollenverteilung zwischen Männern und Frauen nicht mehr zurechtkommen. Ich werde Ihnen zeigen, worauf es ankommt und warum es darauf ankommt. Dinge, die Sie bisher nicht wußten. Ich werde Ihnen zehn Geheimnisse anvertrauen, die es Ihnen ermöglichen, den Mann kennenzulernen, den Sie sich wünschen, und mit ihm eine Beziehung einzugehen – sehr wahrscheinlich wird nicht einmal ein Jahr vergehen, bis es soweit ist.

Sie begegnen diesem erfolgreichen, bewundernswerten unverheirateten Mann im Büro oder in dem Apartmenthaus, in dem Sie wohnen, oder bei irgendeiner Veranstaltung. Aber wie schaffen Sie es, daß er Sie einlädt?

Ich kann Ihnen sagen, wie Sie seine Aufmerksamkeit gewinnen, ihn dazu bringen können, daß er sich mit Ihnen verabredet, wie Sie eine gesunde sexuelle Beziehung *und* womöglich noch binnen Jahresfrist eine feste Bindung finden können.

Was ist mit dem Mann, dem Sie bereits seit ein oder zwei Jahren Ihre Zeit widmen, dem Sie Sex geben und in den Sie Ihre Energie investieren?

Ich kann Ihnen sagen, wie Sie Ihre Beziehung mit ihm wiederbeleben *oder* wie Sie ihn gegen einen besseren Mann tauschen können.

Wenn Sie eine starke Frau sind, müssen Sie sich nicht verändern. Sie müssen nur lernen, wie Sie Ihre weibliche Seite nutzen können, um Männer anzuziehen – das heißt, sofern Sie den weiblichen Part in der Beziehung übernehmen möchten. Wenn nicht, werde ich Ihnen sagen, wie Sie den »Richtigen« finden können, der respektiert, daß *Sie* die Führungsrolle übernehmen.

Dieses Buch zeigt jedem, ob Mann oder Frau, neue Wege und Möglichkeiten auf, jedem, der sich eine feste, langfristige Beziehung und/oder Ehe wünscht.

Fragen, die dieses Buch beantworten wird

Was Männer sich von Frauen wünschen, und was Frauen sich von Männern wünschen...

Warum Gleichberechtigung nicht funktioniert, wohl aber das Billigkeitsprinzip...

Wie erkennbar ist, ob er ein Geber oder ein Nehmer ist...

Wie erkennbar ist, ob er ein Frauenhasser ist...

Wie erkennbar ist, ob Sie eine Männerhasserin sind, und wie Sie sich so verändern können, daß Sie Männer lieben...

Warum eine feminine Frau nicht den ersten Schritt tun sollte...

Warum eine feminine Frau ihrem maskulinen Mann nicht sagt, was sie denkt, sondern nur, was sie fühlt...

Warum ein maskuliner Mann sich nicht verliebt, wenn er *bei* einer Frau ist, sondern nur, wenn er weg von ihr ist...

Warum Sie nie ohne eine feste Bindung Sex mit einem Mann haben sollten...

Warum eine feminine Frau sich nicht an einen maskulinen Mann ranmachen kann...

Wie erkennbar ist, ob Sie eher der männliche Part in der Beziehung sind...

Warum Sie nichts damit erreichen, wenn Sie einem maskulinen Mann sagen, was Sie sich wünschen...

Warum Sie sich nie mit einem Mann streiten dürfen...

Wie Sie es schaffen, daß er Ihnen innerhalb eines Jahres einen Heiratsantrag macht...

Teil I

Ehe Sie vor die Tür gehen

1. Könnten Sie das sein?

Sie sind allein, erfolgreich, und die Uhr tickt. Sie sind noch jung; Sie sind emanzipiert, kompliziert und vielseitig. Sie möchten, daß Ihr Hirn geachtet wird und Ihre Gefühle gewürdigt werden von dem Mann, den Sie achten und wertschätzen. Sie möchten mit diesem Mann eine gedankliche, gefühlsmäßige und eine Partnerschaft mit gemeinsamen Lebenszielen eingehen – mit Heim, Familie und einem interessanten Beruf. Sie hatten Beziehungen mit Männern, die am Anfang ganz in Ordnung schienen, aber dann ging alles in die Brüche ... für gewöhnlich noch innerhalb des ersten Jahres. Manchmal holten Sie zum Befreiungsschlag aus, und ein andermal hielten Sie zu lange daran fest.

Sie merken manchmal, daß Sie Frauen beneiden, die Männer haben, die Sie nicht haben möchten, Frauen, die Mütter von unausstehlichen Kindern sind und die in Häusern wohnen, die Sie hassen – *warum*? Oder: Sie stellen sich vor, Sie würden jenen netten, langweiligen Mann heiraten, mit dem Ihr Steuerberater Sie zusammengebracht hat, oder jenen Mann, den Sie im Supermarkt kennengelernt haben, der den Preis von jedem einzelnen Artikel wußte, und plötzlich merken Sie, daß sich in Ihrem Magen ein Druck breitmacht – *warum*?

Sie arbeiten mehr, in der Hoffnung, daß das Geld zu einer Befriedigung führt. Sie verreisen mit Ihren alleinstehenden / geschiedenen Freundinnen, nur um die Zeit sinnvoll auf der Suche nach einem Mann zu nutzen. Vielleicht haben Sie auch gelegentlich eine Verabredung mit dem »perfekten« Typen, aber er ruft einfach nicht wieder an. Oder Sie sind nach wie vor mit jenem verheirateten Mann zusammen, der Ihnen immer wieder verspricht, seine langweilige Frau zu verlassen, es aber nie tut.

Sie versuchen, an jenen recht attraktiven Philosophieprofessor, der sich so glänzend unterhalten kann, und an die Essensmarken ranzukommen, wonach es einen Lunch für zwei zum einfachen Preis gibt, aber irgendwie schaffen Sie es nicht. *Warum?*

Warum die Leute nicht zum Heiraten kommen und nicht verheiratet bleiben

C. G. Jung zufolge hat jeder Mann eine weibliche, fühlende Seite und jede Frau eine männliche, denkende Seite. Gang und gäbe bis in die Sechziger war es jedoch, daß die Männer, die in die Welt hinaus mußten, um die »Brötchen zu verdienen«, ihre weibliche Seite unterdrückten und daß die Frauen, die heirateten, um »Hausfrauen« zu werden, ihre männliche Seite unterdrückten. Bis dahin wurden die Gepflogenheiten bei Rendezvous, beim Werben und in der Ehe noch von den traditionellen Werten bestimmt. Voreheliche Sexualität wurde aufgrund des Risikos einer Schwangerschaft gefürchtet. Abtreibungen waren illegal, gefährlich und für viele schlicht unmöglich. Scheidung war nach wie vor ein Skandal, und gute Frauen gehorchten ihren Männern.

Anfang der Siebziger gelang es der Frauenbewegung, erstmals einer breiten Masse zu vermitteln, daß das »Männliche« – oder jene männlichen Qualitäten, die für Erfolg standen – etwas war, was auch Frauen aktiv anstreben konnten. Geld, Macht, Unabhängigkeit und Prestige waren Dinge, die nun alle im Bereich der Möglichkeiten für eine Frau lagen und erstmals realistisch erreichbar waren, ohne daß dabei kulturelle Werte geopfert werden mußten. Was geopfert wurde, waren die traditionellen Männer- und Frauenrollen, die seit Generationen die Grundlage von glücklichen Beziehungen gewesen waren. Die Frauen schämten sich sogar – verständlicherweise angesichts der neuen nunmehr vorherrschenden Kultur –, wenn sie zufrieden mit ihren traditionellen Frauenrollen waren.

Statt nur »Hausfrauen«, Sekretärinnen oder Lehrerinnen zu werden, wurden Frauen jetzt auch Managerinnen, Anwältinnen, Professorinnen und Präsidentinnen von Großunternehmen, genau wie die Männer, und sie verzichteten zunehmend darauf, was kein Zufall war, ihre liebenswürdigere, nettere und sensitivere Seite ihrer Natur weiterhin zum Tragen zu bringen. Frauen und Männer hatten nunmehr begonnen, um es mit Jung auszudrücken, beide Seiten ihres wahren Selbst zu entwickeln, die männliche und die weibliche.

Was dazu führte, daß es im Umgang mit Liebesbeziehungen schon bald keine speziellen Verhaltensregeln mehr für den Mann oder die Frau gab. Er konnte sie anrufen, oder sie konnte ihn anrufen. Sie konnte bei einer Verabredung bezahlen oder er, oder sie konnten sich die Rechnung teilen. Er konnte sich an sie ranmachen, oder sie konnte sich an ihn ranmachen. Sie konnte die Initiative zu Sex ergreifen, oder er konnte es. Die freie Liebe war in. Bindung war out. Gleichberechtigung war der Name des Spiels! Und die Beziehungen entwickelten sich zu einer Art Schlachtfeld, auf dem Männer und Frauen den gleichen Status, die gleiche Macht und das gleiche Prestige zu gewinnen suchten.

Wäre das auf den Konferenzraum beschränkt geblieben, so hätte es sich dabei nur um eine Erweiterung des Kampfgebietes gehandelt. Was aber nicht überrascht ist, daß dieses Kräftemessen auch im Schlafzimmer Einzug hielt. Männer und Frauen wetteiferten um die gleiche Position. Der Balztanz wich zwei Partnern, die um die Führung kämpften. Und bei diesem ganzen Prozeß vergaßen wir, wie wir einander lieben und einander unsere Liebe zeigen konnten.

Mit dem Auftauchen von AIDS wandelten sich die Dinge dann abermals. Die freie Liebe war out; sexuelle Verantwortung war in. Bindung, Monogamie, Stabilität und Ehe wurden neuerlich erstrebenswerter und zunehmend geschätzt. Die Frauen merkten, daß sie nicht nur Sex und Erfolg wollten; sie sehnten sich auch nach einem Mann und nach Kindern – mit anderen Worten, nach einer Familie. Aber wie sollten sie das finden? Nur wenige wußten, wie sie überhaupt zu einer Beziehung kommen, geschweige denn drin bleiben konnten.

Grausamen Statistiken zufolge ist es nur ein kleiner Prozentsatz von Frauen, die über Dreißig noch heiraten. Exakt die Hälfte aller geschlossenen Ehen ist von vornherein zum Scheitern verurteilt und endet mit Scheidung. Eine Quote, die fast so schlecht ist wie die der Beziehungen, die sich selbst zerstören, ehe sie den Altar erreichen und damit eine Chance gehabt hätten, dem allgemeinen Negativtrend entgegenzuwirken.

Aber *Sie* können diesem Trend entgegenwirken.

Wollen Sie alles, oder sind Sie bereit, um »seiner« willen Kompromisse einzugehen?

Freud stellte am Ende seiner Laufbahn die Frage: »Was wollen die Frauen?« Die treffendste Antwort heute ist: »Alles.« Und das ist genau das, was falsch ist. Frauen (und Männer), die alles wollen, enden damit, daß es niemanden gibt, den sie lieben können.

In der heutigen Gesellschaft sind gesunde Männer und Frauen so angeglichen, in einem so umfassenden Sinne männlich und weiblich, daß sie einander, wie es scheint, nicht mehr brauchen. Frauen können ihren Lebensunterhalt verdienen und allein leben; Männer können kochen und allein leben. Niemand muß heiraten, um Sex zu haben. Serienmäßige Monogamie, also eine Serie kurzlebiger monogamer Romanzen, ist die heute vorherrschende Beziehungsformel und Narzißmus die heute vorherrschende Persönlichkeitsstörung.

Gegen einen gesunden Narzißmus ist nichts einzuweden; denn dahinter steht, daß jeder von uns das Recht hat, eine ganze Person – mit all ihren männlichen und weiblichen Qualitäten – zu sein. Jeder von uns hat das Recht zu denken und zu fühlen. Jeder von uns hat ein Recht auf seinen eigenen Körper. Wir haben das Recht, ein Individuum, getrennt von allen anderen zu sein. So sind wir an dem Punkt angelangt, an dem wir alles sein können, was uns selbst und allein angeht, wenn wir es möchten. Aber das Problem ist: Wie kommen wir zusammen?

Heute haben wir es in jeder Beziehung mit vier Personen, statt nur mit zwei zu tun – mit seiner männlichen und seiner weiblichen und mit ihrer weiblichen und ihrer männlichen –, also mit vier komplizierten und vielschichtigen Kreaturen, die alle für sich, und oftmals gleichzeitig, die Freiheit beanspruchen, ob ihres Denkens respektiert und ob ihrer Gefühle geschätzt zu werden. Gleichberechtigung ist in der Regel jedoch eine Frage der Konkurrenz. In einer »gleichberechtigten« Beziehung möchte niemand auf seine Rechte verzichten.

Aber in der Romanze ziehen nur Gegensätze sich an. Menschen, die sich ähnlich sind, stoßen einander ab. Was ist eine »Romanze«? Für Frauen bedeutet Romanze, sich der Phantasie hinzugeben, daß ein Mann sich so sehr um sie kümmert, daß er sich verantwortlich für sie fühlt und sie beschützen wird, großzügig ihr gegenüber ist und auf ihre Gefühle eingeht. Er verhält sich wie »ihr Mann«.

Die andere Seite des Deals ist, daß sie zwar genauso intelligent wie er ist, sich aber seine Ideen anhört, sich seinem Denken unterordnet, ihn nicht herausfordert und ihm keinen Anlaß gibt, sich beweisen zu müssen oder daß er sich unzulänglich fühlt. Sie wird »seine Frau«. Das ist der Handel, und er funktioniert. Das ist »Billigkeit« statt »Gleichberechtigung«.

Heutzutage wird die Ehe als eine »gleichberechtigte« Partnerschaft angesehen. Romantische Beziehungen sind jedoch keine Joint Ventures, auf die Firmenpräsidenten sich verständigen. Wir haben es dabei vielmehr mit einer Unternehmensstruktur zu tun, der ein Präsident vorsteht, der für die Ideen und Pläne maßgebend ist (die männliche Energie) und der neben sich eine Vizepräsidentin hat, die für die Gefühle maßgebend ist und ein Vetorecht hat (die weibliche Energie).

Der männliche Präsident bringt den Status und die Sicherheit in die Beziehung und ist zuständig für den materiellen Part: Geld, Besitz, Arbeit; die weibliche Vizepräsidentin bringt die Sinnlichkeit und Sexualität in die Beziehung und ist für das abstrakte spirituelle Niveau zuständig. Die Frau hat zwar ein ultimatives Vetorecht, was alle materiellen Dinge angeht, die Regel ist jedoch, daß sie sich an das hält, was er will.

Beim Aushandeln einer Beziehung geht es um den Austausch von Gütern. Wenn Sie es auf den Ehestatus und Geld (männliche Energie) abgesehen haben, sind Sie in einer besseren Verhandlungsposition, wenn Sie über genügend sinnliche Fertigkeiten verfügen, die Sie gegen sein Geld und seinen Status tauschen können. Sofern Sie von ihm Sinnlichkeit und Sexualität (weibliche Energie) haben möchten, sollten Sie sinnigerweise bereit sein, für das Geld und den Status zu sorgen.

Sie müssen also wählen, ob Sie die männliche *oder* die weibliche Energie sein wollen. Es spielt keine Rolle, wer welche Rolle übernimmt. Entscheidend ist, daß jede in der Paarbeziehung nur einmal vorkommt.

Nach der Entscheidung, ob Sie die weibliche oder die männliche Energie sein möchten, müssen Sie als nächstes lernen, wie Sie einen Mann finden, wie Sie ihn faszinieren und eine Beziehung beginnen, die hält. Dazu ist es erforderlich, daß Sie einfache, schlüssige und in jeder Situation gültige Verhaltensregeln befolgen, vom ersten Augenblick, in dem die chemische Anziehung beginnt, bis zur Phase der festen Beziehung und darüber hinaus.

Wenn Sie sich für die »weibliche« Energie entscheiden, müssen Sie es lernen, sich »feminin« zu kleiden und zu verhalten, so daß Sie einen »maskulinen« Mann anziehen und eine gesunde und dauerhafte Beziehung aufbauen können. Wenn Sie mit Ihrer »weiblichen« Energie demgegenüber jedoch bei einem »femininen« Mann landen, der also ebenfalls die »weibliche« Energie sein möchte, ergibt sich die Situation, daß Sie beide darauf warten, daß der jeweils andere die Führung übernimmt.

Wenn Sie sich allerdings entscheiden, daß Sie die »männliche« Energie in einer Beziehung sein möchten, so müssen Sie nach einem

Mann mit »weiblicher« Energie suchen, mit dem Sie sich ergänzen. Mit einem maskulinen Mann würden Sie nur unliebsam aneinandergeraten, statt eine feste Beziehung auszuhandeln.

Eine Frau kann männlich sein, ohne einen Mann zu kastrieren. Und ebenso kann sie weiblich sein, ohne ihre Persönlichkeit zu leugnen. Die Frauenbewegung gab uns die Freiheit, all das zu werden, was wir sein möchten. Das heißt, daß wir heute auch jede Form von Liebesbeziehung aufbauen können und uns dabei nicht nach unseren Genitalien, sondern nur nach unseren persönlichen Sehnsüchten zu richten brauchen.

Mein Bestreben ist es nicht, Männern beizubringen, wie sie Männer sein können, oder Frauen, wie sie Frauen sein können. Es geht nicht um *Die ganze Frau* oder *Den ganzen Mann*. Ich möchte Ihnen lediglich eine Hilfestellung bei der Wahl Ihres Stils geben, der davon abhängt, ob Sie sich für die männliche oder die weibliche Energie entscheiden. Was nichts mit einer endgültigen Festlegung zu tun hat. Schließlich steht es Ihnen und Ihrem Partner frei, abhängig von Ihren Bedürfnissen und Wünschen, jederzeit beliebige Veränderungen – und sei es in Teilbereichen – in Ihren männlichen und weiblichen Rollen auszuhandeln.

Wenn Frauen zu einer aufopfernden Weiblichkeit verurteilt werden und es ihnen nicht zugestanden wird, für sich selbst zu denken, geht das unweigerlich auf Kosten ihrer geistigen Fähigkeiten. Wenn Männer zu einer aufopfernden Männlichkeit verurteilt und ihre Gefühle nicht berücksichtigt werden, so heißt das in der Konsequenz, daß sie als Geld- und Sexmaschinen benutzt werden.

Ich möchte Ihnen zeigen, wie die männliche Energie als erste gibt und wie die weibliche Energie zurückgibt, um die männliche Energie zu belohnen.

Jeder kann die männliche oder weibliche Energie in der Beziehung sein. Entscheidend ist zu wissen, in welcher Rolle Sie sich wohl fühlen, und sich einen Partner zu suchen, mit dem Sie sich ergänzen.

Was ist männlich und was ist weiblich?

Die westliche Kultur hat den Mann traditionell als den Beschützer, den Führer und den »Macher« dargestellt, der das Sagen hat. Der Mann stellt traditionell der Frau den Heiratsantrag, verleiht der Frau ihren Status und ist derjenige, der für die Sicherheit sorgt.

Die Frau ist demgegenüber traditionell diejenige, die für das häusliche Leben zuständig ist, die folgt und empfängt, für die Lebenspläne des Mannes verfügbar ist und auf seine Bedürfnisse eingeht, bis ihrer beider Status- und Sicherheitsbedürfnisse schließlich miteinander verschmelzen.

Das Männliche steht in diesem Zusammenhang für die pragmatische, funktionale Art und Weise, Arbeiten zu erledigen, als Initiator des Handelns. Es steht für das Verbale, die linke Hirnhemisphäre.

Das Weibliche ist das Passive, das Empfangende, das Emotionale, das durch die nichtverbale Energie repräsentiert werden kann. Traditionell hat das Weibliche die Funktion, als Ventil für Emotionen und als moralische Bremse zu dienen. Es kann als das stabile Zentrum angesehen werden, das die Entwicklung und Aufrechterhaltung einer Beziehung ermöglicht.

Obwohl sowohl männliche als auch weibliche Elemente für das jeweilige Naturell von Männern und Frauen lebenswichtig sind, glaube ich dennoch, daß sie als Voraussetzung für eine gesunde und erfolgreiche Beziehung so miteinander in Einklang gebracht werden müssen, daß sie einander ergänzen. Mit anderen Worten: Es kann in jeder Beziehung nur jeweils einen männlichen und einen weiblichen Part geben.

Und welchen möchten Sie am liebsten übernehmen?

Eine erfolgreiche Beziehung

Als erstes müssen Sie sich, wie gesagt, entscheiden, ob Sie die männliche oder die weibliche Energie sein möchten. Und Sie müssen einen Partner finden, der Sie ergänzt. Als nächstes müssen Sie lernen, wie Sie eine erfolgreiche Beziehung aufbauen können.

Eine erfolgreiche Beziehung hat drei Komponenten: die Chemie, die Kompatibilität (die Frage also, ob und wie Sie zueinander passen) und die Kommunikation.

Die Chemie ist die Lust, jene unmittelbare gegenseitige Anziehungskraft. An der Chemie können Sie nichts ändern. Sie fühlen sich entweder zu jemandem hingezogen oder nicht.

Bei der Kompatibilität geht es um die Frage, wie sehr Sie einander mögen, und dabei geht es oft um gemeinsame Interessen, ob man die gleichen Dinge genießt und die gleichen Ziele hat.

Zur Kommunikation gehören die verbale wie auch die emotionale

Kommunikation, dazu gehören Sex und Zuneigung sowie die spirituelle Kommunikation. Die Kommunikation ist in jeder Situation der Schlüssel zur Intimität. Wenn sich Probleme in der Kommunikation ergeben, dann haben Verhandlungen und Intimität keine Chance, sie werden durch Einschüchterungs- und Verführungsversuche ersetzt.

In Beziehungen kommt es, wie ich festgestellt habe, etwa im Turnus von drei Monaten zu einer Krise, die die Beziehung entweder merklich voranbringt oder sie zurückwirft. Ausgehend von diesem Rhythmus, kann das erste Jahr jeder Beziehung in vier verschiedene Phasen unterteilt werden, die, wenn man so will, mit dem Wechsel der Jahreszeiten vergleichbar sind:

1. Die ersten drei Monate sind die Perfekte Phase. Jahreszeitlich betrachtet vergleichbar mit dem Sommer, von gegenseitigen Gefühlen der Wärme und der Anschmiegsamkeit geprägt. Wirksam zwischen Ihnen beiden ist eine starke chemische Anziehungskraft. Aus beider Sicht ist der jeweils andere genau richtig. Er kleidet sich richtig, was er sagt, ist richtig, und seine Manieren sind richtig. Alles ist perfekt. Sie haben Ihren idealen Partner gefunden.
2. Die Mängel-Phase steht für den zweiten dreimonatigen Zyklus. Diese Periode ist ein wenig wie der Herbst, wenn die Dinge allmählich etwas abkühlen. Personen, die Angst vor Intimität haben, die sogenannten Neunzig-Tage-Wunder, wie ich sie nenne, kündigen für gewöhnlich zwischen dem dritten und sechsten Monat die Beziehung auf. Sobald die Perfekte Phase vorbei ist, laufen diese Personen davon, um sich neuerlich auf die Suche nach dem perfekten Menschen zu machen.
3. Die folgenden drei Monate sind die Verhandelbare Phase. Hier sehen Sie und Ihr Prinz den nüchternen, harten Tatsachen ins Gesicht, was den jeweils anderen angeht, und Sie entscheiden, ob Sie die Fehler akzeptieren und sich den Problemen in der Beziehung anpassen können. Sofern Sie feststellen, daß Sie eher mehr zueinander passen, als daß Sie nicht zueinander passen, daß Sie einander mehr mögen, als daß Sie sich nicht mögen, dann beginnen Sie nun, eine Bindung auszuhandeln.

   Es sind vor allem vier Bereiche, über die verhandelt werden muß:

   (a) Geld: Mein, dein und unser Geld. Wie werden finanzielle Dinge geregelt, und wer regelt sie?

(b) Ort: Leben wir in deiner Wohnung, in meiner Wohnung oder (was ich vorschlage) getrennt, bis wir verlobt oder verheiratet sind? Welche Regelung treffen wir für größere Anschaffungen und die Arbeitsverteilung im Haushalt?

(c) Zeit: »Meine«, »deine« und »unsere« Zeit. Wie wird die verfügbare Zeit jeweils verteilt?

(d) Spiel: Welchen Aktivitäten möchte »ich« ohne dich nachgehen? Und welchen Aktivitäten möchten »wir« gemeinsam nachgehen? Was möchten wir zusammen mit anderen unternehmen?

Angezeigt in dieser Phase ist Flexibilität im Rollenverhalten. Bezeichnend ist, daß in dieser Phase die Individualität eines jeden mehr als in den früheren Phasen der Beziehung »herauskommt«. Es ist die Zeit, in der Sie anfangen, ausgehend von Ihren jeweiligen persönlichen Vorlieben, die ineinander übergreifenden männlichen und weiblichen Rollen auszuhandeln.

4. Die letzte dreimonatige Phase ist die Bindungsphase. Wie ein neuer Frühling bringt diese Periode neues Leben in die Beziehung. Sie ist eine Grundlage für Dauerhaftigkeit. Es ist die Zeit, in der eine langfristige Beziehung ausgehandelt und für gewöhnlich auch eine Heirat ins Auge gefaßt wird.

Im wesentlichen geht es in diesem Buch um ebenjenes dramatische erste Jahr in einer Beziehung. Und wenn Sie sagen: »Wir haben uns im Mai kennengelernt, und heute haben wir den 1. August und gerade unseren ersten Streit hinter uns«, dann möchte ich, daß Sie wissen, was vor Ihnen liegt und worauf Sie achten müssen, damit die Beziehung nicht entgleist.

2. Zwei Frauen und ihre Geschichten

Leslie

Leslie Marshall, schön, blond, eine Frau mit einer großartigen Figur, trug ein schwarzes Cocktailkleid, in dem sie sehr sexy aussah. Sie wollte gerade eine Wohltätigkeitsveranstaltung verlassen, als ihr ein gutgekleideter Mann mit jenem sinnlichen guten Aussehen auffiel, auf das sie seit jeher abgefahren war.

Leslie, eine dynamische Frau und bei einer kleinen Werbeagentur für die Kundenwerbung zuständig, wünschte sich von Herzen eine neue Beziehung. Sie hatte einen tollen Job, gute Freunde, tolle Kleider und sogar eine Eigentumswohnung. Was in ihrem Leben jedoch fehlte, war ein Ehemann. Sie war mit vielen Männern zusammengewesen, aber alle schienen nur Sex ohne feste Bindung zu wollen.

Und jetzt hatte sie nur einen Wunsch: den so gutaussehenden Fremden kennenzulernen. Für sie war es absolut in Ordnung, sich an einen Mann genauso ranzumachen, wie ein Mann sich umgekehrt an sie ranmachen würde. So durchquerte sie den Raum, stellte sich ihm mit einem breiten Lächeln vor und bat ihn um einen Tanz.

Er folgte ihr auf die Tanzfläche, wo sie erfuhr, daß er Computerfachmann war, Mark hieß und einen ausgesprochenen Sinn für Humor hatte. Er hielt sie eng umschlungen, tanzte phantastisch, und sie sprang voll auf ihn an.

Eine Stunde später verließen Leslie und Mark die Veranstaltung und fuhren zu seinem Apartment, wo sie es kaum bis ins Schlafzimmer schafften, ehe sie übereinander herfielen und sich liebten.

Als moderne Frau wußte Leslie, Sex zu genießen, und sie fand es gut, dieses Hemmnis möglichst früh zu überwinden. Sie sorgte sich wegen AIDS, natürlich, und war darauf bedacht, sich immer zu schützen. Wenn sie aber auf jemanden so ansprang wie auf Mark, dann war es ebenso natürlich, daß sie jede Zurückhaltung über Bord warf.

Mark war ein wundervoller Liebhaber, ausdauernd und darauf bedacht, sie zu befriedigen. Am nächsten Morgen war Leslie sicher, daß sie sich in diesen Mann, der so intelligent, sexy, nett und einfühlsam war, verliebt hatte.

Der Stil, wie Marks und Leslies Werben um einander in jener Nacht begann, ist durchaus typisch in der heutigen Welt. Zwei selbstbewußte Menschen, die an die Gleichberechtigung in Liebesbeziehungen glaubten. Beide wollten die Freiheit haben, einander anzurufen, die Treffen zu planen, bei dem anderen Hilfe und finanziellen Rat zu suchen und schmerzliche Gefühle offen miteinander zu teilen. Sie glaubten, daß Männer ihre Sensitivität zeigen und dennoch respektiert werden konnten und daß Frauen erfolgreich und intelligent und dennoch begehrens- und liebenswert sein konnten.

Was ging also schief?

Leslie war eine »gebende« Frau. Wenn Mark ein persönliches oder geschäftliches Problem hatte, dann blieb sie auf, diskutierte mit ihm bis tief in die Nacht hinein und versuchte, ihm bei der Lösung seines Problems zu helfen, auch wenn sie selbst am nächsten Morgen früh aufstehen und ins Büro mußte. Wenn er über Kopfschmerzen klagte, dann massierte sie ihm den Nacken oder ließ ihn hin und wieder auch schon mal in den Genuß einer vollen Körpermassage kommen. Sie versuchte sogar, ihm zu helfen, Geld zu sparen; als er seinen Wagen in Reparatur geben mußte, überließ sie ihm ihren, so daß er keinen leihen mußte, obwohl sie dadurch in ihrer Mobilität eingeschränkt war und die Aktion zeitlich auf Kosten ihres Berufes, ihrer Aerobic-Kurse und ihrer Freunde ging.

Mark glaubte, er habe eine Goldader entdeckt. Er fand es toll, daß Leslie nicht nur schön, dynamisch, willensstark und sexuell sensibilisiert, *sondern* daß sie darüber hinaus *auch* anspruchslos, selbständig und selbstmotiviert. Er hatte Achtung vor ihr, daß sie tagsüber im Geschäft ihren Mann stand und nach Büroschluß dennoch eine fürsorgliche und liebevolle Atmosphäre schaffen konnte.

Kamen in Leslie zumindest manchmal gewisse Ressentiments auf, wenn sie sich überlegte, wieviel sie investierte, ohne allzuviel dafür zurückzubekommen? Nun, ja. Aber sie sagte Mark nie, was sie wirklich fühlte, und ließ nie zu, daß er sich revanchierte, selbst wenn er es anbot; sie fürchtete, ihm Unannehmlichkeiten zu machen, oder er könne letztlich verärgert sein, wenn er Dinge für sie tat, die sie auch selbst erledigen konnte. Leslie wollte absolut selbständig sein, eine pflegeleichte Frau, so daß Mark sie nie als Last empfinden und sie verlassen würde, wie so viele andere es vorher getan hatten.

Die Beziehung war etwa vier Monate alt, als Leslie die Nachricht vom plötzlichen Tod einer engen Freundin erhielt. Als Mark sie abends aufsuchte, fand er sie weinend im Schlafzimmer. Sie erzählte ihm, was passiert war, warf sich in seine Arme und erwartete, daß er sie nun so tröstete, wie sie ihn immer getröstet hatte. Statt sie fest in die Arme zu nehmen und sie liebevoll zu wiegen, begann er jedoch, von einem beruflichen Problem zu erzählen, das er mit einem Makler hatte.

Leslie konnte ihm diesmal jedoch nicht helfen. Sie war zu verzweifelt und brauchte ihrerseits seine Hilfe. Ein Wort ergab das andere, und die gegenseitigen Vorwürfe eskalierten schließlich zu einem handfesten Streit. Leslie verlor die Kontrolle, wie es ihr noch nie zuvor passiert war.

»Verdammt noch mal, Mark«, sagte sie, »du kennst immer nur dich selbst! Meine Freundin ist tot, und alles, woran du denken kannst, ist an deine Karriere.«

Mark spürte, wie die Wut in ihm hochstieg, er versuchte jedoch, sich zu bremsen. »Hör zu, Leslie«, sagte er ruhig. »Es tut mir wirklich leid mit deiner Freundin, und ich verstehe, daß es dir schlechtgeht. Aber wir können nichts tun, was heute etwas daran ändert. Wohingegen mein Problem bis morgen früh gelöst sein muß.«

Leslie konnte nicht glauben, was sie hörte. »Ich habe dich nie um irgendwas gebeten«, schrie sie. »Ich komme immer allein zurecht. Warum kannst du mir nicht etwas zurückgeben, wenn ich dich einmal brauche?«

Mark lief hochrot an im Gesicht. »Du führst also eine Strichliste, wer was für den anderen tut? Du glaubst, ich schulde dir etwas? Nun, dann habe ich eine Neuigkeit für dich. Ich lasse mir keine Schuldgefühle für das einreden, was du für mich tust. Ich lasse mich weder von dir noch von irgendeiner anderen Frau gängeln.«

Mark sprang auf, und ehe Leslie recht begriffen hatte, was passierte, knallte hinter ihm die Wohnungstür ins Schloß. Leslie war schockiert. Sie stand wie angewurzelt da: Wie schnell konnte doch alles in die Brüche gehen! Sie versuchte, noch hinter ihm herzulaufen. Als sie jedoch in die Eingangshalle des Apartmenthauses kam, war von Mark weit und breit nichts mehr zu sehen. In ihre Wohnung zurückgekehrt, starrte sie auf die Uhr und beobachtete, wie der Zeiger Minute um Minute vorrückte. Nach fünfzehn Minuten wählte sie schließlich seine Nummer. Keine Antwort. Sie wählte nochmals. Probierte es wieder und wieder, bis tief in die Nacht hinein. Aber er ging nie ans Telefon.

Früh am nächsten Morgen griff Leslie als erstes wieder zum Telefon, in der Hoffnung, Mark zu erreichen. Aber noch immer wurde nicht abgehoben. Sie erreichte ihn schließlich im Büro. Eisig, verhalten hörte er sich ihre linkische Entschuldigung an und erklärte sich bereit, am Abend bei ihr vorbeizukommen.

An diesem Abend zeigte Leslie sich von ihrer besten Seite und war übereifrig darauf bedacht, Mark in jeder Hinsicht gerecht zu werden. Als sie miteinander schliefen, dachte sie nicht einmal an ihre eigenen Bedürfnisse, die sie dabei hatte (und er ebensowenig). Gefühle, daß sie zu kurz kam, verdrängte sie kurzerhand. Seine Gefühle sollten wichtiger als ihre eigenen sein. Mark war der beste Mann, den sie jemals gehabt hatte, und sie wollte ihn nicht verlieren.

Ab diesem Abend herrschte zwischen ihnen jedoch eine subtile Distanz. Und eines Abends, als Leslie die Initiative ergriff, um mit ihm zu schlafen, wies Mark sie unwirsch ab und erklärte, er wolle keine Sexmaschine werden, nur damit sie zu ihrem Vergnügen komme. Ein andermal, als Leslies Pläne für eine gemeinsame Unternehmung mit etwas kollidierten, was Mark tun wollte, warf er ihr vor, sie versuche ihn zu gängeln. Und wieder ein andermal, als Leslie ihm bei einer Gelegenheit erzählte, wie sie sich im Büro in einer bestimmten Situation verhalten hatte, machte er ihr derbe Vorhaltungen. Wieder einmal ergab ein Wort das andere, und das Ganze endete in einem Streit, bei dem sie ihm vorwarf, er wolle sie herumkommandieren.

Nach dem Stand der Dinge konnte es nur noch besser und nicht mehr schlechter werden. Mark rief nicht mehr so oft wie bisher an, was Leslie in ihrem Elend veranlaßte, ihn nun häufiger anzurufen, nur um dann die Kälte in seiner Stimme zu hören, so daß sie sich jedesmal wie ein Eindringling vorkam.

Leslie versuchte alles nur Denkbare, um die Beziehung wieder das werden zu lassen, was sie einmal war. Sie las Ratgeber, sah sich Talkshows an und suchte bei Freundinnen Rat. Sie konnte aber nirgends eine Antwort finden, wie sie verhindern konnte, Mark zu verlieren.

Sie merkte, daß sie von Tag zu Tag immer mehr die pathetische Frau wurde, die sie nie hatte sein wollen. Das Gefühl, daß Mark sie verlassen hatte, und die damit verbundenen Ängste bewirkten, daß sie ständig mehr gab und von Mark ständig Beteuerungen seiner Liebe verlangte, woraufhin er jeweils nur lachte oder sofort das Thema wechselte. Je mehr sie hinter ihm her war und ihn bedrängte, desto mehr zog er sich zurück. Die Abende, an denen sie ihn zu einem Treffen bewegen konnte, endeten fast nur noch mit emotionalen Ausbrüchen, Eifersuchtsszenen oder damit, daß sie von ihrer Angst sprach, er treffe sich mit einer anderen Frau. Alles Dinge, von denen sie wußte, sie würden ihn von ihr wegtreiben.

Leslie wußte, daß sie unter dem Zwang einer Besessenheit handelte, als sie schließlich zu seinem Haus fuhr, in der Nähe parkte und beobachtete, wie schöne Frauen hineingingen und wieder herauskamen, Frauen, die im Vergleich zu ihr perfekt aussahen. Mit einemmal verkehrte sich ihre Verzweiflung plötzlich in Wut. Und sie hatte nur einen Wunsch, ihn zu verletzen.

Eines Abends, nachdem sie ihn vergeblich um ein Treffen angebettelt hatte, fuhr sie zu seiner Wohnung und klopfte an die Tür. Sie mußte lange warten, bis Mark schließlich zur Tür kam, nur mit einem Bademantel bekleidet. Es war offensichtlich, daß er gerade mit jemandem im Bett gewesen war.

Als er Leslie nicht hereinlassen wollte, fing sie an zu schreien: »Du hast da jemanden drin, oder?« Sie zwängte sich an ihm vorbei, und er schaffte es nicht, sie aufzuhalten. Sie kam bis ins Schlafzimmer, wo sie eine verschreckte Frau in seinem Bett sah, die schützend ein Betttuch vor sich hielt.

Mark packte Leslie und setzte sie wortlos vor die Tür. Kreischend lief sie zu ihrem Wagen, drehte den Zündschlüssel um und fuhr wie wild drauflos. Nach einer Weile bremste sie den Wagen und ließ sich weinend, wimmernd wie ein kleines Kind über das Lenkrad fallen. Sie fühlte sich elend und am Boden zerstört. Aber zumindest wußte sie jetzt, daß die Beziehung endgültig vorbei war.

Wochenlang schaffte Leslie es kaum einmal, ihre Wohnung zu verlassen. Sie blieb die meiste Zeit im Bett, sah fern und aß. Ihre Arbeit wurde in Mitleidenschaft gezogen. Ihr Selbstwertgefühl wurde in Mitleidenschaft gezogen. Ihr Körper wurde in Mitleidenschaft gezogen. Eine Freundin konnte sie schließlich überreden, an einem meiner Seminare teilzunehmen. Nachdem sie sich das Ganze eine Zeitlang angehört hatte, kam sie mutig nach vorne aufs Podium und bat mich, ihr zu helfen.

Leslies Beispiel ist typisch für so viele Frauen, denen ich begegne, die mit ihrem Stolz und ihrer Unabhängigkeit in der beruflichen Arena viel, in der Welt der Liebe aber nur wenig erreichen. Genau wie Leslie betrachten diese Frauen sich als weiblich, schlüpfen in der Beziehung aber ebenso unabsichtlich wie unbewußt in die männliche Rolle, in die Rolle dessen, der die Initiative ergreift.

So viele Frauen verhalten sich Männern gegenüber offensiv, daß dieses Verhalten inzwischen schon als korrekt verstanden wird. Leider. Offensives Verhalten ist jedoch *nur* in bestimmten Situationen korrekt. Leslie mußte lernen, daß sie zu wählen hatte: Wollte sie den männlichen oder den weiblichen Part? Wollte sie die »Verfolgerin« oder die »Verfolgte« sein? Wollte sie geben oder nehmen? Und sie mußte verstehen lernen, daß sie unbewußt die männliche Verfolger- und Geberrolle übernommen hatte. Wenn eine Frau wie Leslie sich als der sexuell freizügige männliche Partner gibt, obwohl sie auch auf dieser Ebene die nehmende weibliche Partnerin sein möchte, dann ist ein Ende mit Enttäuschung und Chaos vorprogrammiert.

Mein Ziel war es, Leslie Wahlmöglichkeiten und Techniken zu zeigen, mit denen sie ihren Wunsch nach einer ernsthaften Beziehung verwirklichen konnte. Dabei schlüpfte ich in gewisser Weise in die Rolle eines Elternteils, der Klartext redet, wo die meisten Eltern nur irritiert reagieren, wenn sie ihren Kindern etwas zu Beziehungsfragen und dem Problem der Partnerwahl erzählen sollen.

Ich fragte Leslie, ob ich ihre Privatlehrerin sein dürfe, bis sie den richtigen Mann gefunden habe. Statt zu antworten, fing sie an zu weinen, weil sie nicht zu glauben wagte, daß ich ihr tatsächlich helfen könnte. Ich habe jedoch schon so viele Erfolgsgeschichten erlebt, daß ich die Erfüllung dieses Wunsches versprechen kann, und das tat ich auch gegenüber Leslie.

Als Leslie mich fragte, ab welchem Punkt ihre Beziehung mit Mark meiner Meinung nach schiefgelaufen sei, antwortete ich: »Ab dem ersten Augenblick, als Sie sich unwissentlich für die männliche Rolle in Ihrer Beziehung entschieden und die Initiative gegenüber Mark ergriffen. Derjenige, der als erstes redet, übernimmt den männlichen Part. Wenn Sie sich für die weibliche Rolle entschieden hätten, dann hätten Sie mit den Augen und einem Lächeln geflirtet und ihn veranlaßt, von sich aus die Initiative zu ergreifen.«

Leslie angelte sich Männer, die sexy waren und bei denen sie jeweils den ersten Schritt tat. So fixierte sie unbewußt und automatisch den Rahmen für die Beziehung, der verhinderte, daß sie die als sexy begehrenswerte und zu verwöhnende Frau war. Wenn sie sich demgegenüber in Wirklichkeit wünschte, daß der Mann hinter ihr her war und sich wünschte, von einem Mann geliebt zu werden, der großzügig war, sie beschützte und verwöhnte, dann mußte sie lernen, passiv stark und unwiderstehlich anziehend zu sein.

Leslie glaubte, Mark werde sich in sie verlieben, wenn sie ihm ihren Körper gab, woraus sich dann eine feste Beziehung entwickeln würde. Diesen gutaussehenden und erfolgreichen Männern wie Mark wurden ihre großzügigen, beschützerischen und liebevoll zärtlichen Fähigkeiten jedoch von Frauen wie Leslie aberzogen, die selbst die ganze Arbeit übernehmen. Da Leslie mit Mark geschlafen hatte, ohne vorher eine feste Beziehung zu verlangen, hatte er keine Veranlassung mehr, ihre Gefühle zu würdigen oder sie mit Liebe und einer festen Beziehung zu belohnen. Er sah und respektierte sie als eine unabhängige Frau. Er akzeptierte ihre Großzügigkeit, Sinnlichkeit und Sexualität, die sie ihm schenkte – ohne jedes Schuld- oder Schamgefühl oder das Bedürfnis, sich im Gegenzug dafür zu binden, weil er sich in dem Glauben wähnte, sie sei so aufgrund ihrer eigenen körperlichen, sozialen und sexuellen Bedürfnisse und wisse, wie sie schmerzliche Erfahrungen vermeide. Mit anderen Worten: Indem sie Marks Respekt für ihr Geben gewann, verlor sie das Recht, von ihm als verwundbare Frau verwöhnt zu werden.

Sowohl Leslie als auch Mark glaubten, die traditionelle Rollenverteilung sei eine Frage, die der Vergangenheit angehört. Für keinen von beiden war die Ehe ihrer Eltern etwas Erstrebenswertes. Festzuhalten bleibt aber auch, daß »pflegeleichte« Frauen wie Leslie im Vergleich zu ihren Müttern und den Gepflogenheiten in den Zeiten vor der Frauenbewegung mehr geben und weniger bekommen. Weder Leslie noch Mark war bewußt, daß ihre Mütter nicht nur »gegeben« hatten. Ihr Geben war vielmehr ein *Zurückgeben* – den Männern gegenüber, die sich ihnen genügend verbunden gefühlt hatten, um sie zu heiraten und sie zu achten und sich für ihr Wohlergehen verantwortlich zu fühlen. Leslie ließ Mark jedoch in den Genuß all der Vorteile kommen, die eine Ehefrau bietet, ohne dafür von ihm eine Bindung zu verlangen.

Wenn Leslie sich selbst mehr als Mark geliebt hätte, dann hätte sie eine feste Beziehung verlangt. Und sofern er nicht bereit gewesen wäre, sich zu binden, hätte sie, noch ehe Verlustängste ins Spiel kommen, »Nein, danke« sagen können. Besser ihn als sich selbst verlieren. Statt dessen gab Leslie Mark Sex, ohne den Preis einer Bindung dafür zu verlangen, was ultimativ dazu führte, daß er sie benutzte. Und er nahm alles, was sie bereit war zu geben, bis sie ihm die Rechnung mit seiner Schuld präsentierte, was ihn veranlaßte, sie zu verlassen, um nach einem besseren Handel Ausschau zu halten.

Leslie und Mark glaubten an die Gleichberechtigung. Was für sie hieß, daß ihr Denken vom jeweils anderen respektiert und ihre Gefühle gewürdigt wurden, gleichermaßen. Leider ist es in einer Liebesbeziehung nun aber so, daß die Duplikation von Ansprüchen gleich Konkurrenz bedeutet. Ihre Gleichberechtigung zerplatzte in der Nacht, in der Leslie erfuhr, daß ihre Freundin gestorben war, und dieses Ereignis damit zusammenfiel, daß Mark ein geschäftliches Problem hatte. Beide brauchten Hilfe. Beide wollten, daß der jeweils andere gibt; Leslie brauchte emotionale Hilfe, Mark rationale. Diese Kollision ihrer Bedürfnisse war der Anfang vom Ende ihrer Beziehung. Da sie die Prioritäten nicht ausgehandelt hatten, wer respektiert und wer verwöhnt wird, ehe sie das sexuelle Terrain betraten, fühlte keiner von beiden sich respektiert oder gewürdigt.

Wären diese Dinge ausgehandelt gewesen, mit dem Ergebnis zum Beispiel, daß Mark die »männliche Energie« und Leslie die »weibliche« sein wollte, hätte Mark in dieser Situation gewußt, wenn er Leslie eine gewisse liebevolle emotionale Unterstützung gegeben hätte, hätte er jede rationale Hilfe dafür zurückbekommen, die eine Frau geben kann, der es gutgeht.

Als die Beziehung dann anfing auseinanderzugehen, schlüpfte Leslie dann spontan in die Fußabtreterrolle: »Ich brauch ihn. Um jeden Preis. Ich werde alles tun, was er will.« Ihre Reaktion war, noch mehr zu geben, statt Bilanz zu ziehen und zu sehen, was sie nicht bekommen konnte, etwa an Mitgefühl.

Als Mark sah, daß Leslie ihre eigenen Bedürfnisse zu seinen Gunsten völlig zurückstellte, wurde ein abgrundtiefer Abscheu in ihm wach. Ihr Verhalten erschien geradezu als Einladung, sie zu mißbrauchen. Unbewußt reagierte er frostig und strafend, womit er aus Leslie in ihrer Panik noch mehr herausholen konnte. Er hatte ganz die Kontrolle übernommen und Leslie die ihre völlig verloren. Ihren Tiefpunkt hatte sie an dem Abend erreicht, als sie wie wild mit dem Wagen in der Gegend herumfuhr. Wenn die verbale Kommunikation scheitert, folgt die Gewalt.

Leslie kam fortan regelmäßig in meine Seminare. Sie hatte weiterhin den Wunsch, eine liebevolle Beziehung zu finden, die halten würde. Sie begann mit »Pflicht-Treffs« (wie ich den ebenso anstrengenden wie langweiligen Zurschaustellungsprozeß gegenüber Leuten bezeichne, zu denen man sich in Wirklichkeit nicht hingezogen fühlt, der aber notwendig ist, bis man dann jemanden trifft, zu dem man sich *wirklich* hingezogen fühlt), wobei sie als Köder und nicht als die männliche Verfolgerin auftrat.

Als unwiderstehliche, sexuell begehrenswerte und sinnliche Frau aufzutreten, war eine Rolle, in der Leslie sich anfänglich verwundbar fühlte und die für sie etwas beängstigend war. Sie war es gewohnt, selbst die Kontrolle zu haben. Ich sagte ihr jedoch, daß diese Verwundbarkeit in Ordnung war, solange sie sich nicht auf irgendwelche gefährlichen Dinge einließ, etwa mit einem Mann nach Hause ging, den sie nicht kannte, und beiläufig mit ihm ins Bett ging. Sie mußte lernen, sich selbst zu kontrollieren und nicht der Versuchung zu erliegen, den Mann kontrollieren zu wollen, mit dem sie zusammen war.

Leslie erzählte in meinen Seminaren die Geschichten, die sich in ihrem Liebesleben ereigneten, und fragte immer wieder nach, wie sie sich in bestimmten Situationen verhalten sollte. Sie fand, daß sie sich bei diesen Pflicht-Treffs ganz gut schlug. Schwierig wurde es nur, wenn sie einen Mann traf, den sie mochte. Dann schlüpfte sie unweigerlich in ihre alten Muster zurück, nur um dann am Ende wieder einmal mit einem gebrochenen Herzen dazustehen.

Dann kam sie eines Abends nach vorne und erzählte von Walt, einem freischaffenden Fotografen, den sie beruflich kennengelernt hatte.

Zu ihrem ersten Rendezvous verabredeten sie sich zu einem Picknick am Strand. Sie verbrachten eine wahnsinnig schöne Zeit miteinander, mit zärtlichen Berührungen und leidenschaftlichen Küssen. Sie erfuhr zwar, daß Walt finanziell nicht gerade auf sonderlich festen Füßen stand; sie lernte ihn aber auch als jemanden kennen, der lustig, unbeschwert und spontan war. Durch das Spielen mit Walt konnte sie sich feminin, sinnlich sowie sexuell begehrt fühlen und sich ihrem Körperbewußtsein hingeben. Sie mochte ihn sehr, obwohl sie sich schon gewünscht hätte, er hätte finanziell eine etwas gesichertere Existenz vorweisen können.

Leslie und Walt verabredeten sich regelmäßig, ohne daß es dabei zu Sexualität kam. Nach über zwei Monaten bat er Leslie um eine feste Bindung. Als sie ihre finanziellen Bedenken erwähnte, erklärte er, wenn sie heirateten und Kinder hätten, würde er Karriere machen. Er würde es dann für seine Familie tun, für sich allein fehlte ihm der Ansporn. Er brauchte die Motivation.

Er sagte, er wäre froh, wenn sie weiterhin ganztags arbeiten würde, bis das erste Baby da wäre. Und sie sollte sich überlegen, ob sie anschließend nur noch Teilzeit arbeiten oder ganz bei dem Kind zu Hause bleiben wollte.

Leslie dachte über Walts Vorschlag nach und akzeptierte. Kurz nach ihrer Heirat erhielt Walt einen glänzenden Job bei einer Zeitschrift, und das Geld rollte, genau so wie er es vorhergesagt hatte. Nach der Geburt ihres Sohnes arbeitete Leslie noch eine Zeitlang, kündigte dann aber, um ganz zu Hause zu bleiben. Inzwischen schmieden sie und Walt Pläne, sein Heimstudio peu à peu zu einem gemeinsamen Geschäft auszubauen.

Leslie hatte als Karrierefrau angefangen; jetzt war Leslie eine Frau, die eine Karriere im Hintergrund hatte. Manche Frauen möchten Karrierefrauen sein. Leslie gehört jedoch nicht dazu.

Andrea

Andrea ist Immobilienmaklerin. Sie fragte sich, wo es bei ihr haperte. Warum klappte es bei ihr mit keiner Beziehung? Warum schien offenbar jeder Mann gemüßigt, mit ihr konkurrieren zu wollen? Ihre Schwester Margaret, die weder so hübsch noch so intelligent wie sie war, hatte vor zwei Jahren geheiratet und erwartete inzwischen ihr erstes Kind. Andrea konnte sich einfach nicht erklären, wo das Problem war.

Schließlich brachte eine ihrer Kundinnen sie in mein Seminar mit. Nachdem sie sich meine Ausführungen angehört hatte, kam sie zu dem Schluß, sie sei in ihren bisherigen Männerbeziehungen zu »männlich« gewesen, und gelobte, sie werde sich jetzt ändern und Schritt für Schritt meine Methode für die »feminine« Frau anwenden, die sie unbedingt sein wollte.

Über einen Freund lernte sie Johnny, einen Versicherungskaufmann, kennen. Er lud sie spontan ein, mit ihm auszugehen. Ein vergnügliches Treffen folgte dem anderen, und aus ihrer Beziehung wurde bald eine feste Beziehung – mit Zukunftsplänen.

Anfangs befolgte Andrea meine »Regeln der femininen Frau« denkbar sorgfältig. Sie hörte sich Johnnys Ideen und Gedanken an, ging auf seine Gefühle ein und schloß sich seinen Meinungen an, statt ihre eigenen zu äußern. Sie sagte ihm nicht, was er zu tun hatte, sie rief ihn nicht an und übernahm nicht die Planung ihres gesellschaftlichen Lebens – alles Dinge, die sie in der Vergangenheit bei ihren Männern gemacht hatte.

Ab dem vierten Monat setzte sich dann aber Andreas natürliches Selbst allmählich wieder durch. Sie ergriff immer häufiger die Initiative, wenn es um gemeinsame Unternehmungen ging, wobei sie mehr darauf achtete, daß sie in ihren als in seinen beruflichen Terminkalender paßten. Darüber hinaus fing sie an, Johnny Geschenke zu machen, als erstes ein Videogerät, dann verschiedene Kleidungsstücke. Und wann immer Johnny versuchte, sie von irgendeiner Idee zu überzeugen, hielt sie jetzt dagegen und erzählte begeistert von ihren eigenen Ideen, statt nur von ihren »Gefühlen« zu sprechen. So hatte sie in Null Komma nichts den Punkt erreicht, an dem sie ihm zu allem ihre Meinung sagte, auch was die Dinge anging, bei denen er sich ihrer Meinung nach bessern sollte.

Je mehr sie sich behauptete, desto mehr zog er sich zurück. Was sie an enthusiastischen Ideen vorbrachte, sah Johnny entweder als die praktische Umsetzung seiner eigenen Ideen oder als das berühmte I-Tüpfelchen dazu. Es dauerte nicht lange, und Johnny reagierte mürrisch. Was dazu führte, daß Andrea ihn angriff, weil sie das Gefühl hatte, er höre ihr nicht zu oder respektiere ihre Meinungen nicht. Peu à peu, ohne daß Andrea verstand, warum, verschwand die Warmherzigkeit aus ihrer Beziehung, und mit ihr schwanden die vielversprechenden Hoffnungen. Johnny merkte, wie sich bei ihm zunehmend Frust breitmachte. Er fühlte sich irgendwie auf eine zweitrangige Position zurückgedrängt. Und wenig später fing er eine Affäre mit einer jungen Assistentin in seinem Büro an.

Als Andrea die Affäre entdeckte, beendete sie die Beziehung. Aber sie litt und konnte nicht begreifen, warum Johnny sie wegen dieser anderen Frau fallengelassen hatte. Sie war völlig verwirrt. Nachdem ich ihre Geschichte gehört hatte, äußerte ich den Verdacht, sie lasse sich vielleicht von falschen Prinzipien leiten, da sie nach meiner Einschätzung eine Frau war, die von männlicher Energie geleitet wurde.

Nach der Erziehung, die sie durch ihre Mutter *und* ihren Vater genossen hatte, und durch den Frauentyp, den ihr Vater gewählt hatte, war ihr das Ideal vorgegeben, daß sie eine feminine, also von weiblicher Energie getriebene, empfangende und zu verwöhnende Frau zu sein hatte. Von ihrer Natur her war sie jedoch eine selbstbewußte, respektierte, karriereorientierte Frau, die also eher von männlicher Energie als von weiblicher Energie wie ihre Mutter und ihre Schwester getrieben wurde. Andrea hatte sich also zunächst so verhalten, wie es in ihren Augen richtig und gesellschaftlich akzeptiert war – um dann jedoch, nachdem die Beziehung aufgebaut war, festzustellen, daß ihr wahres Selbst wiederum an die Oberfläche kam.

Sie unterdrückte ihre natürlichen Neigungen und schuf so ein Pulverfaß, das unweigerlich explodieren mußte. Der Knackpunkt für sie war, herauszufinden, wer sie war, und nicht, sich umzukrempeln.

Entsprechend empfahl ich ihr, es nochmals mit einem anderen Ansatz zu versuchen und von vornherein offen ihre Gedanken und Wünsche zu äußern.

»Wenn Sie jemanden kennenlernen, den Sie mögen«, sagte ich ihr, »dann sagen Sie ihm, daß Sie Lust haben, mit ihm auszugehen. Wichtig ist, sich dabei vor Augen zu halten, wenn Sie ein empfängliches, feminines Verhalten an den Tag legen, ziehen Sie die falschen Männer an, in dem Fall nämlich solche, die selbst führen, als erste geben und die treibende Kraft sein wollen. Und das ist ja genau das, was Sie in Wirklichkeit tun möchten. Sie müssen also einen Mann finden, der das Gegenteil darstellt.«

Es fiel Andrea nicht leicht, sich so schnell umzustellen. Schließlich hatte sie das Modell ihrer Mutter und Schwester vor Augen, die traditionell mit Männern umgingen, und ihr war beigebracht worden, daß dies das einzig schickliche Verhalten für eine Dame war, um einen Mann anzuziehen. Ermutigt durch mich, wollte sie es jedoch einmal mit dem anderen Ansatz versuchen. Einige Wochen später nahm Andrea an einer Singles-Party teil. Hier lernte sie drei Männer kennen und bat jeden um seine Visitenkarte. Einige Tage später rief sie jeden an, unterhielt sich kurz und herzlich mit jedem und machte jedem den Vorschlag, sich mal auf einen Drink zu treffen. Einer lehnte das Angebot ab, zwei nahmen an.

Daniel, ein Buchhalter, war der erste, mit dem sie sich traf. Er hatte unverkennbar gehofft, in Andrea eine willige und freizügige Gespielin zu finden, und zog Leine, als er feststellte, daß Andreas selbstsicheres Auftreten nicht bedeutete, daß sie auf Gelegenheitssex aus war. Andrea war auf der Suche nach einer festen Beziehung und dem entsprechend richtigen Mann und nicht nach einem wilden sexuellen Abenteuer. Ihr zweites Treffen war das letzte. Andrea wußte, Daniel war nichts für sie.

Ryan, der zweite Mann, nahm Andreas Einladung an, gemeinsam essen zu gehen. Er war Künstler und fasziniert von Andreas beruflicher Tüchtigkeit und ihrer Intelligenz. Andrea fühlte sich von Anfang an entspannt in der Beziehung; sie gab Ryan als erste und ging liebevoll auf seine Gefühle ein.

Es war für Ryan die perfekte Beziehung, der sich mit dem aggressiven Wettbewerb in der Geschäftswelt schwertat. Und er war begeistert, als Andrea vorschlug, sie habe Lust, eine Ausstellung seiner Gemälde in der Galerie einer Freundin zu organisieren, womit sie seine Arbeit unterstützte. Für Ryan war Andrea mit ihrer Energie und Power die ideale Ergänzung zu seinen eher introspektiven und künstlerischen Neigungen.

Sie heirateten, nachdem sie ein Jahr zusammen waren. Und nach der Geburt ihres ersten Sohnes blieb Andrea sechs Monate zu Hause, dann nahm sie ihre volle Berufstätigkeit wieder auf. Ryan hatte sich von Anfang an an der Pflege und Erziehung des Kindes beteiligt und übernahm schließlich den Großteil der Kinderbetreuung, da er zu Hause arbeitete. Sie sind zwar kein konventionelles, aber ein sehr glückliches Paar und passen sehr gut zusammen.

Leslie entschied sich, in ihrer Beziehung die weibliche Energie zu sein; und Andrea kam zu dem Schluß, daß die männliche Energie am besten zu ihr paßte. Und wie entscheiden Sie sich? Im nächsten Kapitel werden Sie einige Hinweise finden, die Ihnen bei Ihrer Entscheidung helfen.

3. Die Entscheidung: Will ich respektiert oder verwöhnt werden?

Das Scheitern von Beziehungen ist oft vorprogrammiert, weil wir mit konfusen Bedürfnissen und Erwartungen an unsere Beziehungen herangehen. Um diesbezüglich Klarheit zu gewinnen, sollten Sie sich die Frage stellen: Welches ist mein größtes Bedürfnis – daß meine Gefühle gewürdigt oder daß meine Gedanken respektiert werden?

Wenn es Ihnen wichtiger ist, daß Ihre Gedanken respektiert werden, dann entscheiden Sie sich, daß Sie die »männliche« Energie sein wollen; und wenn es Ihnen wichtiger ist, daß Ihre Gefühle gewürdigt werden, dann entscheiden Sie sich, daß Sie die »weibliche« Energie sein wollen.

Erfolgreiche Beziehungen basieren auf dem Austausch *gegensätzlicher* Energien. Als erstes, ehe Sie eine Beziehung beginnen, müssen Sie also eine klare Entscheidung hinsichtlich Ihres Energiesystems treffen. Sie können nicht chaotisch hin und her springen und mal männlich aktiv, mal passiv weiblich sein. Dadurch wird jede Beziehung zerstört, und es ist aufreibend für die Beteiligten.

Bei Leslie und Mark haben Sie gesehen, wie destruktiv Leslies widersprüchliche Signale für ihre Beziehung waren, indem sie zuerst, als sie sich an ihn ranmachte und Sex mit ihm hatte, als die Männliche auftrat und dann zur femininen Rolle wechselte, als sie den Wunsch hatte, daß Mark liebevoll auf ihre Gefühle eingehen sollte.

Mark war nicht darauf aus, Leslie in ihren Vorleistungen zu bremsen, und Leslie hatte ihn schnell verwöhnt. So daß ihr »schneller Wechsel« für ihn völlig irritierend war. Er konnte in ihrer Beziehung nicht wirklich Fuß fassen und verließ sie. Fest steht sicherlich, daß er nicht geneigt war, sich auf eine feste Beziehung mit ihr einzulassen.

Das gleiche passierte, nur mit umgekehrten Vorzeichen, Andrea jedesmal, wenn sie sich auf eine Beziehung einließ, weil die weibliche Energie, die sie anfänglich jedem Mann präsentierte, alsbald von ihrer männlichen Energie untergraben wurde und sich schnell verflüchtigte.

Obwohl beide gebildet, intelligent und attraktiv waren, gelang es keiner der beiden Frauen, eine Beziehung anzufangen, die ebenso glücklich wie dauerhaft gewesen wäre. Der Schlüssel ist, und das möchte ich nochmals betonen, daß Sie sich selbst kennen, daß Sie die Energie kennen, bei der Sie sich wohl fühlen, und daß Sie sich darin *verankern*, ehe Sie eine Beziehung beginnen.

Nehmen wir eine offensive, dynamische Frau, die sofort weiß, was sie bei einem Mann liebt, und es genießt, den ersten Schritt zu einer Beziehung mit ihm zu tun. Wenn der Mann, den sie dabei im Visier hat, hauptsächlich von weiblicher Energie getrieben wird oder passiv ist, dann *könnte* es funktionieren. Wenn dieser Mann jedoch auch die Eroberung genießt, sich an eine Frau ranzumachen und sie zu fangen, dann hat die Beziehung zwischen beiden von vornherein keine Chance. Denn keiner von beiden wird seinen Urtrieb befriedigen können, der darin besteht, sich zu behaupten und jeweils die Initiative zu ergreifen.

Auf der anderen Seite gibt es auch die Frau, die einen Mann sieht, der ihr gefällt, sich zu ihm hingezogen fühlt, aber jedesmal, wenn er zu ihr hinschaut, wegblickt, aus Angst, sie könne zu aufdringlich erscheinen. Wenn dieser Mann sich ebenfalls zu ihr hingezogen fühlt, aber ebenfalls Angst hat, zurückgewiesen zu werden, wenn er sie anspricht, bleibt die Frage: Wie können die beiden zusammenkommen? In dem Falle sind beide, der Mann und die Frau, passive Nehmer und keine offensiven Initiatoren.

Obwohl ich glaube, daß es im Prinzip nur zwei Spiele gibt – wobei es bei dem einen um Geld (männlich) und bei dem anderen um Sex (weiblich) geht –, ist nicht von der Hand zu weisen, daß es heutzutage gang und gäbe ist, daß beide berufstätig sind und gleich gut bezahlt werden. Wie kann dann aber die Beziehung funktionieren? Indem sichergestellt wird, daß beide sich entsprechend des Energieaustausches verhalten und sich nicht gegenseitig auf die Füße treten.

Marcy und Burt verdienten beide als Computerprogrammierer in etwa das gleiche Gehalt. Sie lernten sich über eine Anzeige kennen, verabredeten sich und mochten sich auf Anhieb. Beide wünschten sich, es würde sich eine Beziehung zwischen ihnen entwickeln. Marcy rief Burt jedoch nicht an, sie wollte die weibliche Energie sein. So wartete sie, daß er anriefe. Zwei Tage später kam der Anruf. Er lud sie ein, mit ihm auszugehen, und sie sagte zu. Damit war das Muster festgelegt, wonach Burt die männliche und Marcy die weibliche Energie sein würde, obwohl beide, gemessen an ihrem Gehalt, im Prinzip gleich stark waren.

Den gleichen Beruf und gleich viel Grips zu haben, bedeutet nicht, daß man auch die gleichen Energievorlieben hat. Jeder hat seine ureigensten Talente und Vorlieben. Der eine liebt es zu organisieren und Rechnungen zu bezahlen, der andere kocht gerne und ergreift gerne die Initiative zum Sex. Wenn Mann und Frau den »gleichen« Beruf und Grips haben, können sie über ihre persönlichen Vorlieben und Talente sprechen und sich bei den verschiedenen mentalen und physischen Dingen, die zu einer Paarbeziehung gehören, darauf verständigen, wer welche Rolle übernimmt.

Auch bei gleichem Einkommen bleibt, daß die Trennungslinie zu ziehen ist, wer die aktive, gebende männliche und wer die passive, empfangende weibliche Energie ist. Mit anderen Worten: *Wer wird respektiert, und wer wird verwöhnt?*

Wie ich den anderen respektiere oder verwöhne

Wenn Sie entscheiden, daß Sie die »weibliche« Energie sein möchten, und daß Sie die Gedanken Ihres Mannes respektieren und ihnen Vorrang vor Ihren eigenen einräumen wollen, so heißt das, daß Sie ihm zuhören, wenn er seine Ideen, Wünsche oder Meinungen äußert, und daß Sie diese, ob Sie ihnen zustimmen können oder nicht, anerkennen, schätzen und akzeptieren oder in einer Form eine Änderung herbeiführen (wie, werden Sie noch von mir erfahren), die gewährleistet, daß er sich respektiert fühlt.

Wenn Sie sich entscheiden, daß Sie die »männliche« Energie sein möchten und daß Sie liebevoll auf die Gefühle Ihres Mannes eingehen und ihnen Vorrang vor Ihren eigenen einräumen wollen, so heißt das, daß Sie auf seine Gefühle hören, ob diese positiv oder negativ sind, und daß Sie diese akzeptieren, anerkennen und schätzen und sich gegebenenfalls gemeinsam auf eine Verhaltensänderung verständigen, die bewirkt, daß es ihm bessergeht.

Können Sie die weibliche Energie sein, mehr verdienen als Ihr Mann und ihn dennoch respektieren? Natürlich!

Jerome, ein Anglistikprofessor, verdiente nur halb soviel wie seine Freundin Suzzett, Besitzerin eines Getränkehandels. Jerome war jedoch eindeutig der Mann in der Beziehung, und Suzzett bewunderte und respektierte seine Stellung und seinen Intellekt.

Suzzett, die Verwöhnte, sorgte in der Paarbeziehung für die Sinnlichkeit. Wenn Jerome nach der Arbeit zu Suzzett in ihre Wohnung ging, konnte er sich bei ihr entspannen. Sie schuf eine Atmosphäre, in der er sich wohl fühlte und die er liebte.

Nachdem beide neun Monate fest, auch sexuell zusammen waren, wußte Suzzett, daß sie Jerome heiraten wollte. Sie fühlte noch immer jenes Prickeln, wenn er so bestimmt mit ihr sprach und ihr sagte, was er wollte, ob es dabei um ein Treffen oder darum ging, mit ihr zu schlafen. Sie brauchte es, daß der Mann die Führungsrolle übernahm. Wenn Jerome ihr zeigte, wo es langging, so wurde sie durch die Bestimmtheit seines Auftretens sinnlich und sexuell stimuliert; das gab ihr ein Gefühl der Sicherheit und Geborgenheit, beides Dinge, die für sie Voraussetzung dafür waren, um sexuell überhaupt anspringen zu können und verwundbar zu sein.

Und Jerome liebte ihre Verwundbarkeit. Es war für ihn sexuell erregend, das Gefühl zu haben, daß die Lustkontrolle in seinen Händen lag. Er wußte, sie vertraute ihm, und weil sie ihm vertraute, hatte er das Selbstvertrauen, in seiner Führungsrolle und auf der Ebene der Sexualität kreativer zu sein und mehr zu wagen. So trug sie sexuell dazu bei, daß er seine Männlichkeit entfalten konnte, und er trug sexuell dazu bei, daß sie ihre Weiblichkeit entfalten konnte. Und das besiegelte ihre Intimität.

Für Suzzett und Jerome war ihre Beziehung ausgewogen. Er wollte – als oberste Priorität – respektiert werden, und sie wollte verwöhnt werden.

Wenn demgegenüber in einer Beziehung jedoch beide das gleiche erwarten, nämlich, daß sie verwöhnt werden und ihren Gefühlen Rechnung getragen wird oder daß, umgekehrt, ihre Ideen und ihr Verstand respektiert werden, so führt dies unweigerlich zu Konflikten, zu einem Tauziehen, zu einem Machtspiel.

Nehmen wir ein Beispiel. Ein Kinobesuch ist sicherlich etwas denkbar Einfaches, vorausgesetzt, beide haben nicht unterschiedliche Vorstellungen, welchen Film sie sehen möchten. Dann kann es schwierig werden. Was bei Laurie und ihrem Freund Al immer dann der Fall war, wenn sie einen Liebesfilm und er einen Western sehen wollte.

Bisher hatte Laurie, weil sie um jeden Preis mit Al zusammensein wollte und Angst hatte, ihn zu verlieren, sich von ihm einschüchtern lassen und sich jeden Film angesehen, den er sehen wollte, egal, wie ihr zumute war. Allmählich ärgerte sie sich jedoch zunehmend über sich selbst, wie sie mit der Situation umging. Um das Problem zu lösen, zeigte ich ihr einen Weg, wie sie mit Al reden konnte, damit er auf ihre Gefühle einging und sie nicht einschüchterte, so daß sie sich seinem Wunsch beugte; Voraussetzung dafür war, daß sie seinen Wunsch respektierte und nicht versuchte, ihn mit ihren Gefühlen zu vergewaltigen.

Als der nächste Kinobesuch angesagt war und Al, wie gehabt, versuchte, sie einzuschüchtern, damit sie mit ihm in einen Western ging, den sie nicht mochte, sagte sie ihm also, sie sei bereit mitzugehen, weil sie gerne mit ihm zusammensein wollte (ihn respektierte), sie erzählte ihm gleichzeitig aber auch von ihren Gefühlen, daß sie diese »Abknallerei« wirklich nicht abkonnte. Das Ergebnis war, daß Al, nachdem er gehört hatte, was sie sagte, bereit war, auf ihre Gefühle einzugehen. Sie schlossen einen Kompromiß und einigten sich auf einen dritten Film, der zur Wahl stand, an dem Al durchaus auch interessiert war und mit dem sie kein Problem hatte.

Gewarnt sei jedoch vor Männern, die Sie weder respektieren noch auf Ihre Gefühlen eingehen und Sie verwöhnen. Dahinter steht die Absicht, eine Distanz zu wahren, die für Sie allerdings schmerzlich ist. Diese Männer haben Angst vor Intimität. Oberflächlichkeit ist das Ziel von Personen, die intimitätsunfähig oder -scheu sind. Geld und Sex sind die Ziele in oberflächlichen Beziehungen. Wirklich liebende, verwundbare Männer und Frauen haben demgegenüber das Ziel, Gefühle und Gedanken miteinander zu teilen.

Was ist zur Anatomie zu sagen (Hormone)?

Die sexuelle/soziale Revolution gab uns zwar die Freiheit, in einer Beziehung sowohl die männliche als auch die weibliche Energie zu sein, dennoch bleibt zu untersuchen, inwieweit die Frage der Anatomie eine entscheidende Rolle bei unserer Wahl spielt und inwieweit die Geschlechterfrage nachdrücklich zu unseren Energiepräferenzen beiträgt, wonach die meisten Frauen nach wie vor die weibliche Energie und die meisten Männer nach wie vor die männliche Energie sein möchten.

Freud sagte: »Die Anatomie ist das Schicksal.« Stimmt, infolge des hormonellen Gleichgewichts unserer Körper.

Die meisten Frauen, denen ich begegne (und die die Fünfzig noch nicht erreicht haben), fallen ganz natürlich in die »weibliche« Energie. Ihr Hauptinteresse gilt ihren Beziehungen (obwohl die meisten berufstätig sind), und schuld daran ist das weibliche Hormon *Östrogen*.

Östrogen ist ein Affekt-(Gefühls)Hormon. Es sorgt dafür, daß es Frauen mehr um Gefühle und Emotionen als um Autos und Jobs geht. Die weiblichen Prinzipien sind: »Ich fühle« und »Ich will keine Schmerzen haben«. Das Thema, um das es der Frau ultimativ geht, ist der Liebesakt, da er das Intimste ist, was zwei Menschen tun können, und die größte Nähe ermöglicht.

Beim Mann, der die Fünfzig noch nicht erreicht hat, ist es das männliche Hormon *Testosteron*, das ihn zum Handeln treibt und bewegt, die männliche Energie zu bevorzugen. Macht, Geld und Sex sind die Dinge, die die meisten Männer sich von Natur aus am meisten in ihrem Leben wünschen, und daran ist ihr Testosteron schuld. Ein Wunsch, der sich in der realen Welt darin äußert, daß die meisten Männer an Kaufen, Verkaufen und Bauen interessiert sind. Ihre Welt ist konkret und leistungsorientiert. Die männlichen Prinzipien sind: »Ich denke« und »Ich will«.

Ein junger Mann, der durch sein Testosteron beeinflußt wird, hat den Wunsch, »zu produzieren« und etwas »zu leisten«. Seine männliche Energie, die selbstlos ist, möchte eine Aufgabe erfüllen, so daß er sich am Ende – angesichts des Endprodukts – gut fühlen kann. Die Leistungen, die er vollbringt, dienen oft dem intellektuellen Vergnügen, das er aus der Erreichung seines Zieles, Geld-, Macht- und Prestigegewinn, bezieht. Natürlich haben wir alle unsere Zeiten, in denen wir Leistungen vollbringen; im Unterschied zu Frauen ist der Körper der Männer jedoch mehr für die Leistung als für die »Verarbeitung« gebaut.

Eine Frau, die von ihrem Östrogen beeinflußt wird, verarbeitet ihre Gefühle und Gedanken; so wird sie ständig mit ihnen in Kontakt gehalten und kann, wenn sie sich gut »fühlt«, entscheiden, etwas Vergnügliches zu tun oder, wenn sie sich schlecht fühlt, die Bremse zu ziehen und nichts mehr zu tun. Diese Verarbeitung erlaubt es einer Frau, ständig ihren Gefühlen zu folgen und entsprechend zu handeln, insbesondere, wenn es darum geht, schmerzliche Erfahrungen zu vermeiden, indem sie nein sagt.

Ich sage oft, daß Frauen sich »gut fühlen« müssen, um etwas gut zu machen, während Männer etwas »gut machen« müssen, um sich gut zu fühlen. Bei einem Mann ist es bekanntlich unwahrscheinlicher als bei einer Frau, daß er sich unwohl fühlt, wenn er in einer unästhetischen Umgebung arbeitet. Was unter anderem auf die Wirkung des

Testosterons zurückzuführen ist und sich damit erklärt, daß er sich auf die anstehende Aufgabe konzentrieren kann und weniger sensitiv auf die Menschen und Dinge in seinem Umfeld reagiert. Was seine Frau als Insensibilität betrachtet, betrachtet der Mann als ein funktionierendes, effizientes, wirksames und ökonomisches System.

Mit zunehmendem Alter erleben wir dann jedoch eine Umkehrung der Situation, wenn die Natur uns auf ganz natürliche Weise in die entgegengesetzte Rolle drängt. In der zweiten Lebenshälfte werden die Männer passiv-weiblicher. Ihr rückläufiger Testosteron-Spiegel bewirkt, daß sie weniger aggressiv und empfänglicher werden. Das Östrogen in ihrem System fördert ihre Sensitivität und ihr Gefühlsleben. Und Frauen werden nach der Menopause aktiv-männlicher. Was mit dem rückläufigen Östrogenspiegel und der nunmehr stärkeren Wirkung des Progesterons zu erklären ist. Und oft zur Folge hat, daß Frauen nunmehr in die Geldwelt hinausgehen, um sich mit Leistung einen Namen zu machen, während Männer nunmehr eher bereit sind, sich ins häusliche Leben zurückzuziehen und sich mit Vergnügungen wie Kochen, Gartenarbeit, einer künstlerischen Betätigung oder Musikhören zu bescheiden.

In ihrem Buch *Wenn Ehen in die Jahre kommen* spricht Dr. Sonya Rhodes vom »Rollentausch in der Lebensmitte«, der darin besteht, »daß Männer, die die Lebensmitte ziemlich mühelos bewältigen, empfänglicher für ihre Bedürfnisse im sexuellen Bereich und im Gefühlsleben werden, während sich die Frauen in der Lebensmitte infolge ihres neuerworbenen Selbstbewußtseins durchsetzen und unabhängiger werden. Um die Lebensmitte kommt es also genaugenommen fast zu einem Rollentausch. Die Männer werden ›weiblicher‹, die Frauen ›männlicher‹.«

Nebenbei: Da Frauen, die die Menopause hinter sich haben, oft logischer und konsequenter als jüngere Frauen sind, können sie im Vergleich zu jüngeren Frauen oft besser mit maskulinen Männern kommunizieren. Was erklärt, warum ältere Frauen und jüngere Männer oft gut miteinander zurechtkommen. Dank des Testosterons des jüngeren Mannes und des Progesterons der älteren Frau haben sie optimale Voraussetzungen, ein gutes Team zu sein und gute Leistungen zu erbringen, insbesondere wenn es darum geht, Geld zu machen. Männer kommen mit älteren berufstätigen Frauen oft besser zurecht.

Die gehirnspezifischen Unterschiede

Ein weiterer anatomischer Indikator, der unsere Entscheidungen mit beeinflußt, sind die Hemisphären des Gehirns. Die linke Hemisphäre ist die denkende, verbale, aktive »männliche« Hemisphäre, und die rechte ist die fühlende, nonverbale, rezeptive »weibliche« Hemisphäre. Zwischen beiden Hemisphären liegt der Balken des Gehirns, eine quere Faserverbindung, der Corpus callosum, der die Informationen aus beiden Hemisphären weiterleitet. Da dieses weiterleitende Gewebe bei rechtshändigen Männern kleiner als bei linkshändigen Männern oder bei Frauen ist, wird das Handeln rechtshändiger Männer in der Regel entweder von ihrer linken Hemisphäre (die lehrt, verbalisiert, Probleme löst und Lösungen findet) *oder* von ihrer rechten Hemisphäre (der sinnlichen, nonverbalen, sexuellen), aber selten von der rechten und der linken Hemisphäre gleichzeitig bestimmt.

Demgegenüber *ist* eine Frau, da ihr Corpus callosum größer ist, in der Lage, Daten aus ihrer rechten und linken Hemisphäre gleichzeitig zu verarbeiten, so daß sie im Endeffekt ihre Gedanken und Gefühle zusammenbringen kann. Was aber zu Problemen in einer Beziehung zwischen einer Frau und einem rechtshändigen Mann führen kann, wenn sie nämlich von ihm erwartet, daß er offen über seine Gefühle sprechen kann, und er von ihr erwartet, daß sie sich an die Logik hält. Ein rechtshändiger Mann ist oft verwirrt über seine kluge, sensitive Frau, was ihn zu dem Ausruf verleitet: »Wie kann nur jemand so intelligent und gleichzeitig so doof sein?!«

Als Terry seine Frau Lilly damit überraschte, daß er mit ihr zu einem kleinen Flugplatz zu einem Rundflug mit einer zweimotorigen Maschine fuhr, war er ebenso verwirrt wie erstaunt über ihre ängstliche Reaktion.

Wie konnte Lilly so unlogisch sein? fragte er sich. Eine zweimotorige Maschine war wesentlich sicherer als ein Jumbojet. Falls etwas schiefging, hatte man hierbei wenigstens die Chance, im Gleitflug den Boden zu erreichen. Wie konnte Lilly in ihrem Beruf bestehen, wenn sie so unlogisch und emotional mit der Frage des Fliegens umging? Einfach lächerlich. Und wie lächerlich es war, mußte er ihr zeigen.

Lilly wollte jedoch Terrys Mitgefühl und Verständnis, daß das ein Problem für sie war, logisch oder nicht. Und sie wollte nicht, daß er sich lustig über sie machte.

Diese Kollisionen zwischen Terrys Logik und Lillys »unlogischen« Reaktionen waren ein chronisches Problem zwischen ihnen – bis sie hörten, wie ich über die neurologischen Unterschiede zwischen Frauen und rechtshändigen Männern sprach.

Da Terry nun wußte, daß es tatsächlich einen biologischen Unterschied in ihrem Gehirn gab, konnte er Lillys Gefühle nachvollziehen und entsprechend liebevoll auf sie eingehen, was ihr schließlich half, über ihre Ängste hinwegzukommen.

Es ist wichtig zu begreifen, daß Mitgefühl als solches bereits einen heilsamen Effekt auf den anderen haben kann. Wenn Sie Ihr Mitgefühl zum Ausdruck bringen, bieten Sie Ihrem Partner die Unterstützung, die er braucht, während er sich mit seinen inneren Konflikten auseinandersetzt.

Linkshändige Männer unterscheiden sich, nebenbei bemerkt, insofern von rechtshändigen Männern, als daß sie, wie alle (sowohl links- als auch rechtshändigen) Frauen, gleichzeitig denken *und* fühlen können. Das heißt, sie können logisch und mit Gefühl sprechen. Was für eine Frau ausgesprochen toll sein kann, da die Unterhaltung mit einem solchen Mann wie ein Gespräch mit ihrer besten Freundin sein kann. Aber manchmal kann auch die Hölle los sein, da hinter beider Gedanken eine Menge Emotionen stecken und beide nicht kompromißbereit sind.

Wenn Sie und Ihr linkshändiger Mann beide einen schweren Arbeitstag hinter sich haben und Sie fühlen sich beide zerschlagen und vielleicht ein wenig deprimiert, wenn Sie am Abend zusammenkommen, dann ist es denkbar, daß Ihrer beider Bedürfnis, sich anzulehnen, so akut ist, daß keiner von Ihnen den anderen auffangen kann. Was dann leicht zu Ressentiments, Wut, Wortgefechten oder zu Liebesentzug führt.

Sofern Sie mit einem linkshändigen Mann zusammen sind, ist es also wichtig, daß Sie beide sich frühzeitig darauf verständigen, wer von Ihnen wahlweise ob seiner Logik respektiert und wer ob seiner Gefühle verwöhnt wird. Das setzt voraus, daß Sie sich über Ihre natürliche Fähigkeit, gleichzeitig zu denken und zu fühlen, hinwegsetzen.

Zu unterscheiden bleibt allerdings zwischen Handlungen, die durch physische Realitäten beeinflußt werden, weil sie etwa hormonell und anatomisch bedingt sind, und solchen Handlungen, die das Ergebnis psychologischer Fehlfunktionen sind, wie es beispielsweise bei Leslie und Mark der Fall war, als sie in eine Sackgasse gerieten, weil beide gleichzeitig den Wunsch hatten, daß ihren Gefühlen Rechnung getragen würde. Eine ständige Kollision – wo das Männliche mit dem Männlichen und das Weibliche mit dem Weiblichen zusammenprallt – untergräbt den natürlichen Fluß der Intimität. Woraus eine tödliche Spannung erwachsen kann, die in Gewalttätigkeiten oder auch mit dem Schluß der Beziehung enden kann.

Sprache

Ihre Energievorliebe kommt aller Wahrscheinlichkeit nach durch die Sprache zum Ausdruck, die Sie wählen. Wenn Sie feststellen, daß Sie Ihre Sätze mit »Ich möchte« und »Ich denke« beginnen, dann möchten Sie wahrscheinlich die »männliche« Energie in der Beziehung sein. Sofern Sie Ihre Sätze mit »Ich möchte nicht« und »Ich (emp)finde« beginnen, bevorzugen Sie wahrscheinlich die »weibliche« Energie.

Wenn Sie sich für die männliche Energie entscheiden, so tun Sie das, weil Sie geben und Ihren Intimpartner beschützen und verwöhnen möchten. Wenn Sie gesagt haben, »Ich denke« und »Ich möchte«, dann müssen Sie anschließend fragen: »Wie (emp)findest du das, was ich gerade gesagt habe?« Es ist ein Zeichen einer ausgeglichenen männlichen Energie, auf die Gefühle des Partners zu hören und einzugehen, der von weiblicher Energie geleitet wird, insbesondere auf seine negativen Gefühle.

Praktisch heißt das, daß Personen, die vorrangig von männlicher Energie geleitet werden, sagen: »Ich denke, wir sollten dies oder das tun«, »Ich möchte, daß du mich liebst«, »Ich möchte mit dir zusammensein«, »Ich möchte mit dir schlafen«, und sich mit der Frage: »Wie (emp)findest du das?« oder »Was hältst du davon?« nach dem Gefühl des anderen erkundigen. Und die weibliche Energie antwortet dann: »Ich finde das schön« oder: »Ich möchte dies oder das nicht tun« oder: »Das würde mich glücklich, traurig, froh, wütend machen oder mich erregen.«

Derjenige mit der männlichen Energie sagt: »Ich *möchte*, daß wir im Urlaub nach Alaska fahren. Ich *denke*, das wäre ein phantastisches Urlaubsziel. Was hältst du davon?«

Und derjenige mit der weiblichen Energie antwortet: »Darüber wäre ich sehr glücklich. Das ist eine tolle Idee.« Oder: »Darüber wäre ich nicht sehr glücklich. Ich *möchte nicht* so weit fahren. Bei einem Ort, der näher ist, würde ich mich wohler *fühlen*. Was meinst du?«

Wenn Sie sich für die weibliche Energie entscheiden, dürfen Sie Ihren Mann nicht um mehr Liebe, Zeit, Zärtlichkeit oder Sex bitten. Sie dürfen ihn um alle *Dinge* bitten, die Sie sich wünschen, Diamanten, Häuser, Autos, weil maskuline Männer gerne *Dinge* geben. Wenn es aber um Liebe, Zeit, Zärtlichkeit und Sex geht, müssen Sie geduldig warten, bis das beste Angebot kommt, das Sie dann annehmen oder ablehnen können. Wenn Sie ungeduldig werden und zu männlichen Prinzipien greifen, dann bitten Sie damit Ihren Mann, Ihr weibliches Pendant oder Ihr kleiner Junge zu sein, womit er zweifellos nicht einverstanden sein wird. Da er keine Lust hat, sich mit Ihnen zu streiten, zieht er sich auf die passiv-aggressive Rolle zurück. Er wird ja sagen zu Ihrer Forderung, Ihnen dann aber weniger geben, als Sie bekommen hätten, wenn Sie nichts gesagt hätten. Wenn ein Mann Ihren Ansprüchen in punkto Liebe, Zärtlichkeit, Zeit und Sexualität nicht genügt, ist es das beste, denke ich, wenn Sie das Weite und sich einen anderen Mann suchen.

Barney und Priscilla waren seit acht Monaten zusammen. Barney liebte Priscilla. Er fühlte sich von ihr respektiert, und sie fühlte sich von ihm liebevoll verwöhnt. Das war zumindest bis vor kurzem so, bis Barney mehr als gewöhnlich arbeiten mußte. Was es mit sich brachte, daß er sich bei ihren Treffen gelegentlich etwas früher verabschiedete und allein nach Hause gehen wollte, um sich schlafen zu legen. Priscilla empfand das als Liebes-, Zärtlichkeits-, Zeit- und Sexentzug und beschloß nachzuhaken. »Warum kannst du nicht zu mir kommen und hier schlafen, dann könnten wir auch miteinander schlafen«, beklagte sie sich. »Wenn du wirklich mit mir zusammensein wolltest, würdest du es tun, auch wenn du etwas müde wärst.«

Barney wollte keine Auseinandersetzung und erklärte sich bereit, in ihrer Wohnung zu schlafen. Dort angekommen, schlief er prompt auf dem Sofa ein, noch ehe es zu Sex kam. Er reagierte passiv-aggressiv, und Priscilla war wütender als vorher, ehe sie ihn gefragt hatte.

Die Zeit verging, und Priscilla nörgelte weiter, und Barney zog sich immer mehr zurück. Allmählich machte sich Angst bei Priscilla breit. Warum war er so distanziert? Liebte und wollte er sie nicht mehr? Gab es eine andere? Priscilla sprach mit einer Freundin, die meine Prinzipien kannte. Sie beschloß, in meine Seminare zu kommen, wo sie sich nach einer Weile zu Wort meldete und mich um Rat bat.

Ich sagte ihr, sie müsse die Situation entweder akzeptieren oder vorüberghend oder auch dauerhaft ablehnen, sich also vorübergehend oder dauerhaft von Barney trennen. Frauen haben keine Nörgel*rechte*, sie haben nur das Recht, ihn zu *verlassen*. Sie lernte es, sich in ihrer weiblichen Energie zu verankern und *zielgerichtet* auf Barney zuzugehen.

»Barney«, sagte sie, »ich finde (glaube, habe das Gefühl), daß etwas zwischen uns nicht in Ordnung ist. Ich habe den Eindruck, daß du wütend (müde, gelangweilt, distanziert) bist. Du berührst mich nicht mehr so wie früher, und du schläfst auch nicht mehr sehr oft mit mir. Stimmt doch, oder?«

Barney bestätigte, daß sie recht hatte mit dem, was sie sagte, aber auch, daß es keine andere gab, die er haben wollte. Er sagte, es sei einfach nur so, daß er seinen Schlaf brauche. Priscilla hörte auf zu nörgeln, und als die Zeit vorbei war, in der Barney ständig Überstunden machen mußte, behandelte er sie liebevoller und zärtlicher, und sie hatten mehr Sex und verbrachten mehr Zeit zusammen als je zuvor. Er wußte es zu schätzen, daß sie ihn so akzeptierte, wie er war, und daß sie ihm vertraute.

Sie haben die Wahl

In der heutigen Zeit der sensitiven Männer und starken Frauen *möchten* nicht alle Männer die »männliche« Energie sein und die Verantwortung tragen, für andere zu sorgen, und ebensowenig möchten alle Frauen auf Rechte verzichten und ihre Unabhängigkeit aufgeben und die »weibliche« Energie sein. Das ist absolut in Ordnung. Wir werden alle mit unseren jeweiligen körperlichen Fähigkeiten, mit unserer Intelligenz und unserem Temperament geboren. Wir haben die Freiheit und die Möglichkeit zu wählen, ob wir die männliche oder die weibliche Energie sein möchten. Hormone, gehirnspezifische Unterschiede, sprachliche Muster und Umgangsformen mögen uns bei unserer Wahl zwar in einer bestimmten Richtung leiten, letztendlich müssen wir uns aber davon leiten lassen, welche Energie wir als die natürlichste für uns empfinden.

Die Frauenbewegung sorgte dafür, daß Frauen im Beruf und in Beziehungen ihre männliche Energie frei einbringen können. Heute fordert die Männerbewegung, personifiziert durch Robert Bly und sein Buch *Eisenhans*, die Frauen auf, zuzulassen, daß Männer in die »männliche Psyche hinabsteigen«, den »Roten Ritter« und »Wilden

Mann« erfahren und zum Ausdruck bringen können, der dort »im Dunkeln schlummert«, und nicht von ihm verlangen, daß er ihn vorzeitig unterdrückt und gleich ein »Weißer Ritter« wird.

Wenn Männern zugestanden wird, ihre weibliche Seite (Anima) nach ihrem eigenen zeitlichen Rahmen zu integrieren und nicht nach dem, den die Frau ihnen setzt, erwächst daraus eine authentischere, liebevollere und sensitivere Erfahrung, an deren Ende nicht der »gute Junge« steht, der passiv-aggressiv ist.

Frauen, die aus Angst vor der eigenen Verwundbarkeit durch die männliche Potenz versuchen, Männer zu kontrollieren, versuchen in Wirklichkeit, jenen »Roten Ritter« zu kastrieren. Was sie am Ende aber damit bezahlen, daß sie es mit Männern zu tun haben, die diese Kastrationsmacht der Frauen hassen gelernt haben.

Die Männerbewegung trägt jedoch auch dazu bei, daß die Männer sich ohne Schuldgefühle zu ihrer weiblichen Energie bekennen können. Viele Männer fühlen sich authentischer in Rollen, die bisher den Frauen zugewiesen waren: in der Rolle desjenigen, der zu Hause bleibt und den Haushalt erledigt, der sich hauptsächlich um die Kinder kümmert und der für den gesellschaftlichen Terminkalender der Familie zuständig ist.

Weibliche-Energie-Männer kämpfen nicht gerne. Aber sie schätzen maskuline Frauen, die gerne konkurrieren, führen und im Zweifel die Rolle desjenigen übernehmen, der im wesentlichen für den Status und das Geld sorgt und sich allgemein um alles außerhalb der Beziehung kümmert. Innerhalb der Beziehung fühlen feminine Männer sich respektiert, wenn ihre Gefühle gewürdigt werden, und maskuline Frauen fühlen sich gewürdigt, wenn ihre Ideen respektiert werden. Sie ergänzen gegenseitig ihre Bedürfnisse.

Feminine Männer sind keine verkappten Homosexuellen oder Sonderlinge oder Schwächlinge. Sie sind ebensowenig krank oder abartig. Eine dynamische Frau, die die männliche Energie in der Beziehung ist, betrachtet einen netten und sensitiven Mann vielleicht so lange als schwach, bis er sie verläßt, weil sie ihn nicht respektierte.

Für gewöhnlich ist der Partner mit der männlichen Energie derjenige, der in der Beziehung für den Status und die nötige Sicherheit sorgt. Oft wissen aber gerade Männer, die von weiblicher Energie geleitet werden, ihre Sensitivität, Kreativität und Intuition zu nutzen, um damit eine Menge Geld zu verdienen. Sie besitzen oft die besten Kunstgalerien, Hotels und Restaurants. Und in der Reihe derjenigen, die als Einzelpersonen Karriere machen, sind sie die besten

Ärzte, Schriftsteller, Schauspieler, Künstler und Lehrer. Ihre weibliche Energie ist zusammen mit ihren körperlichen männlichen Attributen die ideale Voraussetzung für einen guten, liebevollen zwischenmenschlichen Umgang, der sich dann natürlich auch geschäftlich auszahlt. Ein von weiblicher Energie geleiteter Mann ist, ganz gleich, welchen Beruf er ausübt, in der Regel ein sensitiver Mann, der einer starken Frau Sinnlichkeit und Sexualität bieten kann, einer Frau, die mit ihrem Intellekt dann seine Karriere unterstützt. Wichtig in einer Welt, in der Männer Männer sein *sollen* und in der Frauen Frauen sein *sollen*, ist, daß Paare, die in Beziehungen mit dieser alternativen Rollenverteilung leben, lesen und hören, daß sie absolut normal und gesund sind.

Henry ist ein ausgezeichneter, einfühlsamer Internist, aber etwas schüchtern, und er tut sich schwer, bei Frauen die Initiative zu ergreifen. In dem Krankenhaus, mit dem er zusammenarbeitete, begegnete er Cynthia, einer intelligenten, starken und attraktiven Krankenschwester. Cynthia fiel es leicht, den ersten Schritt zu einer Verabredung zu tun und damit die Geschichte in Gang zu setzen, die sich alsbald zu einer festen Beziehung entwickelte. Und nach einem Jahr heirateten sie.

In den ersten Jahren ihrer Ehe leitete Cynthia Henrys Praxis. Cynthias organisatorische Fertigkeiten und Henrys ausgezeichnete fachliche Fähigkeiten erwiesen sich als ideale Kombination, so daß Henry ein sehr erfolgreicher Arzt wurde.

Als dann die Kinder kamen, hörte sie auf, in der Praxis zu arbeiten. Was aber nicht hieß, daß sie ihn oder seine Praxis wegen der Kinder im Stich ließ, sie kontrollierte das Ganze weiter von zu Hause aus. Wenn sie zusammen zu Hause waren, hielt sie sich jedoch zurück, in ihm weiterhin den Arzt zu sehen, und ging statt dessen auf sein Bedürfnis ein, sich zu entspannen und mit seinen drei Kindern zu spielen. Sie sorgte dafür, daß er sich nicht um Rechnungen kümmern mußte, die zu bezahlen waren, oder um irgendwelche Umbauarbeiten am Haus. All diese Dinge regelte sie selbst, ohne Aufhebens und effizient.

Nicht alle Männer, die von weiblicher Energie geleitet werden, sind berufstätig. Manche funktionieren in Bereichen am besten, die beziehungsintern wichtig sind; sie kümmern sich etwa um den Haushalt, die Kinder oder die romantischen Aspekte. Und manche Frauen können diesen Bereichen nichts abgewinnen; sie wünschen sich aber dennoch ein Zuhause und eine Familie und sind bereit, als Karrierefrauen, das Geld nach Hause zu bringen, für den Status zu sorgen und so ein schönes Familienleben zu sichern. Jeder von uns muß in sein Inneres schauen, wir müssen unsere wirklichen Wünsche untersuchen und entsprechend handeln.

Es gibt viele tolle Männer, die für sich entscheiden, daß sie die weibliche Energie in einer Beziehung sein wollen. Und sie sind die Ergänzung, die Sie suchen müssen, wenn Sie der Typ von Frau sind, der vorrangig respektiert werden möchte. Wenn Sie dieser Frauentyp sind, dann möchten Sie die Kontrolle haben und einen liebevollen Mann, der Ihr Leben teilt. Das ist ein Teil Ihrer Natur. Sie geben gerne; sie beschützen gerne; sie verwöhnen gerne. Männer zu respektieren und akzeptieren, die sich entscheiden, ihre Kreativität zu Hause zu nutzen und ihre Sensitivität in ihren Beziehungen zum Tragen zu bringen, ist der einzig logische Schritt für eine Frau, die von männlicher Energie geleitet wird. Ein Schritt, der das notwendige Gleichgewicht in einer Beziehung garantiert.

Die wichtigste Frage, die Sie sich stellen müssen, lautet: »Bin ich eine berufstätige Frau oder eine Karrierefrau?« Wenn Sie sich eher als berufstätige Frau sehen, so ist anzunehmen, daß Sie zugunsten der Karriere Ihres Mannes gewisse berufliche Opfer bringen und vielleicht eine tolle Position aufgeben oder in eine andere Stadt umziehen müssen, weil seine Beförderung von diesem Umzug abhängt. Oder daß Sie vielleicht ganz wegen der Kindererziehung auf Ihren Beruf verzichten, um dann eventuell erst später wieder ins Berufsleben einzusteigen.

Wenn Sie eine Karrierefrau sind und nicht bereit sind, bei der Verfolgung Ihrer Karriere Kompromisse zu schließen, dann sollten Sie nach einem Mann Ausschau halten, der von weiblicher Energie geleitet wird und bereit ist, sich bei den im Haushalt anfallenden Arbeiten zu beteiligen und Ihre beruflichen Bedürfnisse ohne Ressentiments zu unterstützen.

Glen, Besitzer einer kleinen gutgehenden Druckerei, mochte die Ziele, die seine Freundin Antoinette vor Augen hatte. Sie hatte in ihrem Haus eine kleine Boutique für Kindermoden eröffnet und stellte inzwischen selbst Kinderkleidung unter einem eigenen Logo her.

Je erfolgreicher sie wurde, desto weniger Zeit hatte sie für Glen und mußte oft Verabredungen mit ihm absagen aufgrund ihrer vielen beruflichen Termine und Reisen. Glen hatte jedoch nichts dagegen. Er lebte sein eigenes Leben und wußte sich die Zeit zu vertreiben. Wenn

Antoinette beruflich glücklich war, dann war es ein ausgesprochenes Vergnügen, mit ihr zusammenzusein, und das war genau das, was Glen wollte. Er war bereit, alles zu nehmen, was sie ihm an Zeit und Energie geben konnte. Er liebte sie um ihrer selbst willen und nicht wegen Dingen, die sie für ihn tun konnte oder würde.

Glen machte es überhaupt nichts, wenn Freunde versuchten, ihn damit aufzuziehen, er sei eine »Memme«. Er und Antoinette paßten in ihrer ureigensten Weise zusammen, und ihm war es gleich, was andere dachten.

Es gibt eine Zeit, in der dem Beruf Vorrang vor der traditionelleren Frauenrolle eingeräumt werden sollte; und es gibt eine Zeit, in der dieser Frauenrolle Vorrang vor dem Beruf eingeräumt werden sollte. Der größte Fehler war, zu versuchen, beides gleichzeitig zu schaffen. Jungen Frauen gebe ich in der Regel den Rat, sich für die Zeit ab Fünfundvierzig für eine große Karriere zu rüsten, sich vorher aber auf die traditionellere Frauenrolle einzustellen. Sie müssen sich fragen: »Was ist heute meine Priorität? Karriere oder Familie?« Und wenn Sie sich entschieden haben, handeln Sie entsprechend, und suchen Sie sich den Mann, der die von Ihnen gewählte Priorität unterstützt.

Ich werde oft gefragt, ob eine maskuline Frau sich entscheiden kann, feminin zu werden, und ob eine Karrierefrau sich ändern und einfach eine berufstätige Frau werden kann. Die Antwort ist ja. Zu diesem Entschluß, sich zu ändern, gehört aber auch, daß sie die männliche Führung eines Mannes annehmen kann, ohne gegen ihn zu rebellieren – was einer Frau nicht leichtfällt, die es gewohnt ist, seit jeher in der männlichen Energie zu leben.

Wenn das auf Sie zutrifft, müssen Sie abwägen, und zwar *ehe* Sie eine Beziehung beginnen und nicht nachher, was *wirklich* Ihr Wunsch ist, die starke Führerin oder die feminine Frau zu sein, die folgt. Ansonsten werden Sie feststellen, daß Sie mit Ihrem Mann um den Thron kämpfen.

Leistung und Produktivität sind männliche Attribute, sowohl zu Hause wie im Beruf. Wenn Sie sich entschließen, die Frau zu sein, die nebenher einen Beruf hat, so gehört dazu, daß Sie Ihrem »Führer«, Ihrem Ehemann »folgen«, und zwar in allen Bereichen der Ehe, einschließlich Kindererziehung, Wohnungseinrichtung, Finanzen und ähnliches.

Sie haben zwar das »Gefühls«-Vetorecht, Sie sind aber nicht der »Boss«. Wenn Sie nur so tun, als seien Sie gerne die »kleine Frau«, in

Wirklichkeit aber selbst gerne die »Show abziehen« würden, dann verwirren Sie damit nur beide Beteiligten. In Ihnen wird sich Widerwillen breitmachen, und Sie werden Ihre produktive Energie darauf verwenden zu versuchen, ihn zu kontrollieren, mit dem Ergebnis, daß Sie sein Selbstwertgefühl untergraben. Treffen Sie also eine authentische Wahl, ob Sie eine Karrierefrau oder einfach eine berufstätige Frau sein wollen.

Es ist besser, wenn eine starke Frau und ein sensitiver, liebevoller Mann in einer Beziehung zusammentreffen, als wenn ein sensitiver Mann es mit einer Frau zu tun hat, die hilflos herumoperiert und versucht, sein Image aufzubauen, und er weder willens noch bereit ist, sich zu ändern. Das passiert, wenn sie sich schließlich voll zu erkennen gibt, und das wird sie, und sie wird ihn dabei niedermachen, statt ihn zu verwöhnen, und sie wird ihn seiner männlichen Potenz berauben. Und sie wird ihm vorwerfen, daß er nicht die männliche Energie zu ihrer vorgeblichen weiblichen Energie darstellt, womit dann der Punkt erreicht ist, an dem die Beziehung zu Ende ist.

Denken Sie daran: Für Täuschungsmanöver ist in Beziehungen kein Platz. Stützen Sie sich auf Selbstbewußtsein, Selbstvertrauen und Integrität.

4. Ist Geben männlich oder weiblich?

Wie Leslie wurde vielen Frauen beigebracht, daß Geben eine weibliche Fertigkeit und Nehmen das Recht und Privileg eines »richtigen« Mannes ist. Zum Teil wurde ihnen dies von ihren femininen Vätern beigebracht, die aus ihnen eine weitere »Mutti« machen wollten. Diese Frauen haben das Gefühl, sie müssen nach draußen gehen und etwas tun, damit ein Mann sie liebt.

Ich bin immer wieder frustriert, wenn junge Männer in meine Praxis kommen und sich beklagen: »Ich lade sie ein, einmal mit mir auszugehen, und sie lädt mich dreimal ein. Ich lade sie einmal zum Essen ein, und sie lädt mich gleich viermal zum Essen ein. Ich schicke ihr eine Karte, und sie schickt mir ein grandioses Geschenk.« Und dann sucht seine Freundin mich auf und sagt: »Ich bin so gut zu ihm, warum läßt er sich nicht auf eine feste Beziehung mit mir ein?«

In einer vernünftigen Familie wird einer Frau beigebracht, sich als erstes selbst zu lieben. Wenn sie demgegenüber jedoch in einer Familie groß wird, in der der Vater wollte, daß als erstes auf seine Gefühle und dann erst auf die seiner Frau oder Tochter eingegangen wird (was nicht hieß, daß er diese Fürsorge liebevoll erwiderte), kann sie keine Selbstliebe entwickeln. Denkbar ist ein solches Verhalten etwa bei einem Mann, der Alkoholiker oder ein Workaholic ist, der gewalttätig ist oder zu Mißhandlungen neigt oder auch hohe Leistungsansprüche an seine Tochter stellt.

Zu unterscheiden ist jedoch zwischen der gesunden Identifikation eines Mädchens mit ihrem Vater, wie bei Andrea, und dem Fall einer jungen Frau, die von ihrem Vater nicht gewürdigt wird, sondern nur seine Anerkennung findet, wenn sie Leistungen erbringt. Diese Frau wird in der Regel für die Männer in ihrem Leben die Mutter sein.

Durchaus gesund ist es, wenn eine Mutter ihre Kinder mehr als sich selbst liebt, solange sie noch klein sind. Wenn die Kinder älter werden, tut sie dann jedoch gut daran, wenn sie sich allmählich wieder auf ihre Selbstbezogenheit besinnt.

Wenn Sie an Ihre Kindheit zurückdenken und Ihre Mutter die Gebende, Beschützende und diejenige war, die ihre Familie verwöhnte, so sehen Sie eine Person, die vergaß, zu ihrem *Frausein* zurückzukehren, nachdem sie ihre Babys großgezogen hatte. Bemuttern ist eine tödliche Krankheit, wenn damit auch vor kerngesunden Personen nicht Halt gemacht wird, die über Fünf sind und selbst zurechtkommen. Frauen, die ihre Ehemänner bemuttern, vertreiben ihre Männer entweder schließlich, oder sie unterjochen sie in einer Abhängigkeit, so daß sie am Ende nicht mehr alleine zurechtkommen.

Es gibt leider viele Frauen, die sich von ihrer Mutterschafts-Attacke nie wieder erholen. So erzählte mir ein Klient von seiner Frau, die sich mit der Geburt ihres Kindes in eine Mutter verwandelt hatte und in erster Linie eine Mutter geblieben war. Dieser Mann hatte seine Frau an seinen Sohn verloren. Und das ist ungesund. Meines Erachtens ist ein Elternteil, bei dem das Kind Vorrang vor dem Partner hat, nicht wirklich verheiratet. Diese Person mag zwar rechtlich gebunden sein, sie ist aber nicht in einem intimen Sinne verheiratet.

Eine Frau, die ihrem fünfjährigen Sohn gegenüber selbstlos ist, erweist ihm alles andere als einen großen Dienst, weil sie bei ihm den Eindruck erweckt, alle Frauen sollten »Geberinnen« sein. Das kann zu grundsätzlichen Problemen in seinen Beziehungen zu Frauen und leicht dazu führen, daß aus ihm der Mann wird, den Dan Kiley in seinem Buch *Das Peter-Pan-Syndrom* beschreibt: Ein narzißtischer »kleiner Junge«, der nie erwachsen geworden ist, der nicht lieben, niemanden beschützen oder verwöhnen, der nichts zurückgeben und keine Verantwortung übernehmen kann.

Ein »Peter-Pan-Syndrom«-Mann erwartet von seiner Frau, daß sie sich mehr um ihn kümmert als er um sie. Er sorgt dafür, daß sie ihn zum Essen einlädt oder die Karten fürs Theater reserviert, ihm Geld leiht, ihn zu Hause abholt, um gemeinsam auszugehen, oder das Geburtstagsgeschenk für seine Mutter besorgt, weil er zu beschäftigt ist, sich selbst darum zu kümmern.

Wenn Sie nicht seine »Mutter« sein wollen, müssen Sie es lernen, bei diesen Bitten nein zu sagen. Die weibliche Energie steht nicht für Geben, denn Geben heißt Handeln, und Weiblichkeit steht für Passivität, ob bei Männern oder Frauen. Um ein wahres Energiegleichgewicht zu finden, müssen Frauen den Männern etwas zurückgeben, die ihnen als erste geben, die sie beschützen und verwöhnen.

Wenn ein Mann seiner Frau geben, sie beschützen und verwöhnen kann, noch ehe er selbst an die Reihe kommt, dann ist er zur »Selbstlosigkeit« gereift und wird dafür von denen belohnt, die er liebt. Wenn er statt dessen seiner Frau gibt, sie beschützt und verwöhnt, noch ehe er selbst an die Reihe kommt, und sagt: »Das ist nicht fair. Warum muß ich als erster geben? Warum gibt sie nicht als erste? Meine Mutter hat meinem Vater auch gegeben, und sie waren fünfunddreißig Jahre verheiratet«, dann antwortete ich ihm: »Ihre Mutter war selbstlos, also die männliche Energie, und Ihr Vater war die weibliche Energie oder ein »Peter Pan«, je nach dem, ob er in der Lage war, zurückzugeben oder nicht.«

Ein maskuliner Mann heiratet *keine* Frau, die ihm gibt, es sei denn, er ist der »kleine Junge«, der bemuttert werden will. Ein maskuliner Mann heiratet eine feminine Frau, die bereit ist, von ihm anzunehmen, die ihn dafür respektiert, daß er gibt, und die weiß, wie sie ihm als Belohnung etwas zurückgeben kann, aber immer etwas weniger als sie bekommt. Was damit getan sein kann, daß sie ein schönes Essen für ihn kocht, ihn gelegentlich ins Kino oder Theater einlädt, ihm ein kleines Geschenk macht oder ihm eine Karte schenkt, die ihm gefallen könnte. Der einzige Maßstab ist, daß sie *nicht mehr* zurückgibt, als er ihr gegeben hat. Dadurch würde er in die feminine, empfangende Position gedrängt, was er im übrigen als erdrückend empfinden könnte.

Als gesunde feminine Frau sind Sie egozentrisch. Sie lieben sich an erster Stelle einmal selbst, ehe Sie einen Mann lieben. Dann erst teilen Sie Ihre Liebe mit Ihrem Mann und denen, die Ihnen nahestehen. Sie sagen nein zu Menschen, Orten und Dingen, die Ihnen in irgendeiner Hinsicht weh tun. Sie sagen nein zu allem, was Ihnen in irgendeiner Hinsicht unmoralisch erscheint. Sie sagen nein zu dem Mann, den Sie lieben. Sie sagen: »Mir ist unwohl bei dem, worum du mich bittest. Und ich bin nicht bereit, das so ohne weiteres zu machen, auch wenn das für dich schmerzlich ist. Ich bin eher bereit, dir weh zu tun, indem ich nein sage, als mir selbst weh zu tun, indem ich ja sage.« Und manchmal müssen Sie auch sagen können: »Ich bin nicht einverstanden mit dem, was du machst. Deshalb verlasse ich dich jetzt.«

Wenn Sie nein sagen zu etwas, was Sie nicht wollen, so gibt es zwei Möglichkeiten, wie ein Mann reagiert. Entweder sagt er: »Du verdienst jemanden, der besser ist als ich. Ich kann dir das nicht bieten, was du brauchst oder dir wünschst.« Oder er sagt: »Ich werde die Dinge schon noch herausfinden, die du dir wünschst. Laß mich nur experimentieren und ausprobieren. Ich werde herausfinden, worauf du anspringst.«

Wenn Sie wissen, was Sie nicht von ihm wollen, kann er herausfinden, was Sie wollen, indem er Zeit, Geld und Energie investiert. Es kommt ihm zugute, wenn er das Problem löst, und er wird mit sich selbst zufrieden sein, und es wird ihm gut gehen, wenn er Anerkennung dafür findet, daß er gibt, beschützt und verwöhnt.

Maskuline Männer lieben Probleme und Herausforderungen. Sie lieben die Jagd. »Kleine Jungen« lieben ihre Mama, die alles für sie tut; und sie wollen nicht von Ihnen um irgend etwas gebeten werden. Frauen, die zu kontrollieren versuchen und verführerisch zu allem ja sagen und ihre Gefühle unterdrücken, sind Frauen, die sich unsicher und unzulänglich fühlen.

Ein maskuliner Mann empfindet eine Frau, die zu allem Ja und Amen sagen, abstoßend, weil er weiß, wie bedürftig und abhängig und anfällig sie dafür ist, bei anderen Schuldgefühle zu wecken, und wie leicht sie von *jedem* Mann manipuliert werden kann. Er muß Ihrem Nein trauen können, um an Ihr Ja glauben zu können. Er muß auf Ihre Tugendhaftigkeit nach der Eheschließung vertrauen können. Männer kennen andere Männer. Sie wissen, daß Männer hinter dem her sind, was sie wollen (die Frau), und sie bekommen, wenn sie sich selbst nicht mehr liebt als einen Mann. Ein Mann muß seine Frau jedoch mehr lieben als sich selbst, ansonsten wird er sie benutzen und mißbrauchen, sofern sie das zuläßt. Wenn Sie es lernen können, nein zu sagen, dann haben Sie die Gewißheit, daß Sie nie von einem Mann benutzt werden können. Ein Mann kann alles »vorschlagen«, Sie müssen aber ja oder nein sagen, um Ihr emotionales Gleichgewicht und die Kontrolle zu wahren.

Denken Sie also immer daran: Wenn Ihnen bei einer Sache nicht wohl ist, tun Sie es nicht, ganz gleich, wer sie darum bittet. Die Couch des Regisseurs, die Couch im Konferenzraum, das Ehebett, die Kasse im Kaufhaus, der Kinderwagen – all das sind Dinge, die eine verwirrte Frau dazu einladen, ihr ganzes ausgeglichenes Leben aufs Spiel zu setzen, das nur von ihr für sie selbst und niemand anderen entworfen werden sollte.

Wenn eine Frau sich demgegenüber entscheidet, daß sie die männliche Energie sein will und damit selbstlos und andere vor sich selbst lieben will, und sie fühlt sich wohl dabei, dann ist das der für sie richtige Weg. Maskuline Männer *möchten* gebraucht werden, feminine Männer jedoch nicht. Sie fühlen sich wohler bei einer Frau, die gerne die Verantwortung übernimmt und es ihm überläßt, das eher künstlerische, spaßige Element in der Beziehung zu sein.

Beide Typen passen zu der Frau, die sie ergänzt: Der Mann mit der männlichen Energie zu der annehmenden Frau mit der weiblichen Energie – und der Mann mit der weiblichen Energie zu der gebenden

Frau mit der männlichen Energie. Ein selbstloser Geber und ein selbstbezogener Nehmer sind eine ideale Kombination und ein guter Nährboden für Sex und Romanzen.

Fran, Abteilungsleiterin bei einem Kosmetikgroßhändler, und Jack, in einer Kunstgalerie beschäftigt, lernten sich in einem Café kennen, mochten einander auf Anhieb und tauschten ihre Visitenkarten aus. Wie es so oft der Fall ist, spürten sie intuitiv die Feinfühligkeit des anderen und waren fasziniert davon. Jack fühlte sich in der Regel wohler, wenn die Frau, an der er interessiert war, das Risiko auf sich nahm, ihm zu signalisieren, daß sie es auch auf ihn abgesehen hatte. Fran ging es bei Männern genauso. Beide gaben der magnetischen weiblichen Energie statt der dynamischen männlichen Energie die Priorität. Ehe sie in ihrer Beziehung jedoch einen Schritt weiterkommen konnten, mußte einer von ihnen sich für die männliche Energie entscheiden, etwas deutlicher werden und in irgendeiner Form den ersten Schritt tun, um ein weiteres Treffen zu bitten.

In diesem Fall nahm jedoch keiner von beiden diesen Schritt auf sich. Und die ausgetauschten Visitenkarten erinnerten jeden nur an eine verpaßte Chance.

Ebenso scheiterten Dotty und Thomas mit ihrer Beziehung. Allerdings, weil beide die Führungsrolle für sich in Anspruch nehmen wollten. Sie hatten sich über einen Dating-Service kennengelernt und bei ihrem ersten Treffen schöne Stunden miteinander verbracht. Obwohl Thomas klargestellt hatte, daß er in einer Beziehung gerne die Kontrolle haben wollte und mit ihr in Verbindung bleiben würde, konnte Dotty nicht warten und rief ihn einige Tage später an, worüber er merklich verärgert war. So sehr, daß er sie sogar bat, ihn nicht nochmals anzurufen. Und auch er meldete sich bei ihr nie wieder. Dotty mußte lernen, daß sie entweder einen femininen Mann finden muß, der es mag, wenn man hinter ihm her ist, oder eine feminine Frau sein muß, die wartet, bis andere hinter ihr her sind.

In meinem Seminar lernte Dotty, daß sie in Wirklichkeit lieber die eher passive weibliche Energie ist. Im gleichen Seminar kam Arnold, ein ambitionierter Drehbuchautor beim Fernsehen, zu dem Schluß, daß er lieber der männliche Führer einer femininen Frau war.

Sie lernten sich eines abends bei einem geselligen Beisammensein kennen, zu dem ich nach jedem Seminar einlade. Dotty mochte Arnold, lächelte ihn an und wartete darauf, daß er sie ansprach. Er kam auf sie zu, sie unterhielten sich, dann bat er sie um ein Treffen, und sie nahm seine Einladung an.

Als Arnold um sie warb, sie ausführte und ihr Geschenke kaufte, schaffte Dotty es immer, ihm etwas weniger zurückzugeben, was Arnold ein gutes Gefühl gab. Sie waren gegensätzlich in ihrer Energie und ergänzten sich genügend, um ohne viele Kollisionen oder Machtspiele über die Runden zu kommen.

Wenn Sie eine gebende Frau mit männlicher Energie sind, die gerne feminin werden möchte, dann *hören Sie auf zu geben,* und warten Sie passiv, bis die Botschaft bei »ihm« ankommt und er von sich aus darüber spricht, wie Sie einen ausgewogeneren Deal aushandeln können. *Verzichten Sie darauf, Ratschläge zu geben,* denn das hieße, noch mehr zu geben.

Vor einigen Monaten kam June in meine Frauengruppe. Sie war seit zwei Jahren mit Sam zusammen. Sam bestand darauf, daß sie die ganzen langen Fahrten zwischen ihrem Haus in L. A. und seinem Haus in Long Beach auf sich nahm, wo er bei ihren Treffen auch noch ständig andere Personen einlud. So wurde Intimität von vornherein blockiert. Heirat kam für ihn nicht in Frage. June hatte sich auf seine Bedingungen eingelassen. Mangels eines starken Selbstwertgefühls hatte sie Angst, von niemandem mehr begehrt zu werden, wenn Sie Sam verließe.

Nach einigen Gruppensitzungen beschloß June dann jedoch, wenn auch widerstrebend, Nägel mit Köpfen zu machen und nicht mehr die weite Fahrt zu Sam auf sich zu nehmen. Was sie ihm dann auch, innerlich schwankend, mitteilte. Mit dem Ergebnis, daß er sofort anfing, sie in Los Angeles zu besuchen. June stellte fest, je weniger sie ihm gab, desto mehr gab er ihr. Was dazu führte, daß sie sich begehrenswerter fühlte und Sam entsprechend weniger begehrenswert fand. Sie fing sogar an, ihn in einem anderen Licht zu sehen. Er erschien ihr schließlich oberflächlich und flach, und sie merkte, da sie jetzt selbstsicherer war und sich auf ihre Selbstliebe stützte, daß er nicht der Mann war, in den sie ihr Leben investieren wollte.

Sie traf eine sehr starke Entscheidung und brach die Beziehung ab. Wenn der Drang, ihn zu sehen, wach wurde, rief sie statt Sam jetzt Gruppenmitglieder an und verabredete sich ablenkungshalber zu »Pflicht-Treffs«, derweil sie auf einen Mann wartete, der eine bessere Partie zu bieten hatte.

Was heißt das nun alles in bezug auf die stereotype Vorstellung von der selbstaufopfernden Frau? Es heißt, daß diese Vorstellung *falsch* ist. Und gegen diese Vorstellung ist die Frauenbewegung Sturm gelaufen, oft bis zu dem Punkt, daß sie ins andere Extrem verfiel. Denn mitunter wird nicht nur die Parole ausgegeben, »Gib nichts«, sondern auch die, »Gib nicht einmal was zurück«, oder: »Sei nur du selbst, du brauchst ihn nicht, und du brauchst dich seinetwegen nicht auf Kompromisse einzulassen.« Aber irgendwo zwischen der Einforderung der individuellen Rechte und dem Verschmelzen in einer Beziehung liegt meine Prämisse des »Gebens« und »Zurückgebens«.

5. Sind Sie die Frau, die Sie zu sein glauben?

Ein Quiz

Kreuzen Sie jeweils den Buchstaben (a), (b) oder (c) an, der für Sie am zutreffendsten ist. (Eine Auswertung Ihrer Antworten finden Sie im Anschluß an diesen Fragebogen.)

1. Sie genießen es, alleine zu leben, weil
   (a) Ihnen so der Umgang mit anderen Menschen erspart bleibt.
   (b) Sie so mehr Zeit haben, um zu arbeiten.
   (c) Sie so ungestört nach der Arbeit tun und lassen können, was Sie wollen, und das genießen Sie.

2. Sie und Ihr Verlobter kaufen ein Haus. Sie haben mehr Geld als er, das Sie investieren können. Was tun Sie?
   (a) Sie investieren mehr Geld.
   (b) Sie investieren nur Ihre anteilige Hälfte.
   (c) Sie erwarten, daß er Ihnen ein Haus zur Verfügung stellt.

3. Sie genießen die Arbeit mehr als das Spiel, weil
   (a) es beim Spielen um »Gefühle« geht und Sie Ihre Zeit nicht vergeuden möchten.
   (b) Arbeit Geld bringt, womit Sie Einfluß und mehr Kontrolle ausüben können.
   (c) Ihr Vater von Ihnen Leistungen erwartete, für die Sie dann mit Liebe belohnt wurden.

4. Ihr Freund möchte zelten und Sie nicht. Was tun Sie?
   (a) Sie fügen sich, um kein Spielverderber zu sein.
   (b) Sie bleiben zu Hause, weil Sie keine Lust haben zu zelten.
   (c) Sie bestehen darauf, daß er sein Hobby aufgibt.

5. Sie masturbieren gerne, aber Ihr Freund fühlt sich dadurch verletzt. Was tun Sie?
   (a) Sie bewahren sich das Recht, sich selbst zu befriedigen, wenn Sie allein sind.

(b) Sie rufen ihn an, wenn Sie Sex haben möchten.
(c) Sie belügen ihn und genehmigen sich weiterhin beide Formen der Sexualität.

6. Sie und Ihr Freund sparen für ein Ferienhaus, und er möchte Ihre Finanzen kontrollieren. Was tun Sie?
   (a) Sie lehnen das ab.
   (b) Sie lassen sich darauf ein, wobei Ihnen ein fester Betrag zur freien Verfügung eingeräumt wird.
   (c) Sie verlangen, daß Sie umgekehrt monatlich auch seine Ausgaben kontrollieren.

7. Sie sind mit dem Wagen liegengeblieben. Was tun Sie?
   (a) Sie rufen Ihren Freund an und bitten ihn, Sie abzuschleppen.
   (b) Sie lassen den Wagen stehen und nehmen den Bus oder ein Taxi, um nach Hause zu fahren.
   (c) Sie rufen Ihren Bruder statt Ihren Freund an.

8. Sie haben eine Beziehung mit einem Mann, der eine vielversprechende Karriere vor sich hat, und Sie möchten auch selbst Karriere machen. Er möchte jedoch, daß Sie ihn heiraten und die Kinder erziehen. Was tun Sie?
   (a) Sie verlassen ihn und gehen Ihrer Wege, um sich Ihrer Karriere zu widmen.
   (b) Sie akzeptieren seine Vorgaben, weil sie das Beste für Ihre Ehe sind.
   (c) Sie sagen ja und machen nach der Heirat dann trotzdem das, was Sie immer machen wollten, Sie widmen sich vorrangig Ihrer Karriere.

9. Sie haben einen Freund, der stärker und erfolgreicher ist als Sie. Was tun Sie?
   (a) Sie »tragen das mit ihm aus«, um es im Sinne der Gleichberechtigung auf einen Nenner zu bringen.
   (b) Sie ordnen sich seiner Führung unter und streiten sich nur mit ihm über ethische und moralische Fragen.
   (c) Sie halten ihn eine Weile, um abzuwarten, ob er sich Ihnen unterordnet. Und wenn nicht, lassen Sie ihn fallen.

10. Sie haben eine Auseinandersetzung mit Ihrem netten, femininen Freund, der anschließend ein Problem mit Impotenz hat. Was tun Sie?
   (a) Sie akzeptieren ihn, so wie er ist, und helfen ihm, daß er sich sicherer und entspannter fühlen kann.
   (b) Sie beenden die Beziehung und tauschen ihn gegen den nächsten Mann ein.

(c) Sie versuchen, ihm mit Büchern und Artikeln beizubringen, wie man's macht.

11. Sie sind verlobt und beide berufstätig. Ihr Verlobter, mit dem Sie zusammenleben, erwartet jedoch von Ihnen, daß Sie den Großteil der Haushaltsarbeiten erledigen, so wie er es von seiner Mutter kennt. Was tun Sie?
 (a) Sie tun es, um zu beweisen, daß Sie besser sind als seine Mutter.
 (b) Sie weigern sich, mehr Hausarbeit als er zu übernehmen und streiten mit ihm deswegen.
 (c) Sie handeln eine faire Aufgabenteilung aus oder verlassen ihn, bis er bereit ist, sich darauf einzulassen.

12. Ihr Freund verdient doppelt soviel wie Sie, erwartet aber, daß die Kosten bei Ihren Verabredungen immer 50:50 geteilt werden. Was tun Sie?
 (a) Sie lassen sich auf diese 50:50-Abmachung ein, die bei allen Treffen gilt.
 (b) Sie erwarten von ihm, daß er alles bezahlt.
 (c) Sie schließen bei den Verabredungen, die auf Ihre Initiative hin zustande kommen, jedesmal einen Kompromiß, wer wieviel bezahlt.

13. Sie haben einen Freund und sind beruflich viel auf Reisen. Was tun Sie?
 (a) Sie genießen es, wenn Sie auf Reisen sind, ohne sexuelle Intimitäten mit Männern zu verkehren, was Ihr Freund akzeptiert.
 (b) Sie verzichten darauf, wenn Sie auf Reisen sind, mit Männern zu verkehren, weil Sie auf Ihren Freund Rücksicht nehmen möchten, der sich dadurch verletzt fühlen könnte.
 (c) Sie verkehren insgeheim mit Männern, wenn Sie auf Reisen sind, wovon Ihr Freund nichts weiß.

14. Ihr Freund ist in seinem Betrieb bei einer Beförderung übergangen worden. Sie sind zu einer Betriebsfeier eingeladen. Was tun Sie?
 (a) Sie gehen zu der Feier, sind aber so wütend, daß Sie dem Geschäftsführer, nachdem Sie einiges getrunken haben, Vorhaltungen machen.
 (b) Sie weigern sich, zu der Feier zu gehen, weil Sie zu wütend sind, obwohl das negativ auf ihn zurückfallen wird.
 (c) Sie gehen zu der Feier und verhalten sich wie eine Frau, die Ihren Mann unterstützt.

15. Sie und Ihr Freund haben eine harte Arbeitswoche und wenig Zeit für Sex. Was tun Sie?
 (a) Sie überlassen ihm die Initiative, danach zu fragen und sagen »Nein, danke«, wenn Sie zu müde sind.

(b) Sie ergreifen selbst die Initiative, wenn amouröse Gefühle in Ihnen wach werden.
(c) Sie handeln zusammen aus, daß Sex den Wochenenden vorbehalten bleibt.

Die Antworten

Bei den Antworten, die Sie angekreuzt haben, ist zwischen »narzißtischen«, »männlichen« und »weiblichen« Antworten zu unterscheiden. Stellen Sie fest, in welche Kategorie Sie fallen.

1. Sie genießen es, alleine zu leben, weil...
(a) Narzißtisch
(b) Männlich
(c) Weiblich
Allein zu leben, weil es Ihnen gefällt, tun und lassen zu können, was Sie wollen, und nicht, um mehr zu arbeiten oder Menschen zu meiden, ist ein Zeichen von Selbstliebe und damit weiblich.

2. Sie und Ihr Verlobter kaufen ein Haus. Sie haben mehr Geld als er, das Sie investieren können. Was tun Sie?...
(a) Männlich
(b) Weiblich
(c) Narzißtisch
Sofern sie nicht maskulin sein und respektiert werden möchte, fällt es einer femininen Frau schwer, einen Mann zu respektieren und mit ihm sexuell zusammenzusein, wenn sie mehr Geld investiert als er. Andererseits ist es auch egoistisch und unweiblich, nur hinter dem Geld der Männer her zu sein.

3. Sie genießen die Arbeit mehr als das Spiel, weil...
(a) Männlich
(b) Narzißtisch
(c) Weiblich
Gefühle zählen nicht. Geld zählt. Daß Sie Ihr Leben fest im Griff haben, ist wichtiger, als Spaß zu haben. Sofern Ihr Vater als Vorleistung für seine Liebe Leistung von Ihnen erwartete, dann ist Leistung für Sie etwas Normales.

4. Ihr Freund möchte zelten und Sie nicht. Was tun Sie?...
(a) Männlich
(b) Weiblich

(c) Narzißtisch

Wenn Sie sagen können: »Nein, danke. Ich fühle mich nicht wohl beim Zelten«, dann ziehen Sie damit weibliche Grenzen für sich, ohne daß sie versuchen, ihn mit einer vermeintlichen Großzügigkeit oder mit einschüchternden Ansprüchen zu kontrollieren.

5. Sie masturbieren gerne, aber Ihr Freund fühlt sich dadurch verletzt. Was tun Sie?...
   (a) Weiblich
   (b) Männlich
   (c) Narzißtisch

   Ihr Körper gehört als erstes einmal Ihnen. Folglich haben Sie das moralische Recht, ihm etwas Gutes zu tun. Ein Mann, der Ihnen moralische oder ethische Vorschriften machen will, überschreitet seine Grenzen.

6. Sie und Ihr Freund sparen für ein Ferienhaus, und er möchte Ihre Finanzen kontrollieren. Was tun Sie?...
   (a) Männlich
   (b) Weiblich
   (c) Narzißtisch

   Es kann ein effizienter Weg sein, mit Geldfragen umzugehen, wenn Sie Ihren maskulinen Mann in Finanzfragen respektieren und von ihm verlangen, Ihre Gefühle zu würdigen, indem er Ihnen einen festen Betrag zur freien Verfügung einräumt. Wenn Sie die Kontrolle übernehmen, sind Sie die männliche Energie.

7. Sie sind mit dem Wagen liegengeblieben. Was tun Sie?...
   (a) Weiblich
   (b) Männlich
   (c) Narzißtisch

   Indem Sie als erstes Ihren Freund statt einen Verwandten anrufen, zeigen Sie ihm, daß Sie ihn respektieren, und die Situation gibt ihm wiederum Gelegenheit, Ihnen zu zeigen, wie sehr er Sie schätzt.

8. Sie haben eine Beziehung mit einem Mann, der eine vielversprechende Karriere vor sich hat, und Sie möchten auch selbst Karriere machen. Er möchte jedoch, daß Sie ihn heiraten und die Kinder erziehen. Was tun Sie?...
   (a) Männlich
   (b) Weiblich
   (c) Narzißtisch

   Wenn Sie in erster Linie eine Frau sind und Ihr Beruf zweitrangig ist, dann folgen Sie ihm. Sofern Sie in erster Linie eine Karrierefrau sind, dann räumen Sie Ihrem Beruf den ersten Platz ein, und suchen Sie sich dann einen femininen Mann, der bereit ist, die Mutterrolle zu übernehmen. Oder bleiben Sie Single.

9. Sie haben einen Freund, der stärker und erfolgreicher ist als Sie. Was tun Sie?...
(a) Männlich
(b) Weiblich
(c) Narzißtisch
Intimität verlangt Kompromisse. Im Sinne der Gleichberechtigung zu konkurrieren, ist normal für Singles, aber destruktiv in einer Beziehung. Ein Miteinander, das vom Billigkeitsprinzip ausgeht, fördert die Kompatibilität.

10. Sie haben eine Auseinandersetzung mit Ihrem netten, femininen Freund, der anschließend ein Problem mit Impotenz hat. Was tun Sie?...
(a) Weiblich
(b) Männlich
(c) Narzißtisch
Dem Penis eines Mannes kann man nichts »beibringen«. Schaffen Sie einen sicheren Hafen, ohne Anweisungen zu geben, und stellen Sie Ihren Körper zur Verfügung. Die Natur nimmt ganz von selbst ihren Lauf, und Sie werden entweder ein Liebespaar oder als Freunde auseinandergehen.

11. Sie sind verlobt und beide berufstätig. Ihr Verlobter, mit dem Sie zusammenleben, erwartet jedoch von Ihnen, daß Sie den Großteil der Haushaltsarbeiten erledigen, so wie er es von seiner Mutter kennt. Was tun Sie?...
(a) Männlich
(b) Narzißtisch
(c) Weiblich
Sie müssen weder streiten noch kapitulieren. Sie müssen nur freundlich nein sagen zu den Dingen, die Ihnen nicht behagen. Entweder läßt er sich auf Verhandlungen ein oder nicht. Und wenn nicht, können Sie die Beziehung beenden.

12. Ihr Freund verdient doppelt soviel wie Sie, erwartet aber, daß die Kosten bei Ihren Verabredungen immer 50:50 geteilt werden. Was tun Sie?...
(a) Männlich
(b) Narzißtisch
(c) Weiblich
Ein Tauziehen wegen einer 50:50-Regelung ist unromantisch. Jedem von Ihnen steht es zu, zu einem Treffen einzuladen oder eingeladen zu wer-

den, und daß die Rechnung von demjenigen bezahlt wird, der die Initiative dazu ergreift. Maskuline Männer und Frauen initiieren in der Regel mehr Treffen als feminine Männer und Frauen.

13. Sie haben einen Freund und sind beruflich sehr viel auf Reisen. Was tun Sie?...
    (a) Weiblich
    (b) Männlich
    (c) Narzißtisch
    Ein Umgang mit dem anderen Geschlecht, bei dem man sich aufeinander verlassen kann, ist ein Zeichen innerer Sicherheit auf beiden Seiten. Sexualität ist verboten, nicht aber der zwischenmenschliche Verkehr. Ex-Lover sind gefährlich als Freunde. Mit ihnen sollten Sie nicht verkehren.

14. Ihr Freund ist in seinem Betrieb bei einer Beförderung übergangen worden. Sie sind zu einer Betriebsfeier eingeladen. Was tun Sie?...
    (a) Männlich
    (b) Narzißtisch
    (c) Weiblich
    Das Recht Ihres Freundes zu respektieren, sich selbst um seine Belange zu kümmern, ist weiblich. Sich um seine Belange zu kümmern, ist männlich. Bei letzterem sollten Sie als erstes sein Einverständnis sicherstellen.

15. Sie und Ihr Freund haben eine harte Arbeitswoche und wenig Zeit für Sex. Was tun Sie?...
    (a) Weiblich
    (b) Narzißtisch
    (c) Männlich
    Wenn Sie verbal oder körperlich die Initiative zu Sex ergreifen, laufen Sie Gefahr, daß sich sexuelle Probleme ergeben, weil er unter Leistungsdruck gerät. Sie können nein sagen zu allem, was Sie nicht mögen, es ist jedoch ratsam, zuerst seine Zustimmung einzuholen, ehe Sie ihm die weibliche, empfangende Rolle zuweisen.

Wenn Sie feststellen, daß die meisten Ihrer Antworten MÄNNLICH sind, müssen Sie sich fragen, ob Sie tatsächlich die männliche Energie sein möchten. Wenn dem so ist, müssen Sie einen femininen Mann oder eine feminine Frau finden. Wenn nicht, müssen Sie sich *entscheiden*, WEIBLICHER zu werden.

Wenn Sie feststellen, daß die meisten Ihrer Antworten WEIBLICH sind, dann passen Sie zu einem maskulinen Mann oder einer maskulinen Frau. Dennoch sollten Sie sich anschauen, wo Sie MÄNNLICHE Antworten gegeben haben und in diesen Bereichen WEIBLICHER werden, oder Sie riskieren Konflikte.

Wenn Sie feststellen, daß die meisten Ihrer Antworten NARZIßTISCH sind, müssen Sie entscheiden, ob Sie die MÄNNLICHE oder WEIBLICHE Energie sein möchten. Wenn Sie sich weder für die eine noch für die andere *entscheiden*, so wird es Ihnen unter Umständen kaum möglich sein, eine intime Partnerschaft einzugehen.

MÄNNLICH bedeutet, daß Sie in erster Linie Ihren Verstand benutzen und daß es zweitrangig ist, wie Sie sich fühlen.

WEIBLICH bedeutet, daß Sie in erster Linie auf Ihre Gefühle zurückgreifen und daß das, was Sie denken, zweitrangig ist.

NARZIßTISCH bedeutet, daß Sie versuchen, *gleichberechtigt* Ihren Verstand zu nutzen und auf Ihre Gefühle zurückzugreifen, wodurch ultimativ beides neutralisiert und jeder Intimität aufgrund des Konkurrenzkonfliktes ein Riegel vorgeschoben wird.

6. Was maskuline Männer sich von femininen Frauen wünschen

(Und was Sie über maskuline Männer wissen müssen, um zu bekommen, was Sie wollen)

Wenn Sie sich (auf der Grundlage meines Systems) entscheiden, daß Sie die »weibliche« Energie in einer Beziehung sein wollen, so bedeutet das, daß Sie bestimmte Qualitäten bei einem »maskulinen« Mann suchen, mit dem Sie sich am besten ergänzen. Und dieser Mann wird umgekehrt auch bei Ihnen bestimmte Qualitäten erwarten. Mit *seinen* Qualitäten möchte ich mich in diesem Kapitel beschäftigen und Ihnen sodann einen Leitfaden für Ihre entsprechende Rolle an die Hand geben.

Die »männliche« Energie ist der gebende, initiierende, führende, aktive Partner, der seine Partnerin (oder seinen Partner) veranlaßt, sich ihm hinzugeben, von ihm anzunehmen und sich an ihn zu binden. Wenn die männliche Energie gibt, den anderen beschützt und verwöhnt, durchbricht sie dessen Abwehrmechanismen und veranlaßt ihn, sich dem Vergnügen hinzugeben, das die Beziehung ihm bietet.

Ein maskuliner Mann ist von Natur aus jemand, der alles, was er sieht, erschließen will, ob es sich dabei um ein Stück Land oder um eine Frau handelt. Bei einer Frau denkt er: Sie wird eine tolle Frau sein, wenn wir nur dieses oder jenes machen, und ich werde ihr zeigen, wie...

Eine der wichtigsten Qualitäten, die Ihr maskuliner Mann folglich bei Ihnen sucht, ist die Bereitschaft, mit Freude anzunehmen. Damit meine ich nicht nur, daß er von Ihnen erwartet, daß Sie mit Freude Geschenke annehmen, sondern auch die Dinge, die nicht so angenehm sind, wie etwa Botschaften, wie Sie etwas zu machen haben. Ein Mann hat keine Lust, bis aufs Messer darum zu kämpfen, einen Gedanken in Ihren Dickschädel hineinzubekommen. Er möchte, daß Sie empfänglich sind für seine Meinungen, Vorschläge und Pläne.

Sie müssen Ihren maskulinen Mann respektieren, was aber nicht heißt, daß Sie auch versuchen, seinen Respekt zu gewinnen. Sie wünschen vielmehr, daß er auf Ihre Gefühle eingeht und Sie verwöhnt. Denn leider ist es nun einmal so: Je mehr Sie einen maskulinen Mann mit Ihrer Respektabilität einschüchtern, desto weniger kann er Sie als sexuell begehrenswert sehen. Männer mit männlichen Energiesystemen möchten Frauen lieben, die verwöhnt werden wollen, und nicht Frauen, die respektiert werden wollen.

Das zweite, was ein Mann sich von einer Frau wünscht, ist, daß sie verfügbar für ihn ist. Das ist der Grund, warum Sie nicht zu einem maskulinen Mann passen, wenn Sie eine Karrierefrau und nicht einfach eine berufstätige Frau sind, denn in dem Fall ist Ihr zeitlicher Spielraum begrenzt. Ein maskuliner Mann wünscht sich von Ihnen, daß Sie für ihn verfügbar sind, wenn er spielen oder Sex haben möchte. Und er wünscht sich von Ihnen, daß Sie auf seine Zärtlichkeiten eingehen, weil er niemand ist, der nur nimmt und nur um seines eigenen Vergnügens willen dabei ist. Er möchte Ihnen Freude bereiten, so daß Sie sich ihm völlig hingeben. Und eine besondere Freude ist es ihm, wenn er Sie glücklich machen und zum Orgasmus bringen kann.

Feminine Frauen geben sich Männern mit Ihrem Körper hin und binden sich an sie durch körperliche Liebe. Wenn eine Frau einem Mann ihren Körper gibt, ist aller Wahrscheinlichkeit nach davon auszugehen, daß sie sich an ihn bindet – dazu reicht im Zweifel nur eine einzige sexuelle Begegnung. Was denn auch erklärt, warum man sich so leicht an den *falschen Mann* bindet. Ein maskuliner Mann weiß, wenn er es schafft, nur lange genug unter Ihr Höschen zu kommen und Sie zu befriedigen, daß Sie dann sein sind. Vor dem Sex mag er ein Monster gewesen sein, aber nach dem Sex (sofern er gut war) sieht er urplötzlich besser aus und ist netter. Was aber in Wirklichkeit abläuft, ist, daß er Sie befriedigt und Sie im Gegenzug seine negativen Aspekte wegrationalisieren. Und genau das sollten Sie nicht tun.

Die grundlegenden Qualitäten, die Sie bei Ihrem maskulinen Mann suchen, sind: daß er gerne großzügig ist, daß er Sie körperlich beschützt, und daß er bereit ist, liebevoll auf Ihre schmerzlichen Gefühle einzugehen und ihnen Vorrang vor seinen eigenen zu geben.

Großzügigkeit ist eine sehr grundlegende Eigenschaft bei einem maskulinen Mann. Wenn er Geld hat, das er ausgeben kann, dann wird er es mit Freude tun. Und er wird Sie nicht bitten, Ihren Anteil selbst zu bezahlen. Wenn er Sie zu einer Verabredung oder einer

Reise einlädt, so übernimmt er auch die Verantwortung des Bezahlens. Maskuline Männer sehen ihr Geld als Mittel, um Spaß zu haben und nicht, um zu kontrollieren. Wenn sie es sich leisten können, geben sie es mit Freude aus. Geld ist nur der Einsatz, der das Spiel ermöglicht, es ist nicht das Ziel im Leben eines Mannes.

Ein maskuliner Mann möchte für das Geld sorgen, damit Sie sich sicher und geborgen fühlen und das Leben genießen können, insbesondere nachdem Sie geheiratet haben. Er zeigt seine Liebe, indem er sich um seine lukrative Karriere kümmert. Er weiß, wenn er im Bereich des Geldverdienens schlappmacht, riskiert er, vor sich selbst die Achtung zu verlieren.

Im Gegensatz dazu sind Sie als eine Frau mit weiblicher Energie beziehungsorientierter. Karriere und Geld sind nicht Ihre ersten Ziele; folglich *brauchen* Sie einen maskulinen Mann, der Ihnen (über die Ehe) einen angemessenen Status und Sicherheit gibt. Sie wünschen sich von ihm, daß er die Rechnungen bezahlt, während Sie die Kinder kriegen und, solange die Kinder noch klein sind, Ihre beruflichen Qualifikationen verbessern, so daß Sie später in Ihren Beruf zurückkehren können. Auf diese Weise sind die Konten – Arbeit und Beziehung – zwischen Ihnen ausgeglichen.

Wenn Sie jedoch den Fehler machen, zuzulassen, daß Ihr Mann Ihren Beruf neben seinem als »gleichberechtigt« oder sogar als wichtiger ansieht, dann werden Sie kaum die Option haben, sich wegen eines Kindes aus Ihrem Berufsleben zurückzuziehen oder den Wunsch nach weitergehenden Fortbildungen zu verwirklichen.

Ein maskuliner Mann muß von seinem Beruf begeistert sein. Dabei spielt es keine Rolle, ob er ein Bankdirektor oder Hausmeister ist. Ein Mann mit einem langweiligen Job, der nicht seine Begeisterung und Kreativität weckt, wird Ihren Respekt nicht gewinnen.

Um sich Ihren Respekt zu sichern, wird Ihr maskuliner Mann sich physisch, geistig und emotional diszipliniert verhalten. Wenn er übermäßig ißt, trinkt, ein Sexaholic oder Workaholic wird, oder mit Wut- oder Gewaltausbrüchen emotional über die Stränge schlägt, verlieren Sie die Achtung vor ihm, so daß es Ihnen zwangsläufig unmöglich ist, sexuell auf ihn einzugehen.

Ein Mann sichert sich die Achtung einer Frau, indem er Verpflichtungen eingeht und sein Bestes tut, um diesen nachzukommen. Jede Nachlässigkeit in seinen Verpflichtungen ist ein Zeichen, daß er auf Ihre Gefühle nicht eingeht und möchte, daß statt dessen auf seine Gefühle eingegangen wird.

Typisch für narzißtische Personen ist, daß sie respektiert *und* verwöhnt werden möchten. Wenn sie es zum Beispiel versäumen, Verpflichtungen einzugehen oder nachzukommen, ob große oder kleine, so möchten sie dennoch, daß Ihr Verhalten akzeptiert und nicht beanstandet wird. Bei einem Mann, der in diese Kategorie fällt, hat eine Frau schnell das Gefühl, daß sie nicht gewürdigt wird, und sie wird schnell die Achtung vor ihm verlieren.

In diesem Zusammenhang ist es wichtig, daß Sie Ihre Gefühle nicht zu seinen Gunsten wegrationalisieren. Wenn er die männliche Energie ist und Sie die weibliche Energie sind, ist es seine Aufgabe, noch vor seinen eigenen, auf *Ihre* Gefühle einzugehen. Eine traurige Wahrheit ist jedoch, daß eine feminine Frau, die sich sexuell an einen Mann gebunden hat, sich oft verbiegt und Kopfstände macht, wenn seine Prioritäten in blanken Egoismus ausgeartet sind, nur um ihm noch eine weitere Chance zu geben oder Entschuldigungen für ihn zu finden oder die notwendige Konfrontation mit ihm noch weiter hinauszuschieben. Was ein großer Fehler ist. Sobald Sie wahrnehmen, daß Ihr Mann »abrutscht«, müssen Sie über Ihre negativen Gefühle mit ihm sprechen, um die Beziehung vor Reibungsverlusten zu bewahren.

Während Sie beobachten, wie Ihr maskuliner Mann mit seinen Prioritäten umgeht, beobachtet er gleichzeitig natürlich auch, wie Sie mit Ihren umgehen. Hören Sie ihm zu, wenn er von seinen Ideen spricht? Kämpfen Sie mit ihm um Macht und Respekt? Brechen Sie Absprachen, oder versäumen Sie es, Dinge abzusprechen? Versäumen Sie es anzuerkennen, was er tut, um Ihnen Freude zu machen? *Geben* Sie ihm Liebe, Zärtlichkeit, Zeit und sinnlichen Sex *zurück?*

Ein maskuliner Mann muß wissen, was er denkt und was er möchte. Wenn er weiß, was er denkt und will, kann er zielgerichteter vorgehen. Und ein zielgerichteter, denkender maskuliner Mann wird entschlossen handeln, was ihm wiederum Ihren Respekt, den Respekt seiner femininen Frau einbringt. Er wird sagen: »Wir werden dorthin fahren. Wir werden dieses tun. Ich werde diesen Job annehmen. Ich werde dieses Haus bauen. Ich werde für dich sorgen. Wie findest du das?« Und Sie sagen ihm, wie Sie das finden, ob Ihnen wohl dabei ist oder nicht, ob Sie es positiv oder negativ finden. Um das zu bekommen, was Sie sich wünschen, müssen Sie ihm natürlich geben, was er sich wünscht, sofern das, was er sich wünscht, nicht unmoralisch oder ethisch unvertretbar ist oder Ihnen Unbehagen bereitet. Sie sollten sich nicht auf Machtspiele einlassen, weil das auf lange Sicht nicht funktioniert. Der große Fehler, den viele feminine Frauen machen, ist, daß sie nicht warten, bis ihre Männer als erste geben, so daß sie, die Frauen, zurückgeben können, sondern ihre Männer dahingehend manipulieren, daß sie sich in der Rolle dessen finden, der zurückgibt.

Sie wünschen sich von Ihrem maskulinen Mann zwar, daß er führt, Sie möchten aber nicht kontrolliert werden. Sie können sich jedoch manchmal des Gefühls nicht erwehren, daß ein Mann Sie einfach kontrollieren möchte. Sofern Sie sich in dieser Situation befinden, schlage ich Ihnen vor, etwa folgendes zu sagen: »Es behagt mir nicht, das so zu machen, wie du es willst. Hast du nicht einen anderen Vorschlag, bei dem mir wohler zumute wäre?«

Wenn Sie so mit ihm sprechen, kann ich Ihnen fast garantieren, daß Ihr maskuliner Mann glücklich sein wird, Ihnen den Gefallen tun zu können, denn das heißt, daß er auf Ihre negativen Gefühle eingeht und ihnen Vorrang vor seinen eigenen gibt. Und damit zeigt er vor allem, daß er sich Ihnen verpflichtet fühlt – was es Ihnen wiederum ermöglicht, ihn zu respektieren und seiner Führung zu folgen.

Bezeichnend für feminine Frauen ist, daß alle schmerzlichen Gefühle geradezu aus ihnen heraussprudeln. Und es ist wichtig für Sie zu wissen, daß all diese schmerzlichen Gefühle von ihren Männern, wenn auch nicht gutgeheißen, so aber doch akzeptiert werden. Männliche-Energie-Männer sorgen gerne für ihre Lieben. Ihre innere feminine Seite möchte mitfühlen und teilen. Sie sind keine »Machos«, die den Kontakt zu ihren Gefühlen verloren haben und nicht bereit sind, sich für die Schmerzen anderer zu öffnen. Ein maskuliner Mann vertraut darauf, daß er ausreichend liebevoll auf eine Frau eingehen kann, bis eine Lösung gefunden wurde. Er läuft vor ihrem Schmerz nicht weg, und ebensowenig erwartet er, daß sie alleine damit fertig wird.

Manchmal stellt sich allerdings das Problem, daß Ihr maskuliner Mann, unter dem Einfluß seines Testosterons und mit seinem kühlen Kopf, just dann über Sie verärgert sein wird, wenn Sie es brauchen, von ihm verwöhnt zu werden. Und er ist über Sie verärgert, weil Sie nicht so logisch sind, wie er es von Ihnen erwartet. Die vermeintlich »logischen« Worte, die Sie hervorbringen, wenn Sie sich die Lungen aus dem Hals brüllen, ergeben keinen Sinn, und in Wirklichkeit sagen Sie nur: »Ich habe Angst. Ich bin eifersüchtig. Ich bin traurig. Ich bin verwirrt.« Was dann oft zu Konflikten und Auseinandersetzungen und unter Umständen zur Zerstörung der Beziehung führt.

Was ist aber, wenn Ihr Mann dann nicht einmal ein Wort verliert und Sie einfach, trotz Ihrer Feindseligkeit, zärtlich in den Arm nimmt? Damit ist eine Kommunikationsgrundlage geschaffen. Er ist auf Ihre Gefühle eingegangen, und Sie können sich entspannen und wiederum die Verbindung mit Ihrem »intelligenten« Selbst herstellen und vernünftig reden. Wenn ein maskuliner Mann sagt: »Schatz, ich sehe, du leidest, aber ich habe keine Ahnung, weswegen du leidest. Kannst du mir etwas mehr dazu sagen?« so ist das der Himmel auf Erden für eine feminine Frau.

Als feminine Frau wünschen Sie sich von Ihrem maskulinen Mann auch, daß er Sie in der Welt beschützt. Sie möchten nicht die volle Verantwortung für Ihr eigenes Wohlergehen tragen. Sie möchten nicht selbst die Reifen an Ihrem Wagen wechseln, den Ölwechsel machen oder kontrollieren, wie irgendwelche seltsamen Geräusche in der Nacht zu erklären sind. Der maskuline Mann möchte seinen Körper zwischen die Gefahr und seine Lieben stellen. Er erwartet nicht und geht davon aus, daß Sie selbst für sich sorgen können. Gleichberechtigung zwischen den Geschlechtern ist in einer Liebesbeziehung mit dem männlichen Prinzip nicht vereinbar.

Eine Frau gibt sich durch ihren Körper hin, und ein Mann gibt sich hin, wenn er sich verbindlich auf eine Bindung einläßt. Wenn er heiratet, läßt er die Zeit der Verantwortungslosigkeit hinter sich und übernimmt die Verantwortung für seine Frau und jeden, den sie liebt; und sie gibt ihre Unabhängigkeit auf.

Heißt das, daß sie ihr Selbstgefühl aufgibt oder daß sie nun keine Rechte mehr hat? Nein. Es heißt nur, daß sie physisch, geistig oder emotional nicht unabhängig bleiben kann. Ihre Unabhängigkeit tauscht sie gegen eine »Nichtabhängigkeit« ein, was ein kleiner Unterschied ist. Mit dieser »Nichtabhängigkeit« meine ich, daß eine Frau privat abhängig und beruflich unabhängig ist.

Die nicht-abhängige feminine Frau ist in den Bereichen von einem Mann abhängig, in denen er Vorzugsrechte hat, etwa was seine Rolle als finanzieller Versorger angeht, oder die Fragen, wo man wohnt und wie alle finanziellen Dinge geregelt werden, und dazu gehören auch die Bereiche Liebe, Zärtlichkeit, Zeit und Sexualität.

Die nicht-abhängige Frau braucht kein eigenes Budget aufzustellen. Sie vertraut ihrem Mann und respektiert ihn in diesen Dingen und hält sich an seine Vorgaben. Sofern sie mit der Regelung nicht zurechtkommt, sagt sie ihm respektvoll, was sie empfindet; sie versucht aber nicht, das Ganze an sich zu reißen, als ob sie es besser machen könnte. Sie fügt sich ihm um des »Teams willen«. Der maskuline Mann bestimmt die Strategie während des Spiels, und sie hilft ihm, diese umzusetzen, so daß das »Team« gewinnt, auch wenn dabei jeder Spieler Kompromisse in Zusammenhang mit seiner individuellen Spontaneität und Kreativität schließen muß.

Im übrigen weiß der »nicht-abhängige« Mann mit einem männlichen Energiesystem auch, daß er ein Recht auf seine Freunde, seinen Beruf und seine Hobbys hat, und ist nicht bereit, sich in dieser Hinsicht von einer Frau einschüchtern zu lassen. Und die nicht-abhängige feminine Frau hat die gleichen Rechte. Ausgewogenheit und Kompromißbereitschaft sind erforderlich, um all das miteinander zu vereinbaren.

So kann er zum Beispiel später, wenn sie verheiratet sind, abends auf die Kinder aufpassen, während sie einen Abendkursus besucht. Und sie unterstützt ihn, daß er am Sonntagmorgen mit seinen Kumpeln Golf spielen kann, und er sie, daß sie ihre weit entfernt lebende Familie besuchen kann, indem er die entsprechenden Kosten im Haushaltsbudget berücksichtigt. Sie hat Verständnis, daß er gelegentlich abends mit Kunden ausgehen muß, und er, daß sie gelegentlich mit ihren Freundinnen ausgehen möchte.

Nicht jeder Frau gefällt es, sich an all das zu halten, was zur weiblichen Energie gehört. Es kann schwerfallen, sich zu fügen, und das Bedürfnis zu unterdrücken, alles zu kontrollieren, und statt dessen geduldig und passiv zu sein. Aber das ist die Voraussetzung für das Zusammensein mit einem maskulinen Mann. Wenn Sie jedoch keine Lust haben, Ihre männliche Energie zu unterdrücken, so sei nochmals gesagt, daß es ja auch die femininen Männer gibt, die bereit sind, Ihrer Führung zu folgen. Wählen Sie Ihren Stil!

Althea und Joseph waren seit einigen Monaten zusammen, und Althea war sich inzwischen sicher, daß Joseph sie liebte. Er versuchte, ihr mit kleinen und großen Dingen Freude zu machen. Sie hatte eine so zärtliche Liebe, die ihr so vorbehaltlos gegeben wurde, noch nie erlebt, sich inzwischen aber durchaus daran gewöhnt. Alles war perfekt, abgesehen von dem Problem, das sie mit seinem Beruf hatte.

Joseph war Kameramann und arbeitete für ein großes Studio in Los Angeles. Sein Job bedingte, daß er alles andere als eine geregelte Arbeitszeit hatte. Bei Studioaufnahmen war es keine Seltenheit, daß er erst nachts um zwei Schluß machen konnte. Und Dreharbeiten vor Ort konnten bedeuten, daß er wochenlang unterwegs war.

Anfangs hatte Althea sich nicht über seine Arbeitszeiten beschwert, aus Angst, er könnte das negativ auffassen und sich zurückziehen. Nach neun Monaten war sie sich seiner jedoch sicher und begann, ihm das Leben schwerzumachen, obwohl sie nur zu gut wußte, daß Joseph an seiner Arbeitszeit wenig ändern konnte und ihm seine Arbeit sehr wichtig war.

Er hörte ihr geduldig zu und versuchte, sie damit zu trösten, daß er halt arbeiten müsse, um das Geld für ihren Verlobungsring sparen zu können. Er merkte jedoch mit der Zeit, daß er damit, daß er Althea verwöhnte, kaum etwas erreichte. Sie wollte seinen Beruf kontrollieren, und damit war er nicht einverstanden. Er warnte sie, er werde die Geduld verlieren, wenn sie nicht bald mit ihren ständigen Nörgeleien aufhörte. Sie hörte nicht auf, und er verließ sie.

Althea war am Boden zerstört. Sie hatte geglaubt, er brauche sie mehr als alles andere auf der Welt und könnte sie nie verlassen. *Irrtum!* Joseph war bereit, zu geben und sein Leben zu teilen, aber nicht, sich kontrollieren zu lassen. Althea mußte es lernen, einen Mann zu respektieren.

Das Traurige, wenn maskuline Männer sich erst einmal von einer Frau getrennt haben, ist, daß sie damit die Tür zu Intimität mit ihr endgültig zugeschlagen haben. Beide können dann wohl noch befreundet, aber nur noch in den seltensten Fällen nochmals ein Liebespaar sein. »Wenn das Ganze erst einmal in die Brüche geht«, sagte mir ein Mann, »dann belasse ich's dabei und gehe meiner Wege. Damit ist die Verbundenheit weg.«

7. Was Frauen mit maskuliner Energie sich von Männern mit femininer Energie wünschen

(Und was Sie ihnen geben müssen, um zu bekommen, was Sie wollen)

Sie lieben also Ihren Beruf und Geld, Macht sowie Prestige, und Sie wünschen sich auch einen Mann. Wie können Sie das in Ihrem Leben alles miteinander vereinbaren? Dieses Kapitel ist für Sie. Sie sind kein »Freak«, und Ihr alternativer Stil *wird* funktionieren, soweit Sie sich entscheiden, daß Sie die dynamische, maskuline, gebende Energie in einer Beziehung sein wollen und einen Mann mit femininer Energie wählen, der die empfangende Rolle übernimmt und bereit ist, Ihnen seine Liebe und Sinnlichkeit entgegenzubringen, damit das Leben für Sie beide schön ist.

Die maskuline Energie liebt es, Geld zu machen und Macht auszuüben und Ansehen zu genießen. Die feminine Energie liebt die körperliche Liebe, das Familienleben und das Spiel.

Eine Frau mit männlicher Energie, einer gesunden Einstellung und Einfühlungsvermögen ist großzügig und wird ihr Möglichstes tun, um sicherzustellen, daß ihr Mann sich wohl fühlt und die Geldfrage nicht als demütigend empfindet. Selbst wenn Sie in beiderseitigem Einvernehmen das Geld kontrollieren, kann es sein, daß Ihr Mann sich unwohl fühlt, wenn Sie im Restaurant die Rechnung bezahlen. So daß er Sie bittet, seine Männlichkeit insofern zu unterstützen, als daß Sie ihm regulär einen gewissen Betrag zugestehen, mit dem er die Kosten, wenn Sie zusammen ausgehen, und Geschenke finanzieren kann. Das sollte eigentlich eine Selbstverständlichkeit sein. In einer Beziehung braucht jeder seine finanzielle Unabhängigkeit vom anderen, um erwachsen zu sein. Wann immer eine Person die andere um Geld bitten muß, gibt es Probleme, aus denen Ressentiments erwachsen, die an der Beziehung nagen.

Das Geld zu verdienen und das Geld zu kontrollieren, sind zwei verschiedene Dinge. Obwohl Sie als maskuline Frau im Zweifel im wesentlichen für die finanzielle Sicherheit und den Status in der Beziehung sorgen, ist er vielleicht dennoch der bessere Kassenwart. Was natürlich von den jeweils individuellen Voraussetzungen abhängt. Wenn Sie diejenige sind, die das Geld verdient, so ist es Ihr gutes Recht zu entscheiden, wer im wesentlichen die Finanzen, Investitionen oder Sparrücklagen kontrolliert, ob Sie oder Ihr Mann oder ein Steuerberater, denn Sie haben hart dafür gearbeitet. Vom Gesamteinkommen muß innerhalb einer Ehe jedoch auch eine gewisse Summe für alle regulären Kosten und Haushaltskosten abgezweigt werden, und auch um diesen Posten muß sich jemand kümmern. Wer, das muß zwischen Ihnen beiden, ausgehend von Ihren jeweiligen Neigungen und Wünschen, entschieden werden. Ein Punkt ist, daß zu viele Frauen im anfänglichen Feuer der Liebe aus dem falschen destruktiven Bemühen heraus, eine feminine Frau zu sein, die Verantwortung für das Geld, das sie verdienen, einfach dem Mann übertragen. Das sollten Sie nicht tun. Ebenso falsch ist es aber auch, wenn eine maskuline Frau die Finanzfäden nicht aus der Hand gibt und dann versucht, ihren Mann zu demütigen, indem sie ihre »Macht« spielen läßt.

Als Frau mit maskuliner Energie müssen Sie mit Ihrer Zeit, mit Sex, Zärtlichkeit und Ihrer Liebe wie auch mit Ihrem Geld großzügig sein. Wenn Sie die Wahl haben zwischen Arbeit und Spiel, wählen Sie das Spiel zu Hause mit Ihrem Mann statt im Büro zu arbeiten. Bei der zeitlichen Planung Ihrer Arbeit sollten Sie auf ein ausgewogenes Verhältnis zwischen Arbeit und Spiel achten – und es möglichst vermeiden, Arbeit mit nach Hause zu nehmen. Es ist möglicherweise ein Zeichen eines ineffizienten Zeitmanagements, wenn Sie im Büro nicht alles schaffen. Arbeitssucht ist der potentielle Killer der Beziehung zwischen einer maskulinen Frau und ihrem femininen Mann.

Als die »maskuline« Energie müssen Sie die angenehmen und sinnlichen Qualitäten Ihres Mannes schätzen und darauf eingehen, ohne ihm mit Ressentiments zu begegnen oder den Respekt vor ihm zu verlieren. Wenn ein Mann sich für die weibliche Energie entscheidet, heißt das, wie bereits an früherer Stelle gesagt, nicht, daß er schwach ist. Es heißt im Gegenteil, daß er genügend Selbstsicherheit haben muß, um Ihre Führungsrolle zu respektieren, und Ihnen deswegen nicht mit Ressentiments begegnet oder versucht, Sie von Ihrem Sockel zu holen, indem er mit Ihnen konkurriert, wie es etwa bei einem maskulinen Mann denkbar wäre. Er genießt Ihre Vitalität und Dynamik und fühlt sich nicht von Ihrer Intelligenz und Ihren Erfolgen in der Welt bedroht. Ihre Stärke und Ihre Leistungen außerhalb des Hauses turnen ihn an – genau wie die innerhäuslichen Leistungen einer femininen Frau für einen maskulinen Mann stimulierend sind. Er trägt seinen Teil zum Gelingen des Ganzen bei, indem er nach einem arbeitsreichen Tag für Ihre Lebensfreude sorgt. Er weiß es zu schätzen, daß Sie das Geld nach Hause bringen und für die Macht und das Prestige sorgen, wovon auch er profitiert.

Wenn Sie die Hauptverdienerin sind, erwarten Sie natürlich von ihm, daß er Ihnen die schönen Seiten des Lebens zeigt und Ihnen zu Hause das Leben erleichtert. Denkbar ist, daß er für ein schönes Zuhause sorgt und dafür, daß alles reibungslos funktioniert, und daß er sich um Ihre gemeinsamen privaten Verabredungen und um Reservierungen kümmert, damit Sie nach der Arbeit Ihren Spaß haben können.

Bezeichnend für einen selbstsicheren femininen Mann ist, daß er Ihre Entscheidungen in Geld- und Berufsfragen respektiert, Ihre Maßgaben akzeptiert und nach Kräften dazu beiträgt, daß Sie gesund bleiben, Spaß haben und das Beste aus Ihren Talenten und Fähigkeiten machen können. Er hat intuitiv ein Gespür für Ihre sensible Seite des »kleinen Mädchens« und weiß sie zu schätzen. Er hat seine »weibliche« Persönlichkeit in seine männliche integriert und gesteht Ihnen vorbehaltlos Ihre Bedürfnisse zu. Er fühlt sich sicher in der Beziehung mit Ihnen. Er ist Ihr Unterstützungssystem und liebt Sie so, wie Sie sind, und die Art und Weise, wie das Gleichgewicht in der Beziehung gewahrt wird.

Er kann es akzeptieren, wenn Sie geschäftlich verreisen. Denn obwohl er seinen eigenen Job oder Beruf hat, unterstützt er Sie als die Hauptverdienerin. Wenn Sie umziehen müssen, zieht er mit und stellt sich nicht quer. Und er lacht über die Anfeindungen, mit denen Macho-Typen ihn aufziehen wollen.

Wenn Sie die männliche Energie sind, muß er empfänglich für Ihre Ideen und für Sie physisch, geistig und emotional verfügbar sein. Und Sie müssen Ihrerseits herausfinden und darauf achten, was er braucht, um sich gewürdigt zu wissen. Wenn Sie einen femininen Mann nur als Sexmaschine oder Babysitter, der für den Haushalt sorgt, benutzen, mißbrauchen Sie Ihre männliche Energie, die geben, beschützen und verwöhnen soll.

Ebensowenig wie umgekehrt eine Frau sollte ein Mann in dem

Falle den Fehler machen und wegrationalisieren, daß er benutzt und mißbraucht wird. Wenn nötig, muß er diese Frau verlassen, und sei es nur, um »ihre Aufmerksamkeit zu bekommen«. Allzu nette Männer werden allzuoft als schwach angesehen. Eine Trennung kann da oft Wunder wirken. Auch die maskuline Frau wird ihre Einsamkeit spüren, wenn der Mann sie erst einmal verlassen hat, denn, glauben Sie mir, für den Mann wie für die Frau gilt, daß Geld machen nicht so viel Spaß macht wie Liebe machen. Wenn Sie glauben, daß Geld machen mehr Spaß macht, dann sollten *Sie nicht heiraten.*

Wie bei allen Beziehungen, bei denen eine erotische Chemie im Spiel ist, gilt auch hier, daß das Ergänzende sich anzieht. Als maskuline Frau ergänzen Sie sich mit einem femininen Mann und werden chemisch zu ihm hingezogen, genau wie er zu Ihnen. Sie lieben seine sensitive, sinnliche und sexuelle Seite, und er liebt Ihre dynamische, sinnliche und sexuelle Seite.

Im Zweifel sind Sie diejenige, die ihn aktiv aussucht, indem *Sie ihn zuerst ansprechen.* Sie warten nicht passiv, bis er Sie anspricht. Möglicherweise bedingt seine Sensitivität, daß er nicht das Risiko eingehen möchte, von einer scheinbar so »starken« Frau zurückgewiesen zu werden. Einer muß die Rolle des »linken Hirnhemisphären«-Menschen und damit das Reden übernehmen, und warum nicht Sie, wenn Sie die männliche Energie sein möchten.

Maskuline Frauen haben eine Menge sexuelle Energie, und feminine Männer genießen sexuell selbstbewußte Frauen – im Gegensatz zu maskulinen Männern, die das als Leistungsdruck sehen. Feminine Männer werden durch die Power einer Frau angeturnt.

Für manche maskulinen Frauen kann Sex jedoch ein Problem sein. Denn sie haben oft Schwierigkeiten, sich von ihrer »Rationalität« freizumachen und loszulassen. Doch in einer liebevollen, sexuell erregenden Begegnung mit einem femininen Mann gelingt das problemlos. Für manche maskulinen Frauen ist Sex sogar das einzige vergnügliche Ventil für aufgestaute körperliche Bedürfnisse. Diese Frauen lieben in der Regel polygamen, unverbindlichen Sex mit Männern, die nicht frei und damit nicht verfügbar sind. Das ist insofern sicherer, als daß es ihnen ihre Unabhängigkeit bewahrt.

Diese Frauen können auch Männer finden, die Partner sind, weil sie »pflegeleichte« Frauen sind. Sie können aber natürlich auch Männer anziehen, die sie kurzerhand abspeisen. Und ein Weg, solche Männer zu meiden, ist, Gelegenheitssex zu meiden.

Daß Sie eine maskuline Frau sind und das Gefühl haben, Sie haben

»die Kontrolle« in einer Beziehung, heißt nicht, daß sie auch Gelegenheitssex wie ein maskuliner Mann haben können. Sofern Sie nicht ein absoluter »Kopfmensch« und losgelöst von Ihrem Körper sind, werden Sie nämlich durch das Hormon Oxytozin beeinflußt.

Denn auch bei »freiem«, unverbindlichem Sex wird in der Regel bei einer Frau eine Bindung ausgelöst, die bis an die Grenze körperlicher Abhängigkeit gehen kann. Was auf das sexuell stimulierte Hormon Oxytozin zurückzuführen ist, das vor allem bei Frauen vorkommt und den Orgasmus auslöst. Im Laufe der Zeit können natürlich auch Sie sich körperlich an den Mann »binden«, mit dem Sie Ihren Sex haben. Möglicherweise dauert es bei Ihnen länger als bei einer femininen Frau. Aber wenn Sie sich dann binden, könnte daraus eine Abhängigkeit entstehen, eine Krankheit erwachsen, die den Verlust Ihrer Arbeitsfähigkeit nach sich zieht.

Genau wie eine eher feminine Frau müssen also auch Sie sich Ihren Mann genau aussuchen, ehe Sie mit ihm schlafen. Nehmen Sie sich die Zeit, den Richtigen zu finden, so daß Sie beides, Ihre Karriere und einen liebevollen Partner, haben können.

Stellen Sie sicher, daß er mit Ihren langfristigen Zielen einverstanden ist, und verzichten Sie auf Sex, bis die »verbindlichen« Grenzen abgesteckt sind, mit denen Sie leben können. Und stellen Sie ebenfalls sicher, daß Sie es nicht mit einem Sexsüchtigen zu tun haben, der ständig in neue Betten hüpft, um seine femininen Bedürfnisse um jeden Preis zu befriedigen, und sei es um den Preis von AIDS.

Nach der chemischen Anziehungskraft ist das Verhandeln die wichtigste Komponente in einer erfolgreichen Beziehung zwischen einer maskulinen Frau und einem femininen Mann. Denn Sie haben aller Voraussicht nach beide Ihren Beruf, um den Sie sich kümmern müssen, *und* Sie haben beide nach der Arbeit das Bedürfnis nach Intimität. Folglich müssen Sie aushandeln, wie Sie Ihre Zeit verbringen, wo Sie leben, wie Sie die im Haushalt anfallenden Arbeiten und familiären Verantwortlichkeiten teilen, wer sich wie um die finanziellen Angelegenheiten kümmert, einschließlich Investitionen und Bezahlen der Rechnungen, und insbesondere, wie Sie zusammen spielen.

Als maskuline Frau müssen Sie sagen, was Sie denken und wollen und Ihren Mann fragen, wie er sich fühlt im praktischen Umgang mit Ihrer beider Berufstätigkeit und der Aufgabenverteilung bei der Kindererziehung und ob er mit dem Familienleben zufrieden ist. Wenn er nicht mit der Sprache herausrückt, wie er sich fühlt und ob er zufrieden ist und nicht nein sagt zu den Dingen, die er nicht möchte, ist er schwach. Das muß jedoch bei femininen Männern keineswegs der Fall sein. Sie müssen sich nur mit ihrer Sensibilität angenommen fühlen, dann sind sie auch in der Lage, geradeheraus zu sagen, wie sie sich fühlen.

Wenn Ihrem Mann etwas mißfällt, und er sagt es Ihnen, so müssen Sie ihm zuhören und bereit sein, darüber zu verhandeln. Das heißt, daß Sie ihn nicht mit rationalen Argumenten einzuschüchtern versuchen, indem Sie etwa sagen: »Wenn du mich respektieren würdest, wärst du einverstanden mit dem, was ich will«, und dabei auf seine Kompromißbereitschaft setzen.

Gleichzeitig wird ein femininer Mann Sie auch nach Ihren Wünschen fragen und Ihnen diesbezüglich seine Gefühle zeigen, so daß Sie ein »Wir«-Gefühl entwickeln und zum beiderseitigen Nutzen verhandeln können. Und er wird es vermeiden, Sie dahingehend zu vergewaltigen, daß er versucht, Sie von Ihren Karrierezielen abzubringen, indem er erpresserisch seine Gefühle in die Waagschale wirft: »Wenn du mich wirklich liebtest, würdest du nicht fahren« oder ähnliches mehr.

Auch für die maskuline Frau, die eine Karrierefrau und nicht einfach eine berufstätige Frau ist, gilt, daß sie eine vom Östrogen beeinflußte und fühlende Frau ist. Das heißt, daß Sie sich verletzt fühlen, wenn Ihr Mann Ihnen zeigt, daß er sich nicht in einem erwachsenen Sinne in die Pflicht nehmen läßt. Wenn Sie ihn bitten, etwas mit Ihnen oder für Sie zu machen, muß er sein Wort halten und kann sich nicht mit Ressentiments auf eine passiv-aggressive Position zurückziehen, wie Männer es tun, die nie über den »kleinen Jungen« hinausgewachsen sind. Und natürlich müssen auch Sie Ihre Verpflichtungen ihm gegenüber einhalten.

Wenn das, was ich hier gesagt habe, für Sie zutrifft, dann handeln Sie entsprechend. Und kümmern Sie sich nicht darum, was Ihre Mutter oder Ihre Schwester sagt, oder was Ihre Freunde sagen, wenn es heißt, Sie müßten einen starken Mann finden, der Sie heiratet. Sie haben wahrscheinlich »starke« Männer, alleinstehende und verheiratete, ausprobiert und die Erfahrung gemacht, daß es mit ihnen nicht klappt. Sie geraten entweder aneinander, oder Sie sind gezwungen, Ihr wahres Selbst draußen zu lassen, und das behagt Ihnen nicht.

Was maskulinen Frauen in der Regel am meisten zu schaffen macht, ist das Problem ihrer Führungsrolle in der Beziehung. Der alternative Lebensstil und die Tatsache, daß sie einer Minderheit angehört, kann eine Frau in Verwirrung stürzen, auf die sie mit Wut reagiert.

Was sich in der Form äußern kann, daß sie nach einer langjährigen Beziehung oder Ehe mit einem femininen Mann plötzlich willkürlich entscheidet, daß es nun an der Zeit ist, daß er die Rolle des Haushaltsvorstandes übernimmt und das Geld verdient, und sie fortan zu Hause bleiben wird.

Sofern sie diese Entscheidung aus negativen Gefühlen heraus trifft, kann es *nie* und nimmer funktionieren. Sie wird es schon bald bereuen, daß sie ihren guten Job aufgegeben und ihren Status, ihr Geld und ihre Kontrolle verloren hat. Inzwischen hat ihr femininer Mann aber vielleicht Gefallen an der maskulinen Welt gefunden, in die er so unversehens hinauskatapultiert wurde, zumal er jetzt eine Frau und Kinder und somit eine gewisse Stabilität in seinem Leben hat. Feminine Männer blühen neben einer starken Frau förmlich auf und werden im Laufe der Zeit oft sehr männlich. Was allerdings das Problem aufwirft, daß dann beide die männliche Energie sein möchten – und der Konflikt ist perfekt. Möglich ist andererseits auch, daß dem femininen Mann die »maskuline« Rolle nicht gefällt, in die er katapultiert wurde, und vielleicht versagt oder sie verläßt, um eine andere Frau zu finden.

Ich habe erlebt, wie maskuline Frauen und feminine Männer ihre Rollen tauschen, wenn sie älter werden, genau wie der maskuline Mann mit zunehmendem Alter seine weiblichere Seite entdeckt, während seine Frau zur Schulbank oder in ihren Beruf zurückkehrt. Solange sie einander ergänzen, kann es funktionieren.

Es gibt einen netten, sensiblen und oft schüchternen Mann da draußen, der darauf wartet, daß Sie ihn finden. Machen Sie Ihre Augen auf, und suchen Sie nach ihm. Er wird von Frauen oft übersehen, da er vermeintlich kein »richtiger Mann« ist. Das ist er aber sehr wohl, auf seine eigene Art. Denken Sie daran: Alles, was man für eine liebevolle, sexuelle und verbindliche Beziehung braucht, ist eine respektvolle und fürsorgliche Person und eine Person, die verwöhnt wird und für den Spaß zuständig ist. Wer wer ist, spielt keine Rolle.

Harriet

Harriet ist Schriftstellerin und schreibt außerdem für Zeitschriften. Sie wuchs in einer Familie mit starken Frauen auf – beide Großmütter, väterlicher- und mütterlicherseits, waren Schriftstellerinnen, ihre Tante war Anwältin und ihre Mutter Schauspielerin, die sowohl selbst auftrat als auch Schauspielunterricht gab und öffentliche Vorträge hielt. Dennoch hatte ihr Vater die traditionell männliche Rolle als derjenige, der »die Brötchen verdiente«, und sein Wort war Gesetz. Er war streng und distanziert und unterstützte, im Gegensatz zu den Vätern ihrer Freundinnen, in keiner Hinsicht ihre Weiblichkeit und behandelte sie nicht anders als ihren Bruder.

Sie hatte nur eine ernsthafte Beziehung mit einem Mann gehabt, der in einem Konzern Karriere machen wollte. Bei der Auseinandersetzung, die die Beziehung beendete, ging es um eine Banalität, dahinter steckte jedoch ein grundlegendes Problem. Harriet hatte das Gefühl, daß er ihre Ansichten nicht ausreichend ernst nahm. In der Folge verabredete sie sich mit Männern, die sie *wirklich* attraktiv fand: T-Shirt- und Jeanstypen, die in der Regel gut aussahen, oft etwas mit Kunst zu tun hatten, unkonventionell in ihrem Denken waren und einen unkonventionellen Lebensstil pflegten, unterschiedslos nichts damit am Hut hatten, es »weit zu bringen«, und stets ihre Intelligenz respektierten. Und in der Regel war sie erfolgreicher als sie, sie verdiente genügend Geld, um sich die Wohnung zu leisten, die sie wollte, um zu reisen und sich die Kleider zu kaufen, die sie sich wünschte.

Bereits bei ihrem ersten Treffen hatte Eric, der als Journalist arbeitete, und der Mann, den sie schließlich heiratete, ihr gesagt, daß er nicht viel verdiene. Harriet fand es zwar anerkennenswert, daß er es erwähnte, es war aber nicht wichtig für sie.

Bei ihrem zweiten Treffen waren sie zum Essen bei einer Freundin eingeladen. Harriet traf vor ihm ein und beobachtete, als er zur Tür hereinkam, daß er eine Flasche Wein mitgebracht hatte. Er unterhielt sich ungezwungen eine Weile mit der Gastgeberin, ehe er zu Harriet kam, sich neben sie setzte, liebevoll ihr Knie tätschelte und ihr zuzwinkerte. Er flirtete mit ihr, war umgänglich, vielleicht sogar ein wenig dilettantisch, und zu ihrer Überraschung fand er die Tatsache, daß sie als Studentin ausgezeichnet worden war und ein Glanzdiplom vorzuweisen hatte, nicht nur interessant, sondern daß das etwas war, womit man bei anderen angeben konnte.

Bei ihren weiteren Treffen zahlte sie normalerweise, oder sie teilten sich die Kosten. Als sie zusammenzogen, nutzten sie ihre Kreditwürdigkeit als Sicherheit, die der Vermieter bei der Unterzeichnung des Mietvertrages verlangte, und sie zahlte den Umzug.

Sie sind inzwischen seit zwölf Jahren verheiratet. Anfangs hatte Harriet nur etwas mehr als Eric verdient; inzwischen sorgt sie jedoch ganz für das Familieneinkommen, während Eric zu Hause bleibt, ihren mittlerweile achtjährigen Sohn versorgt und an einem Roman schreibt. Harriet weiß, auch wenn sie allein lebte, hätte sie die gleichen Grundkosten, und so ist sie auch in dem Fall bereit, dafür aufzukommen. Das einzige, was sie von Eric verlangt, ist, daß er sich sein Taschengeld selbst verdient, was er tut und was ihm bei seiner Selbstachtung hilft.

Eric bringt Spontaneität, Enthusiasmus, durch immer wieder neue Überraschungen eine gewisse Unberechenbarkeit, Sinnlichkeit und Sex in die Beziehung. Sie findet ihn attraktiv und vital. Er ist dem Kind ein liebevoller Vater. Er genießt offensichtlich das sorgenfreie Leben und die Sicherheit, die sie ihm bietet, und wenn er über sie spricht, dann immer mit Respekt und Stolz.

Wenn sie etwas für die Wohnung brauchen, oder wenn sie, er oder ihr Sohn Kleidung brauchen, dann kauft sie die Sachen, und es ist ihr nicht wichtig, ob sie dafür etwas zurückbekommt, aber die sentimentalen Briefe und Karten, die Eric ihr zum Geburtstag, zum Valentinstag und zu Weihnachten schickt, sind für sie ausgesprochene Kostbarkeiten.

Wenn sie zusammen zu irgendwelchen Partys gehen, genießt Harriet es, völlig ungezwungen mit den anwesenden Männer umzugehen, weil sie sich nicht mehr als »eines dieser Mädchen fühlt« (die es auf einen Mann abgesehen haben) – sie möchte nur Eric gefallen. Er ist stolz auf ihre Kompetenz und flirtet noch immer mit ihr, eine Qualität, die sie von seiten ihres Vaters nie und bei anderen selten kennengelernt hat. Harriet ist der Meinung, daß sie es ausgesprochen gut getroffen hat, und Eric ist der gleichen Meinung.

Teil II

Wie faszinieren Sie einen Mann?

8. Flirten

Wenn Sie einen Mann mit männlicher Energie faszinieren und »anziehen« möchten, müssen Sie als Sexobjekt »gesehen« werden. Sie achten auf Ihren Körper, kleiden sich sinnlich, achten auf Ihre Frisur und Ihr Make-up, gehen dorthin, wo Männer sind, fesseln »seinen« Blick und signalisieren ihm (mit der Fünf-Sekunden-Flirt-Methode), daß Sie interessiert und verfügbar sind, damit er keine Angst hat, sich Ihnen zu nähern. Lächeln, nicht sprechen. Wenn Sie zuerst sprechen, sind Sie der bessere Mann.

Die Kommunikation zwischen Mann und Frau bei ihrem ersten Kontakt ist so entscheidend, daß sie ausschlaggebend dafür ist, ob beide Fremde oder im Zweifel ein Leben lang zusammenbleiben. Männer und Frauen flirten unterschiedlich; ehe Sie also losgehen, um einen Mann zu finden, müssen Sie entscheiden, ob Sie die männliche oder die weibliche Energie sein möchten.

Die Verpackung Ihrer Weiblichkeit

Barbara ist attraktiv, sie hat ein selbstsicheres Auftreten und ist als Managerin bei einem Reisebüro beschäftigt. Sie meldete sich in einem meiner Seminare zu Wort und gestand, daß sie nur selten von Männern eingeladen wird. Sie war charmant, intelligent und interessiert, aber obwohl sie durch ihre Arbeit sehr vielen Männern begegnete, hatte sie kaum einmal ein Rendezvous, und es war ihr absolut ein Rätsel, warum.

Mir war jedoch klar, als ich sie sah, daß sie gemessen an einer verführerischen Frau eine absolut blasse Erscheinung war. Sie war zwar hübsch, trug an jenem Abend jedoch einen zwar modernen, aber formlosen Hosenanzug und kaum Make-up. Und so war für mich ebenso klar, daß Barbara sich unbedingt mehr als Frau präsentieren mußte.

Ich fragte sie, ob sie die männliche oder die weibliche Energie sein wollte. »Die weibliche«, sagte sie rasch. »In dem Fall«, antwortete ich ihr, »schlage ich Ihnen vor, dieses Outfit nur zu tragen, wenn Ihnen

Bequemlichkeit wichtiger als alles andere, auch wichtiger als ein Mann ist. Ansonsten sollten Sie Ihren Look so verändern, daß Sie sich *ständig* wie eine sinnlich aussehende Frau präsentieren.«

»Aber ich möchte nicht als Sexobjekt gesehen werden«, sagte sie energisch. »Ich habe hart gearbeitet, um dahin zu kommen, wo ich heute bin. Und ich möchte als Person respektiert werden.«

Sie wollte keinen Mann, versicherte sie weiter, dem es darum ging, wie eine Frau aussah. Sie wollte einen Mann, dem es um innere Qualitäten ging und der ihr geradewegs in die Seele blicken konnte. Ich erwiderte ihr, maskuline Männer würden sexuell nicht von der Seele einer Frau, sondern durch die körperliche Anziehungskraft einer Frau angezogen. Wenn ein Mann sich einer Frau nähert, dann ist das, was ihn vor allem interessiert, die Frage, ob es mit ihr zusammen schön sein könnte, und dazu gehört auch das körperliche Vergnügen. Eine Frau mag zwar nicht als Sexobjekt gesehen werden wollen, die Wahrheit ist jedoch, daß sie es sein muß, wenn sie einen Mann anziehen möchte.

Nach einigem Hin und Her rang Barbara sich schließlich dazu durch, versuchsweise ihr Aussehen zu verändern. Als sie nach dem Seminar nach Hause kam, ging sie ihren Kleiderschrank durch, um ihr Outfit für den nächsten Tag auszuwählen, eines, das sowohl angemessen fürs Büro als auch feminin war, und sie sortierte erst einmal alles aus, was ihre Weiblichkeit gezielt kaschierte.

Als sie am nächsten Morgen ihre Wohnung verließ, hatte sie ihr Äußeres völlig verändert. Sie trug das Haar offen, hatte Sorgfalt auf ihr Make-up verwendet, und statt einem sackigen, legeren Hosenanzug trug sie eine schwarze Seidenbluse, einen kurzen schwarzen Rock, schwarze Strümpfe und Pumps und darüber, als Farbtupfer, ein enggeschnittenes pinkfarbenes Jackett, das sie seit Jahren nicht getragen hatte. Kurz: Sie präsentierte sich zugleich als gutgekleidete und auch sinnlich attraktiv aussehende Frau. Obwohl sie sich etwas verwundbar fühlte, schaffte sie es, Ihren Nachbarn anzulächeln, der mit ihr zusammen den Aufzug nahm – ein attraktiver Junggeselle. Und noch ehe sie zusammen den Aufzug verließen, hatte er sie zum Essen eingeladen.

Dieser Tag sollte einer der wichtigsten in Barbaras Leben werden. Die Reaktion auf ihr neues Aussehen, zu dem auch ihre Kollegen und Kolleginnen ihr Komplimente machten, brachte bei ihr einen Stein ins Rollen: Sie verstand mit einemmal, wie unangemessen sie sich für die Jagd auf Männer angezogen hatte. »Modisch« und »chic« sind

Attribute, die einen gewissen wohlhabenden Status zum Ausdruck bringen und anderen Frauen gefallen können, sie sind aber oft nicht das, was Männer sexuell anziehend finden. Barbara hatte sich hinter ihrer maskulinen Kleidung versteckt und nicht einmal verstanden, was sie in Wirklichkeit tat.

Diese Veränderung in der Körpersprache durch ihre Kleidung war ein Neuanfang für Barbara, der Beginn der Verwirklichung ihrer Träume. Sie kleidete sich jetzt unter dem Aspekt, über ihr Äußeres einen Mann anzuziehen und Liebe zu finden.

Sie müssen nicht perfekt sein

Ich weiß, Sie möchten um Ihrer selbst willen geliebt werden, und vielleicht wird Ihr Mann Sie eines Tages so lieben, mit all Ihren Unzulänglichkeiten und allem, was dazugehört. Jetzt geht es aber erst einmal darum, diesen Mann zu bekommen. Und diesbezüglich haben Sie die besten Chancen, wenn Sie so gut wie möglich aussehen und sich in die denkbar attraktivste, liebenswerteste und sinnlichste Frau verwandeln.

Sie müssen auf Ihren Körper achten. Sie sollten versuchen, sich gut zu ernähren und möglichst viel für Ihre körperliche Kondition zu tun, egal, wie alt Sie sind. Ihr Körper ist ein Spiegel Ihrer Seele und Ihrer geistigen Verfassung. Er zeigt, wie sehr Sie sich selbst unter Kontrolle haben. Wenn eine Frau nicht auf ihren Körper achtet, wenn sie in einer schlampigen Umwelt leben kann, dann ist sie nicht in Kontakt mit ihren Gefühlen als Frau.

Sie müssen auf ein gepflegtes Äußeres achten. Ob es Ihnen gefällt oder nicht, Sie werden nach Ihrem Aussehen *beurteilt*. Sie können ein Herz aus Gold haben, solange Sie aber wie eine Schlampe aussehen, werden Sie schlechte Karten haben. Sie sollten also einmal darüber nachdenken, warum Sie in Wirklichkeit versuchen, Ihre Chancen in puncto Liebe selbst zu sabotieren.

Der erste Eindruck bleibt der *erste* Eindruck. Verführen Sie seine Augen, und sabotieren Sie sich nicht selbst. Versuchen Sie, sich von *seinem* Standpunkt aus zu sehen. Würden Sie sich von einem schlampig und ungepflegt aussehenden Mann angezogen fühlen?

Gehen Sie aber nicht zu hart mit sich ins Gericht. Denken Sie daran, wir sind alle nur Menschen und nicht perfekt. Selbst wenn Sie zehn Pfund Übergewicht haben oder Ihre Nase hassen oder finden, daß Ihr Haar zu glatt oder zu kraus ist, so ist das kein Grund, mißmutig zu sein. Daß Sie schön sind, ist im Grunde keine Voraussetzung, daß ein Mann sich auf eine langfristige Beziehung mit Ihnen einläßt. Denn Männer wissen, sofern der Punkt erfüllt ist, daß der Körper einer Frau gepflegt und gesund ist, daß alles andere ein Geschenk der Götter ist. Wenn Männer es auf eine dauerhafte Beziehung abgesehen haben, fühlen sie sich wesentlich mehr von der liebenswerten Persönlichkeit als von dem perfekten Aussehen einer Frau angezogen. Eine schöne Frau, der das Attribut einer liebenswerten Persönlichkeit fehlt, wird in der Regel keinen Mann lange halten können. Auf lange Sicht wünscht ein Mann sich eine Frau, die liebenswert ist.

Nehmen Sie sich die Zeit, sich möglichst attraktiv zu frisieren, legen Sie Ihr schönstes Make-up auf, kleiden Sie sich so sexy wie nur möglich, und setzen Sie ein einladendes Lächeln auf. Sie möchten die Sinne eines Mannes überwältigen, indem Sie gut aussehen, gut schmecken, gut riechen, sich gut anfühlen und gut anhören – vor allem aber indem Sie gut aussehen. Lassen Sie Ihre formlosen, männlichen oder konservativen Kleidungsstücke im Schrank, denn sie signalisieren einen fehlenden Sinn für Sexualität, und Sie möchten ihm signalisieren, daß Sie begehrenswert *sind*. Wenn er Sie denn anspricht, ziehen Sie es am Ende vielleicht vor, ihn doch zurückzuweisen; aber erst einmal möchten Sie doch, daß er Sie anspricht, oder?

Das Entscheidende ist: Setzen Sie auf das, was Sie haben, und setzen Sie auf das Beste, was Sie bekommen können. Und vergessen Sie nicht: Natürlich ist er in Ihrer Vorstellung perfekt, wenn wir der Wahrheit aber ins Gesicht sehen, dann wird er ebensowenig perfekt wie Sie sein.

Das Marketing Ihrer Weiblichkeit

Nachdem Sie jetzt blendend aussehen, bleibt die Frage: Wo finden Sie »ihn«? Ganz einfach. Sie fangen an, dorthin zu gehen, wo die Männer sind.

Ich kann Ihnen nicht sagen, wie vielen Frauen ich begegne, die vor nichts haltmachen, um in ihrem Beruf weiterzukommen, die aber, obwohl sie über ihr Alleinsein klagen, der Meinung sind, es sei entwürdigend auszugehen und Ausschau nach einem Mann zu halten. Sie fürchten, so könnten andere den Eindruck gewinnen, sie seien verzweifelt. *Sie irren sich.* Heutzutage müssen Sie rausgehen und sich mit dem gleichen Geschick und der gleichen Entschlossenheit auf die Jagd nach Liebe begeben, die Sie aufbieten, wenn Sie einen Arbeitsplatz oder eine Wohnung suchen.

Wenn Sie nicht gerne allein sind, dann tun Sie etwas, um den Zustand zu ändern. Sitzen Sie nicht zu Hause herum, und warten Sie nicht darauf, daß Ihnen wie im Märchen ein Mann durch den Schornstein zufällt. Es ist eine Frage der Beinarbeit... Sie müssen raus, unter die Leute – die auf Partys, im Supermarkt, im Theater, im Park, am Strand, im Restaurant, in Erwachsenenfortbildungskursen und bei Ballspielen zu finden sind – und bereit, willens und *in der Lage sein* zu flirten.

Sofern Sie eine feminine Frau sein möchten, kleiden Sie sich sinnlich, wobei natürlich zu berücksichtigen ist, was Ihnen am besten steht – süß, schick, feminin. Sex-Appeal heißt nicht, daß Sie auf Rüschen setzen oder auf mädchenhaft oder auf Sexbombe machen. Die Frage der Kleidung ist letztlich eine individuelle Entscheidung. Verpacken Sie sich so, daß Sie auf geschmackvolle, aber verführerische Weise *Ihre* sinnlichen Attribute herausstellen. Sie können auf Zeitschriften zurückgreifen und sich Modeaufnahmen ausschneiden, von denen Sie glauben, sie könnten Ihrem Sex-Appeal förderlich sein. Tragen Sie Kleidung, die Ihre Figur betont und sinnlich zum Anfassen animiert. Achten Sie darauf, daß Ihr Haar gepflegt geschnitten ist und sich seidig anfühlt. Die Farben, die Sie wählen, sollten zu Ihrem natürlichen Teint und zu Ihrer Persönlichkeit passen. Vielleicht bitten Sie eine Freundin, Sie in ein Geschäft zu begleiten und Ihnen bei der Farbwahl mit bunten Tüchern zu helfen, die Sie über einer weißen Bluse oder einem weißen T-Shirt um den Hals drapieren. Sie kann Ihnen sagen, welche Farbe vorteilhaft wirkt und welche nicht. Die Farbe zieht den Blick eines Mannes an und sorgt dafür, daß er auf Sie zukommt.

In Kosmetikgeschäften und Warenhäusern werden immer wieder aus Werbegründen kostenlose kosmetische Beratungen angeboten. Wenn Ihnen das Geld fehlt, sich eigens beraten zu lassen, nutzen Sie diese Gelegenheiten, und notieren Sie sich, was die Kosmetikerin Ihnen zu Ihrem Gesicht sagt. Und eine große Hilfe können auch Second-Hand-Läden sein, zumal in wohlhabenden Vierteln, wo die Frauen, die es sich leisten können, Ihre ausrangierte Kleidung vom letzten Jahr deponieren. In diesen Läden finden Sie gegebenenfalls auch die Schuhe und Accessoires, die Sie suchen. Ob mit oder ohne

Geld, Sie können etwas für Ihr sinnliches Aussehen tun. Machen Sie sich die Mühe – sie lohnt sich!

Gehen Sie mindestens einmal pro Woche zu einer Veranstaltung. Und wenn Sie da sind, flirten Sie, nur spaßeshalber. Natürlich werden Sie anfänglich nervös und etwas steif sein. Deshalb schlage ich Ihnen als »Lockerungsübung« vor, einige »Einweg«-Erfahrungen zu sammeln, indem Sie etwa, wenn Sie Ihren Arzt oder Zahnarzt aufsuchen, im Aufzug flirten. Oder flirten Sie, wenn Sie in einem Riesensupermarkt in der Warteschlange an der Kasse stehen, wo gewährleistet ist, daß Sie die Leute nicht jeden Tag sehen. Sehen Sie diese Erfahrungen als Lockerungsübungen oder als Training für den »großen Lauf«, der dann etwa bei der Feier im Büro, dem Hochzeitsempfang oder dem Klassentreffen stattfinden kann – dort, wo man Sie kennt und wo der erste Eindruck ins Gewicht fällt.

Anfängerinnen empfehle ich immer Flughäfen. Es sind Orte, an denen sich Alleinreisende, ohne ihre Lieben im Schlepptau, einfinden, die im allgemeinen aufgeschlossen für eine ungefährliche zwischenmenschliche Interaktion sind. Nehmen Sie eine Aktentasche in die Hand, so daß Sie wie jemand aussehen, der verreisen will. Und machen Sie sich keine Gedanken darüber, ob der Mann, den Sie sich aussuchen, verheiratet ist, schließlich üben Sie nur das Flirten. Hier werden keine Telefonnummern ausgetauscht, keine Verabredungen zu einem späteren gemeinsamen Essen getroffen, hier geschieht nichts, außer daß Sie ihn soweit faszinieren, daß er einige harmlose Dinge sagt, deren Bedeutung jedoch nicht über den Augenblick hinausgeht. Stellen Sie fest, wieviele Männer Sie in einer Stunde fesseln können. Wenn Sie Lust haben, können Sie mit einer Freundin ein Spiel daraus machen und sehen, wer dabei erfolgreicher ist.

Jenseits davon gilt, daß Sie sich im übrigen zunächst möglichst mit mehreren Männern (mindestens drei) verabreden sollten, damit Sie sich nicht zwanghaft auf einen fixieren. Und denken Sie daran, daß Sie keinen Mann anrufen oder in irgendeiner Form hinter ihm her sind, denn das ist männliches Verhalten, und Sie wollten die weibliche Energie sein. Sie möchten einen Mann anziehen. Wenn Sie zwischendurch Ihr Verhalten ändern, signalisieren Sie damit, daß Sie eine narzißtische alleinstehende Frau sein möchten, der es egal ist, ob sie die Männer verwirrt und mit ihrem Verhalten dafür sorgt, daß sie sich nicht auf eine langfristige, feste Beziehung mit ihr einlassen.

Wenn Sie dann soweit sind, daß Sie ernsthaft flirten möchten, so bleibt vorher noch zu klären, welche Qualitäten Sie sich bei einem

Mann wünschen. Das kann unter anderem ein Punkt sein für die Frage, wo Sie flirten. Wenn es wichtig für Sie ist, daß er Ihre Liebe zur klassischen Musik teilt, dann besorgen Sie sich jetzt Karten für die Philharmonie; dieses Mal gehen Sie aber nicht nur hin, um Mozart zu hören, sondern auch um zu flirten. Wenn es Ihnen wichtig ist, daß er sportlich ist, so flirten Sie in der Turnhalle, auf dem Tennis- oder Golfplatz, während des Joggens oder Radfahrens oder Spazierengehens oder wo auch immer. Wenn die Religion oder Zugehörigkeit zu einer politischen Partei für Sie wichtig ist, dann flirten Sie halt in der Kirche oder bei einer politischen Veranstaltung. Gehen Sie dorthin, wo es für Sie natürlich ist hinzugehen, aber versuchen Sie, diese Orte fortan als Pool für potentielle Partner zu sehen.

Nun sagen Sie vielleicht, daß Sie seit Jahren zur Philharmonie gehen – allein oder auch mit einer Freundin – und zwar seit jeher in der Hoffnung, daß ein charmanter, attraktiver alleinstehender Mann im richtigen Alter und mit der richtigen religiösen Überzeugung Sie dort sieht, Sie anspricht und einlädt, ohne daß Sie auch nur das Geringste dazu beitragen müssen.

Statt dessen läuft es in der Regel jedoch so ab, daß Sie in der Pause ins Foyer gehen und wie alle anderen herumstehen. Gelegentlich sieht ein Mann, der Ihnen gefallen könnte, in Ihre Richtung, und es sieht so aus, als würde er durchaus gerne zu Ihnen herüberkommen und mit Ihnen sprechen. Sie beten innerlich: »Bitte, komm zu mir rüber«, er zögert jedoch. Sie möchten ihn wissen lassen, daß Sie interessiert sind, Sie fühlen sich durch seine Ausstrahlung und die in Ihnen aufwallenden Emotionen jedoch wie paralysiert. So daß Sie sich, statt ihn anzuschauen, in eine lebhafte Konversation mit Ihrer Freundin vertiefen.

Das heißt: Er schaut in Ihre Richtung, aus Angst vor Zurückweisung werden Sie aber so nervös, daß Sie den Blick von ihm abwenden. Und das war's dann. Es läutet, und Sie kehren zu Ihrem Platz zurück: Eine weitere verpaßte Chance.

Glauben Sie nicht, Sie seien der einzige Mensch auf der Welt, der es so macht. Ich kenne Frauen, die furchtlos und mit Power in der Geschäftswelt auftreten und wie versteinert reagieren, wenn sie sich einem fremden Mann gegenübersehen, zu dem sie sich sexuell hingezogen fühlen.

Seit Monaten hatte Lorraine ihrer Freundin Mary keine Ruhe gelassen, sie sollten abends zusammen ausgehen, um zu sehen, ob sie nicht irgendwelche attraktiven Männer kennenlernen würden. Mary wünschte sich eine Beziehung und wollte gerne jemanden kennenlernen. So willigte sie schließlich ein und verabredete sich mit Lorraine in einer kleinen Musikkneipe, in der eine Jazzgruppe auftreten sollte, die sie besonders mochte.

Als sie eintrafen, war die Kneipe bereits gerammelt voll, und sie waren glücklich, seitlich der Bühne an einem kleinen Tisch noch zwei Plätze ergattern zu können. Sie hatten kaum Platz genommen, als Mary bereits einen attraktiven Mann registrierte, der konzentriert der Musik zuhörte, sich im Rhythmus mitbewegte und zwischendurch immer wieder begeisterte Bemerkungen gegenüber seinen Freunden fallenließ, mit denen er zusammensaß. Er gefiel ihr auf Anhieb und ebenso seine Leidenschaft für Jazz. Er schien jedoch nicht einmal zu registrieren, daß sie da war.

David war Fernmeldetechniker und hatte eine Vorliebe für Jazz, Rucksacktourismus und die amerikanische Geschichte. Sein größter Wunsch war, zu heiraten und einen eigenen Hausstand zu gründen. Er hatte viele gute Freunde und war ein herzlicher und aufgeschlossener Typ; wenn es allerdings um Frauen ging, verkrampfte er für gewöhnlich und wurde durch seine Schüchternheit blockiert.

Und genau das war auch jetzt der Fall. In Wirklichkeit hatte David Mary bereits in dem Moment wahrgenommen, als sie zur Tür hereinkam. Er schaffte es aber einfach nicht, sie direkt anzuschauen. Sein Freund Ted sagte ihm, daß Mary ständig zu ihm hinschaute. David fühlte sich geschmeichelt. Gehe ich zu ihr rüber, oder nicht? fragte er sich. Er wollte schon, tat aber, wie gehabt, nichts.

Ehe der letzte Musikbeitrag begann, schaffte er es schließlich, sich zu Mary hinzudrehen, und einen Moment lang trafen sich ihre Blicke. Mary spürte, wie eine Hitzewelle durch sie hindurchging. Durch ihre Verwundbarkeit und das plötzliche Begehren, das sie verspürte, war sie jedoch so verlegen, daß sie nervös wurde und schnell wegblickte. Mit dem Ergebnis, daß David sich zurückgewiesen fühlte.

»Warum kommt er nicht einfach rüber?« flüsterte Mary Lorraine frustriert zu.

»Geh du doch einfach hin, und sage hallo zu ihm«, meinte ihre Freundin. Aber Mary rührte sich nicht. Sie glaubte, sie könne doch nicht einfach zu einem fremden Mann hingehen.

Nach einer Weile blickte Davids Freund Ted zu Mary hin, und sie schaffte es, ihn kurz und verhalten anzulächeln. Wodurch die Sache nur noch schlimmer wurde, weil David sah, wie Mary Ted anlächelte und sich verletzt fühlte.

»Geh einfach hin, und sag was zu ihr«, drängte Ted David, als er in dessen Gesicht sah, was los war. »Was hast du schon zu verlieren?«

»Ich gefalle ihr doch nicht«, erwiderte David. »Du gefällst ihr.«

»Ich? Sie hat dich den ganzen Abend angesehen.«

»Vielleicht«, meinte David. »Bei mir hat sie dann aber weggesehen, und dich hat sie angelächelt.«

Beide, David und Mary, gingen an diesem Abend allein nach Hause. Beide fühlten sich zurückgewiesen, und beide dachten aneinander. Hätte sie sich an meine Fünf-Sekunden-Flirt-Methode gehalten, so hätte sie David magnetisieren und so vielleicht die Beziehung in Gang setzen können, die beide sich wünschten.

Meine Fünf-Sekunden-Flirt-Methode

Die Methode ist leicht. Dahinter steht, wie Sie ihn mit Ihrer Körpersprache dazu einladen, den Raum zu durchqueren und Sie zu bitten, mit ihm auszugehen. Sie tun weiter nichts als zu lächeln. Entscheidend ist aber, richtig zu lächeln; und wenn Ihnen das gelingt, verspreche ich Ihnen, daß die Ergebnisse nicht ausbleiben.

Als erstes möchten Sie dafür sorgen, daß Sie in sein Blickfeld kommen. Wenn es Ihnen gelingt, seinen Blick auf sich zu ziehen, müssen Sie seinen Blick möglichst einladend und gewinnend drei Sekunden lang erwidern. Zählen Sie die Sekunden. Blickkontakt, Blickkontakt, Blickkontakt. Nicht hastig zählen, egal, wie nervös Sie werden.

Es ist schließlich ganz normal, den Blick eines Mannes zwei oder drei Sekunden lang zu erwidern. Erst wenn Sie ihn weiter, auch noch die vierte und fünfte Sekunde lang anschauen, geben Sie zu erkennen, daß Sie interessiert sind.

Zum zweiten haben Sie die Möglichkeit, einen Mann mit Ihrem Mund anzuziehen. Aber nicht, indem Sie ihn zum Sprechen benutzen. Sie lächeln! Und damit flirten Sie. Und damit weiß er, daß Sie *ihn* anschauen und an *ihm* interessiert sind.

Und da Sie nun mit jemandem flirten, von dem Sie nicht zurückgewiesen werden möchten, geraten Sie wahrscheinlich allmählich in Panik. Ihr Mund wird trocken.

Sie sind sich zwar sicher, daß er genau sieht, wie Sie in sich zusammensinken, aber genau das sieht er nicht, weil er mit seiner eigenen Angst und Furcht vor Zurückweisung viel zu sehr beschäftigt ist. Sein schlimmster Alptraum in dem Moment ist, daß er zu Ihnen herüberkommt und irgend etwas Dummes sagt, und Sie ihn abblitzen lassen.

Wenn Sie diese Fünf-Sekunden-Flirt-Methode durchstehen und es schaffen, Ihren Mund geschlossen zu halten, dann wird dieser Mann aller Wahrscheinlichkeit nach zu Ihnen hinkommen und ein Gespräch anfangen. Was er sagt, kann intelligent oder dumm, rhetorisch versiert oder einfach nur naiv sein, er eröffnet damit aber ein Gespräch, und jetzt ist es an Ihnen zu reagieren.

Die Anziehungskraft der Chemie

Sofern Sie nicht nur zu Übungszwecken flirten, flirten Sie natürlich mit dem Mann, der eine chemische Reaktion bei Ihnen auslöst. Die Chemie ist nicht verhandelbar, wohl aber mit wem Sie flirten.

Die erste Anziehungskraft zwischen zwei Personen ist chemisch bedingt. Er turnt Sie an. Sie turnen ihn an. Dabei spielt es keine Rolle, ob er LKW-Fahrer oder der Präsident von General Motors, ob er wesentlich älter oder wesentlich jünger als Sie ist. Die Chemie ist eine Körper-Körper-Reaktion. Sie können darauf eingehen oder das Ganze vergessen. Wenn Sie darauf eingehen möchten, haben Sie nur zwei Möglichkeiten. Sie können entweder die »männliche« Rolle übernehmen und den Mann jagen *oder* sich für die weibliche entscheiden und darauf warten, daß Sie gejagt werden.

Sofern Sie die weibliche Rolle wählen, haben Sie die Möglichkeit, mit Flirten den Mann zu bekommen, zu dem Sie sich hingezogen fühlen. Sie wählen ihn, dann faszinieren Sie ihn, um ihn anzuziehen.

»Sie« beginnt mit dem Flirten

Aus statistischen Erhebungen geht hervor, daß es nicht genügt, daß ein Mann sich zu einer Frau hingezogen fühlt, um sich ihr auch konkret zu nähern. Der sensible Teil von ihm braucht vorher ein Signal von ihr, daß sie zugänglich und verfügbar ist und ihn nicht zurückweisen wird. Und Flirten ist dieses Signal.

Je passiver die Frau, desto wirksamer ist sie, weil sie den Mann zu sich hinzieht. Eine Frau ist am erotischsten, wenn sie auf magische Weise anziehend ist. Sie ziehen einen Mann zu sich hin mit Ihrem liebenswerten Äußeren, mit Ihren liebenswürdigen Augen und einem liebenswürdigen Lächeln. Sie möchten, daß er Ihnen in die Augen schaut, damit er sieht, wie nett Sie sind und hinter Ihnen her kommt. Die Augen von Frauen zeigen Freundlichkeit oder Grausamkeit. Flirten ist ein Weg, das Innere mit dem Äußeren zu verbinden. Sie möchten ihn anlächeln, damit er »sehen« kann, daß Sie zugänglich sind. Und denken Sie daran, ein Mann ist ein sensibles, liebenswürdiges Wesen, das im Zweifel von Todesängsten geplagt wird, wenn es diesen magischen Kreis zu Ihnen durchquert und am Ende vielleicht nur wie ein Idiot dasteht. Aber durchqueren muß er ihn, wenn er die männliche Rolle übernehmen will.

Mit dem Falschen flirten

Wir Frauen haben manchmal eine solche Angst, selbst wenn wir flirten, uns dem Mann gegenüber bloßzustellen, an dem wir interessiert sind, daß wir vorzugshalber mit seinem Tischnachbarn flirten – den wir aber nicht möchten –, in der Hoffnung, daß der Richtige schon irgendwie registrieren wird, wie toll wir sind. Das Problem dabei ist, daß er dann, genau wie David (und die meisten Männer), die verrückte Idee hat, wenn Sie mit dem Typen neben ihm flirten, daß Sie dann auch *ihn* wollen. Er weiß nicht, daß Sie nur Angst vor Zurückweisung haben. Und das Schlimmste ist, daß wir dann in der Regel tatsächlich bewirken, daß dieser Andere sich an uns heranmacht und wir Monate brauchen, um ihn wieder loszuwerden.

Machen Sie keinen Bogen um den Mann, zu dem Sie sich hingezogen fühlen, weil Sie sich von Ihrem Verstand einreden lassen, daß er verheiratet ist oder Sie nicht haben will. Der Mann, bei dem Sie sich am meisten fürchten, mit ihm zu flirten, ist fast immer der, von dem Sie sich sexuell am stärksten angezogen fühlen. Angst und Spannung sind ein integraler Bestandteil der Chemie, die ausschlaggebend für die ursprüngliche Anziehungskraft ist. Es stimmt, Flirten ist kein Vergnügen. Aber wir tun's, genaugenommen, um zu Ergebnissen zu kommen.

Für Frauen, die die männliche Rolle wählen

Auch wenn Sie sich entschieden haben, daß Sie die männliche Energie in der Beziehung sein möchten, bleibt, daß Sie sich richtig »verpakken« müssen. Auto, Schuhe mit Absätzen, gute Kleidung – und sorgen Sie dafür, daß Sie wie eine solide und finanziell solvente Person aussehen.

Für Sie ist Flirten etwas ziemlich Normales. Wenn Sie einen Mann sehen, an dem Sie interessiert sind, gehen Sie einfach (ich weiß, es klingt einfacher, als es ist) zu ihm hin und sprechen ihn an, in der Hoffnung, daß Sie mit Ihrem Charme und Ihrer Persönlichkeit sein Herz erobern können. Es ist nicht wichtig, was Sie sagen (solange es in einem vernünftigen Rahmen bleibt). Sie müssen zu ihm hingehen und ein Gespräch anfangen. Wenn Sie dann immer noch an ihm interessiert sind, können Sie ihn nach seiner Telefonnummer fragen oder sagen, daß Sie sich gerne mit ihm verabreden würden. Anschließend können Sie ihn anrufen, ihm eine Karte oder einen kurzen Brief oder auch Blumen schicken, was immer Ihnen gefällt – Sie sind diejenige, die das Verfolgen übernommen hat.

Wenn Sie sich dann verabredet haben, vergessen Sie nicht, daß der wichtigste sexuelle Sensor bei einem femininen Mann – genau wie bei einer femininen Frau – seine Ohren sind; das heißt, daß er hören möchte, daß Sie es verstehen, ein Restaurant auszusuchen, den Wein zu wählen, und daß Sie die Rechnung bezahlen.

Derjenige, der zuerst spricht, ist die männliche Energie

Es ist, wie gesagt, der erste Augenblick der Begegnung zwischen zwei Menschen, in dem die Rollen in der Beziehung verteilt werden. Da die männliche Energie sich selbstbewußt behauptet und die weibliche Energie passiv ist, ist derjenige, der als erster spricht, die männliche Energie.

Wenn Sie als erste sprechen, und selbst wenn dies zufällig ist, wird damit der Präzedenzfall geschaffen, der maßgebend für den Rest der Beziehung ist. Sie müssen sich darüber von Anfang an im klarem sein. Ansonsten kann es Monate dauern, bis Sie feststellen, daß Sie einen Fehler gemacht haben.

Diese Regel müssen Sie immer vor Augen haben. Insbesondere, wenn Sie sich für die weibliche Rolle entschieden haben. Denn selbst ein maskuliner Mann kann zögern, zu Ihnen hinzukommen, und das ist genau der Punkt, an dem Sie Ihren Frust aushalten und jene

Stimme in Ihrem Innern ersticken müssen, die Ihnen zuruft: »Geh einfach zu ihm hin, und sag ›hallo‹ zu ihm.« Statt dessen schauen Sie nur zu ihm hin und lächeln und warten darauf, daß er zu Ihnen ›hallo‹ oder irgend etwas sagt, das erkennen läßt, daß er bei Ihnen weitergehen möchte.

Manche Männer warten darauf, daß Sie den ersten Schritt tun. Soweit Sie jedoch nicht bereit sind, in der Beziehung die maskuline Energie zu sein, tun Sie ihn nicht. Machen Sie es ihm nicht leicht. Für einen Mann, der es gewohnt ist, sich »anzusehen«, wen er sexuell begehrt und sich dann an sie heranzumachen, ehe er ihre Einladung zu einer sexuellen Verbindung »hört«, ist es irritierend, wenn er zuerst von ihr angesprochen wird. Daß er den »Raum« hat »zu jagen«, ist sexuell stimulierend für einen maskulinen Mann. Und das ist die Voraussetzung, daß er sich verlieben kann.

Wie Sie herausfinden, ob Sie zueinander passen (oder: zuhören lernen)

Da Sie es nunmehr geschafft haben, daß er zu Ihnen hingekommen ist, haben Sie nun die nächstliegenden zwei Ziele vor sich: Erstens möchten Sie jetzt erst einmal sehen, ob er aus der Nähe betrachtet wirklich so gut ist, wie Sie glaubten. Und zweitens möchten Sie nicht, daß er einen Rückzieher macht, ehe Sie sich für oder gegen ihn entschieden haben.

Patty, eine Literaturagentin, und Jerry, ein Psychoanalytiker, trafen sich bei einem Computerkurs und fühlten sich spontan zueinander hingezogen. Sie fingen ein Gespräch an und waren schon bald in eine lebhafte Diskussion über die Vorzüge verschiedener Laserdrucker verwickelt. Nach einigen Minuten kam es zu einer kleinen Meinungsverschiedenheit, die alsbald zu einer hitzigen Debatte eskalierte.

Patty gewann argumentativ, verlor aber den Mann. Ohne überhaupt darüber nachzudenken, hatte Jerry sie bereits abgehakt, als der Unterricht begann. Patty hatte ihn keineswegs verprellen wollen. Ihr war nicht einmal bewußt, daß sie ihn verprellt *hatte*. Sie war einfach nur sie selbst gewesen – nach einem harten Arbeitstag, an dem sie versucht hatte, die Bücher ihrer Klienten bei Verlagen an den Mann zu bringen.

Aber auch Jerry hatte einen harten Arbeitstag hinter sich. Den ganzen Tag hatte er sich die Probleme anderer angehört; er war müde und vielleicht auch ein wenig gereizt, das heißt, bis er Patty sah, die ihm auf Anhieb so sehr gefiel – bis zu dem Moment, als sie den Mund aufmachte und anfing, ihn zu korrigieren.

Ein Mann braucht das Gefühl, daß die Frau ihn respektiert, zu der er sich sexuell hingezogen fühlt. Aber allzuoft vermasseln wir das Ganze dadurch, daß wir seine Meinung kritisieren, mit ihm über seine Philosophien streiten und kaum etwas unterlassen, um uns unbeliebt zu machen. Das Ende vom Lied ist, daß er nie auf die Idee kommt, uns einzuladen, und wir das Ganze auf den Nenner bringen, daß er ein Blödmann ist.

Eine sinnliche Frau zu sein heißt, sich gelegentlich auf die Lippen zu beißen. Statt intellektuell mit dem Mann zu konkurrieren, sollten Sie versuchen, den Mund zu halten und ihm weitestgehend das Reden zu überlassen.

Wenn Sie ihm zuhören, erfahren Sie, was er beruflich macht, ob und inwieweit er kreativ ist und für welche Dinge er sich begeistert. Sie möchten schließlich wissen: Wechselt er alle zwei Wochen seine Arbeitsstelle? Ist er ein Spieler? Ist er redlich und in Ordnung? Um einen Mann respektieren zu können – ein Aspekt, der für die meisten Frauen anturnend ist – müssen Sie wissen, daß er Ihnen etwas bieten kann, ein schönes und bequemes Leben – und ein Zuhause für Sie und Ihre Kinder, sofern Sie Kinder haben möchten.

Anstelle von Ratschlägen sollten Sie versuchen, einem Mann Zuneigung und Respekt anzubieten. Seien Sie positiv, und unterstützen Sie ihn in seinen Ideen, Plänen und Meinungen. Haben Sie verstanden, was ich sagen wollte?

Wenn er Ihnen eine Frage stellt, können Sie antworten, was immer Ihnen intuitiv in den Sinn kommt, solange Sie dabei seine Führungsrolle berücksichtigen und über ihn und seine Ziele sprechen und nicht über Ihre eigenen, ohne daß er danach gefragt hat.

Wenn Sie etwas fragen, dann in keinem Fall: »Wann kann ich dich wiedersehen?« Oder: »Gibst du mir deine Telefonnummer?« Solche Fragen signalisieren, daß Sie die aktive Rolle desjenigen übernehmen möchten, der hinter dem anderen her ist.

Gut, ich weiß, daß das Ganze allmählich vielleicht etwas abschrekkend wird. Aber, ich habe nie gesagt, es sei leicht, den richtigen Partner zu finden. Ich habe nur gesagt, es sollte Ihnen die Mühe wert sein.

Patty, die Literaturagentin, hat inzwischen ihr Verhalten geändert. Sie weiß inzwischen, daß in der Arbeitswelt jeder »männlich« ist, daß aber Frauen, die nach der Arbeit weiblich sein möchten, ihre männliche Seite im Büro lassen müssen. Nur so können Sie mit einem Mann so sensibel, sinnlich und verführerisch verkehren, daß Sie das bekommen, was Sie wirklich wollen.

Sofern Sie eine »feminine« Frau sein möchten, sollten Sie sich jeden Tag vor oder nach der Arbeit mindestens eine Stunde Zeit für etwas nehmen, das Ihnen guttut und Ihnen Spaß macht – Tanzen, Musikhören, sich der Natur hingeben, ein Schaumbad nehmen, ein tolles Essen genießen, sich massieren lassen, irgend etwas, das es Ihnen ermöglicht, das »feminine Beziehungsprinzip« zu üben. Wenn Sie ins Sportzentrum gehen, um etwas für Ihren Körper zu tun und gesund zu bleiben, dann gehen Sie nicht dorthin, um weiblich zu sein. Wenn Sie ins Sportzentrum gehen, um zu Musik zu tanzen, um zu schwimmen oder herumzuliegen, um sich mit anderen Frauen zu unterhalten, dann »werden Sie feminin.«

Patty lernte, was sie zu tun hatte. Sie hielt sich an meine Methode, »die Krallen einzuziehen«, versuchte, weitestgehend ihren Mund zu halten, und sie fand einen »göttlichen« Anwalt, den sie vorhat zu heiraten.

Wenn das Patty passieren kann, dann kann es auch Ihnen passieren. Nun, ich sage nicht, daß Sie gegen alles ankämpfen sollen, wovon Sie im Grunde fest überzeugt sind. Ich sage nur, daß Sie nach Kompromißmöglichkeiten suchen sollten. Gehen Sie davon aus, daß er vielleicht eine Ansicht hat, bei der es sich lohnt, sie anzuhören. Hören Sie sich seine Meinung also an, und akzeptieren Sie sie, wenn Sie's können. Später, wenn Sie in Ihrer Beziehung die Verhandlungsphase erreicht haben, können Sie Alternativen zu jedem Punkt vorschlagen, der Sie wirklich stört.

Und vergessen Sie nicht: Wenn Sie ihn als Mann nicht respektieren können, dann ist er nicht der Richtige für Sie.

Schlupflöcher
(Oder: Was Sie tun, wenn er Ihnen seine Telefonnummer gibt)

Debbie, eine Fotografin, lernte Max, einen Publizisten, bei einer umweltpolitischen Veranstaltung kennen.

Als sie zusammenstanden und auf den nächsten Vortrag warteten, erzählte Max Debbie von einer Zeitungsserie, an der er gerade schrieb. Sie war begeistert von den Werten, die er vertrat, und von seinem Idealismus. Aber nicht nur das. Er war außerdem höchst attraktiv mit seinem dicken Wuschelkopf und Vollbart und schien zudem nett und sensibel und ungebunden zu sein.

Debbie wagte kaum zu hoffen, er würde sie um ihre Telefonnummer bitten. Aber dann meinte er Gott sei Dank doch noch, es wäre schön, sich wiederzusehen, griff in seine Jackentasche, überreichte ihr seine Visitenkarte und schlug vor, sie solle ihn anrufen.

Sie wissen, was als nächstes kam. Als Debbie schließlich all ihren Mut zusammengenommen hatte, ihn anzurufen, sagte er, er hätte auf der anderen Leitung noch ein Gespräch und würde zurückrufen. Als er es nicht tat, malte sie sich aus, er hätte ihre Nummer verloren, und rief ihn nochmals an. Diesmal war er offensichtlich nicht zu Hause, so hinterließ sie eine Nachricht auf seinem Anrufbeantworter. Sie rief ihn danach noch einige Male an, aber offenkundig nie zum richtigen Zeitpunkt für Max, der sie immer bat, nochmals anzurufen – abgesehen von dem einen Mal, als er denn wirklich zurückrief, sie in ihrer Wohnung besuchte, mit ihr schlief und sich nicht darum scherte, sich nochmals bei ihr zu melden.

Debbie brauchte lange, um sich von dieser Erfahrung zu erholen. Aber sie lernte ihre Lektion und die Wahrheit über Männer kennen, die Frauen ihre Telefonnummern geben.

Wenn ein Mann Ihnen seine Visitenkarte gibt, sagt er Ihnen damit, daß er möchte, daß Sie ihm nachlaufen. Manche Frauen glauben, sie würden sich der Männlichkeit eines Mannes unterwerfen, wenn sie seinem Wunsch nachgeben, ihn anzurufen. In Wirklichkeit unterwerfen sie sich seiner weiblichen Seite. Und wenn Sie dann anrufen, was sagt er? »Ich weiß nicht, wie ich im Moment ein Treffen arrangieren soll, ich hab einfach zuviel um die Ohren.« In der Regel versucht er, nur Skalpe für den Totempfahl des »kleinen Jungen« zu sammeln.

Wenn er Ihnen seine Karte geben will, nehmen Sie sie also nicht. sagen Sie, es liege Ihnen nicht, Männer anzurufen, und geben Sie ihm Ihre Karte. Und warten Sie ab, daß er Sie anruft. Er soll hinter Ihnen her sein, Ihnen nachlaufen, um Sie werben und Sie umschmeicheln – denn das ist seine Rolle, nicht Ihre. Ein Mann, der von einer Frau verlangt, daß sie gibt, schlüpft in die weibliche Rolle.

Es gibt im übrigen ein Zeitlimit, wie lange Sie herumstehen und sich mit einem Mann unterhalten müssen, mit dem Sie geflirtet haben, und darauf warten, daß er Sie um Ihre Telefonnummer bittet. Es fällt mir schwer, mich genau auf die Minute festzulegen, wenn denn fünf weitere Minuten gereicht hätten, daß er die Hürde nimmt. Im allgemeinen gilt jedoch, wenn er diesen Schritt nach rund fünfzehn Minuten nicht gemacht hat und das Gespräch allmählich ins Stocken gerät, daß Sie es erst einmal vergessen können und sich auf eine Fortsetzung des Spiels einstellen sollten. Das einzige, wofür Sie sorgen müssen, ist, daß Sie gut aussehen, gut riechen und sich gut anhören. Der Rest ist seine Sache.

Wenn er Sie nicht um Ihre Telefonnummer bittet, vergessen Sie das Ganze. Und nehmen Sie es nicht persönlich. Fallen Sie um Gottes willen nicht in das schwarze Loch der Verzweiflung, und fühlen Sie sich nicht zurückgewiesen. Das ist das Leben. Sie haben Ihr Bestes versucht. Und Sie haben nichts verloren, außer ein paar Minuten Ihrer Zeit, und möglicherweise etwas gelernt, was Sie bis dahin nicht wußten.

Und was bleibt als nächstes? Sie halten einfach nach einem anderen Ausschau und beginnen zu flirten. Es gibt Millionen Männer da draußen, und darunter ist mit Sicherheit auch einer, der für Sie genau der Richtige ist.

Erst die Arbeit, dann das Vergnügen

Und was ist, wenn es um einen Mann geht, bei dem Sie erst gar keine Chance haben, Ihre Weiblichkeit und Anziehungskraft ins Spiel zu bringen, ehe er weiß, wie intelligent und erfolgreich Sie sind? Eine fast alltägliche Situation. Die Rede ist von der Arbeitswelt.

Denkbar ist, Sie fühlen sich sexuell zu einem netten alleinstehenden Mann hingezogen, der genau die Qualitäten hat, die Sie suchen, aber Ihre berufliche Existenz hängt davon ab, daß Sie ihn mit ihren intellektuellen Fähigkeiten beeindrucken und ihm zeigen, wie effizient und dynamisch Sie sind. Kurz: Daß Sie ebensogut wie er oder sogar noch besser Ihren Mann stehen. (Da im Büro natürlich jeder »männlich« auftritt.)

Denkbar ist, daß Sie ihm ein Produkt oder eine Dienstleistung verkaufen müssen, oder daß er zu einer großen Gruppe gehört, vor der Sie eine Präsentation zu machen haben. Machen Sie sich in der Situation keine Gedanken über widersprüchliche Signale. Solange Sie zu ihm als Geschäftsfrau sprechen, zeigen Sie, was Sie können. Sie beeinträchtigen Ihre Chancen nicht im mindesten, wenn Sie sich in beiden Situationen, geschäftlich und privat, korrekt verhalten. Verkaufen Sie ihm Ihre Sachen, ziehen Sie ihn übern Tisch, überzeugen Sie ihn, und machen Sie Ihr Geschäft. Wenn dieser Teil dann jedoch abgeschlossen ist, und Sie begegnen ihm am Büffet oder in der Eingangshalle, dann nehmen Sie das Gespräch *nicht* wieder auf. Wenn Sie das tun, dann sind Sie nach wie vor beim geschäftlichen Teil. Lassen Sie ihn den ersten Schritt tun und dafür sorgen, daß Sie aus sich herausgehen. Sie sollten jetzt wieder die Frau sein. Warten Sie, geben Sie sich ihm gegenüber so aufgeschlossen wie möglich, und lächeln Sie. Ihre dynamische, starke Seite hat er bereits gesehen; lassen Sie ihn jetzt Ihre andere Seite sehen, die schüchterne, weiche, sinnliche. Glauben Sie mir, er hält danach Ausschau. Seien Sie verführerisch mit den Augen, und flirten Sie mit einem Lächeln.

Ein maskuliner Mann kann Sie als Geschäftsfrau akzeptieren und dennoch Ihre weiche, feminine Seite schätzen. Aber Sie müssen ihm Raum für »die Jagd« lassen. Lassen Sie ihn die Kontrolle übernehmen und als ersten sprechen!

Kurz: Die weibliche Energie zu sein heißt, daß Sie Ihre Weiblichkeit so verpacken, daß Sie eine Frau mit einem begehrenswerten Körper sind, mit einem liebenswerten, gepflegten Körper. Bei dem Marketing Ihrer Weiblichkeit geht es darum, daß Sie dorthin gehen, wo Männer sind, sich einen aussuchen und ihm signalisieren, daß Sie empfänglich für seine Zuwendung sind und ihn respektieren, wenn er den ersten Schritt tut. Ob Sie nun sagen müssen: »Oh, danke, ich fliege morgen nach China«, oder ob Sie ihn zurückweisen müssen, weil er verheiratet ist oder sich herausstellt, daß er doch nicht so interessant ist, wie Sie glaubten, so fühlt er sich auf diese Weise zumindest in seinem Annährungsversuch unterstützt. Wenn alle Frauen Männer in dieser Situation mit Respekt behandelten, dann fiele es den Männern leichter, sich auch der Frau zu nähern, die dann die Eine sein wird. Und die könnten Sie sein.

Wenn Sie sich an diese wichtigsten Regeln zur weiblichen Rolle in der Beziehung halten, werden Sie aller Wahrscheinlichkeit nach die Früchte ernten können – indem Sie von einem maskulinen Mann eingeladen werden. Ihnen dürfen bei Ihren Bemühungen selbst scheinbar fatale Fehler unterlaufen, indem Sie etwa zuviel über sich selbst sprechen oder seine Ansichten kritisieren, und dennoch können Sie Erfolg haben. Es gibt aber einen Fehler, den Sie nie machen dürfen: mit ihm nach Hause gehen und mit ihm schlafen. Genauso wie es eindeutige Regeln gibt, wie man an einen Mann herankommt, gibt es eindeutige Regeln, wie man ihn halten kann. Die oberste und wichtigste ist: NIE SEX OHNE VERBINDLICHKEIT.

Teil III

Die vier Phasen einer Beziehung

Die perfekte Phase

(1–3 Monate)

9. Finden Sie Ihren Märchenprinzen

Sie kennen jetzt meine Konzepte für eine glückliche Beziehung. Sie haben den Test gemacht, um festzustellen, ob Sie eher zur weiblichen oder männlichen Energie neigen. Und sofern Sie sich für die weibliche entschieden haben, haben Sie es inzwischen auch gelernt, mit attraktiven Männern zu flirten. Sofern Sie die männliche gewählt haben, hoffe ich, daß Sie bereits einige Männer eingeladen haben. Wie auch immer, ich gehe davon aus, daß es entweder schon jemanden in Ihrem Leben gibt oder bald geben wird.

Zum erstenmal in Ihrem Leben erleben Sie jetzt die vier Phasen einer Beziehung in dem Wissen, wer Sie sind und welche Art von Mann Sie sich wünschen. Als erstes möchte ich mit Ihnen durch die »Perfekte Phase« gehen.

Dabei handelt es sich um die ersten drei Monate einer Beziehung. Sie haben das Gefühl, Sie sind endlich dem einen Menschen auf der Welt begegnet, der für Sie der »Richtige« ist. Es ist die Zeit, in der durch die erste Leidenschaft des Verliebtseins alles rosig erscheint. Alles, was Sie beide tun und sagen, ist perfekt.

Dies ist jedoch keine sexuelle Periode, soweit Sie noch keine feste Beziehung eingegangen sind. Denn damit würden Sie sich selbst keinen Gefallen tun und Ihre eigenen Bemühungen sabotieren. Schließlich wissen Sie jetzt, daß feminine Frauen sich durch Sex binden, und wenn Sie zu früh mit jemandem schlafen, verurteilen Sie die Beziehung möglicherweise von vornherein zu einer sexuellen Erfahrung und unterbinden damit die Möglichkeit einer wahren Liebeserfahrung. Sex um des Sexes willen ist nicht erfüllend für jemanden, der lieben und geliebt werden möchte. Und bei der Liebe kommen verschiedene Dinge ins Spiel – die physische Chemie, die geistige Kompatibilität und die emotionale Freigebigkeit.

Und in dieser Periode müssen Sie herausfinden, ob in Ihrem Fall die drei wichtigsten Zutaten für eine glückliche Beziehung gegeben sind.

Chemie, Kompatibilität und Kommunikation

Die Chemie ist die sexuelle Anziehungskraft. Dabei geht es um jenes witzige Kribbeln im Bauch, das aufkommt, wenn er im gleichen Raum ist. Ich finde, wir leben heute zu lange, um intim mit jemandem zusammenzusein, bei dem die Chemie fehlt.

Es gibt Frauen, die das in Kauf nehmen und glauben, auf die notwendige Chemie verzichten zu können, wenn der Mann nur intelligent oder nett, gebildet und erfolgreich ist. Und das gleiche gilt mitunter für unsichere Männer, wenn es um eine sehr schöne Frau geht und er eine Freundin braucht, mit der er bei anderen Männern renommieren kann. Für mich ist die Chemie jedoch eine der Hauptzutaten, die unerläßlich für eine Beziehung mit Eheabsichten ist.

Bei der Kompatibilität geht es um die Frage der Übereinstimmung bei moralischen und ethischen Werten, in der Kommunikation und in den Lebenszielen – um all die Dinge, die eine gute Freundschaft wie auch eine harmonische Liebesbeziehung ausmachen. Daß Sie zueinander passen, heißt nicht, daß Sie beide Klone sein müssen. Im Gegenteil. Am besten ist es, wenn einer von Ihnen auf der körperlichen, spielerischen Ebene und der andere auf der geistigen, denkenden Ebene der stärkere ist.

Die Kompatibilität hat ihre verhandelbaren und nichtverhandelbaren Aspekte, die vor der Sexualität geklärt werden müssen, weil Personen, die allzu schnell zum Sex übergehen, oft glauben, sie würden zueinander passen, auch wenn das ganz und gar nicht der Fall ist. Sie glauben, mit der körperlichen Liebe (dem Sex) hätten sie alles, was sie brauchen. Nach der Honeymoon-Periode der drei Monate schlägt dann jedoch die Wirklichkeit zu, und die beiden sehen sich mit den Defiziten des jeweils anderen konfrontiert. Und das ist der Punkt, an dem bei so vielen Paaren die Ernüchterung eintritt und die Beziehungen auseinandergehen.

Die Kommunikation ist von äußerster Wichtigkeit. Sie müssen mit ihm sprechen, um festzustellen, wer er wirklich ist, jenseits all der Dinge, die Sie in ihn hineinprojizieren. Ein maskuliner Mann muß zum Beispiel wissen, was er denkt und will, und Sie fragen, wie Sie dazu stehen. Und Sie müssen mit Gefühlen reagieren können, und Sie dürfen keine Angst haben, nein zu sagen, wenn es sein muß. Sie müssen beide ehrlich in Zusammenhang mit Ihren Hoffnungen und Träumen wie auch mit Ihren Vorlieben und Abneigungen sein.

Während dieser Perfekten Phase zeigen Sie sich beide von Ihrer besten Seite. Ihr ganzes Verhalten ist darauf ausgerichtet, dem anderen zu gefallen, vor allem in all den traumatischen Situationen, die sich für gewöhnlich am Anfang einer Beziehung ergeben – die erste Begegnung mit den Eltern des anderen oder den Kindern oder den engsten Freunden. Wir wissen alle, daß der charmante Märchenprinz sich am Ende als »Wolf« entpuppen kann. Aber wie gelingt es, daß Sie sich von Äußerlichkeiten nicht blenden lassen und wirklich sagen können, ob Sie dem Richtigen begegnet sind? Manchmal müssen Sie einfach auf Ihre weibliche – gefühlsmäßige – Intuition vertrauen (oder Ihre männliche – denkende – Intuition, sofern Sie sich für die männliche Energie entschieden haben), meistenteils ist aber eine sexfreie Zeit erforderlich, um festzustellen, wer dieser Mann wirklich ist.

Ein Mann und eine Frau müssen voneinander wissen, welche »Lebensziele« sie haben. Oft werden diese bereits beiläufig während der Unterhaltung beim allerersten Treffen zur Sprache gebracht. Hören Sie zu, wenn er spricht. Und finden Sie heraus, ob er heiraten möchte, oder ob er ein Single-Leben vorzieht. Wie steht er zu Kindern? Sie könnten erwähnen, wie sehr Sie sich Kinder wünschen und so in Erfahrung bringen, daß er nie Vater werden möchte, oder daß er aus einer früheren Ehe bereits Kinder hat und, egal, wie verrückt er nach Ihnen ist, nicht nochmals eine Familie gründen möchte.

Fragen Sie ihn nach seinen beruflichen Zielen. Es wird ihn wahrscheinlich begeistern, daß es Sie genügend interessiert, um danach zu fragen – aber nur, wenn er davon ausgehen kann, daß nicht dahintersteckt, daß Sie wissen möchten, wieviel Geld er hat. Wenn er Ihnen dann von seinen Plänen erzählt, müssen Sie sich fragen, welche Kompromisse Sie im Falle einer Beziehung angesichts seiner Zielsetzungen eingehen müßten, und ob Sie dazu bereit sind. Wenn sich zum Beispiel herausstellt, daß dieser tolle Mann sein ganzes Geld dafür spart, sich ein Garnelenfangboot zu kaufen, um in Alaska zu leben, dann können Sie sich sehr schnell wegen eines nichtverhandelbaren Punktes in ein Problem verrannt haben, so daß es besser wäre, das Ganze zu beenden, ehe Sie sich auf eine ernsthaftere Beziehung einlassen und der eine oder andere von Ihnen verletzt wird.

Wenn Sie eine Frau mit weiblicher Energie sind, können Sie einen Mann nicht bitten, sich für Sie zu ändern. Sie können nur sagen: »Wenn du vorhast, in Alaska auf einem Boot zu leben, denke ich, es ist besser, wenn ich dich nicht wiedersehe, weil ich gerne in einem wärmeren Klima leben möchte.«

Natürlich könnte er dann einwenden: »Nun, ich hätte auch nichts dagegen, ein Garnelenfangboot im Golf von Mexiko zu besitzen.« Sofern das für Sie akzeptabel ist, könnte damit das Haupthindernis für eine Beziehung erst einmal aus dem Weg geräumt sein, aber nur, weil es *seine* Entscheidung war. Er kann sich ändern, weil er Sie nicht verlieren möchte oder um Ihnen einen Gefallen zu tun, aber nicht, weil sie es ihm sagen.

Fragen Sie sich, wie gut Sie zueinander passen: Mögen Sie es, wie er sich kleidet und wie er auftritt? Was ist mit seiner Religion, mit seinen politischen und ethischen Ansichten, mit seinem finanziellen und bildungsmäßigen Hintergrund und den eher praktischen Dingen, etwa ob einer von Ihnen ein Morgenmensch und der andere ein Nachtmensch ist? Erkundigen Sie sich nach seinen Eß-, Rauch- oder Trinkgewohnheiten sowie Abhängigkeiten. Das sind konkrete Punkte, die Sie klären müssen.

Die zweite Frage, die Sie an einen Partner stellen sollten, ehe Sie sich emotional engagieren, ist: *Ist er zuverlässig, und hält er sich an die Verpflichtungen, die er eingeht?*

Sie müssen sich davor schützen, sich an einen Mann zu binden, dem es an Verantwortung fehlt, den Verpflichtungen nachzukommen, die er eingeht.

Carla, die regelmäßig an meinen Seminaren teilnahm, war verrückt nach Val, mit dem sie seit etwa sechs Wochen zusammen war. Am Anfang ihrer Beziehung hielt Val all seine Versprechen, mit der Zeit merkte Carla jedoch, daß Val anfing, sich zu verändern.

Angefangen hatte es damit, daß Val sie eines Abends später als verabredet abholte. Daraus wurde sehr schnell ein Muster, sofern sie nicht irgendwo hingingen, wo es ihm besonders wichtig war. Oft versäumte er es, sie anzurufen, obwohl er es zugesagt hatte, und einmal ließ er sie über eine Stunde allein in einem Restaurant warten, weil er zufällig einem alten Freund auf der Straße begegnet war und sich mit ihm auf ein Gespräch eingelassen hatte.

Carla sagte Val, wie sie sein Verhalten »empfand«; er sagte zwar, er würde sich ändern, tat es aber nicht. Als sich dieses Muster auch im Laufe der Zeit nicht änderte, beendete Carla – mit großem Bedauern – die Beziehung, weil sie ihn wirklich mochte.

Natürlich ist nicht jeder Mann wie Val. Viele Männer sind zuverlässig und kommen ihren Verpflichtungen nach, so daß Sie eine vertrauensvolle Beziehung aufbauen können.

Terri, eine Kosmetikverkäuferin, geschieden und Mutter von zwei

Kindern, war ein gebranntes Kind durch schlimme Erfahrungen mit ihrem Ex-Mann. Er hatte sie nach fünfzehn Jahren Ehe wegen einer jüngeren Frau verlassen und nie die Unterhaltszahlungen für die Kinder geleistet, die ihr gerichtlich zuerkannt worden waren. Und die Erfahrungen, die sie seit ihrem neuen Single-Dasein mit anderen Männern gesammelt hatte, waren nicht dazu angetan, ihr Vertrauen in Männer zu stärken.

Dann lernte sie Donald kennen, einen frisch geschiedenen Geschäftsmann. Sie hatte zwar die Einladung akzeptiert, mit ihm auszugehen, aber mit dem inneren Vorbehalt, er werde nicht anders als alle anderen sein.

Aber Donald enttäuschte sie nie. Er war ein Mann, der sein Wort hielt. Was er sagte, tat er und erwartete von ihr das gleiche. Wenn er gesagt hatte, er werde sie zu einer bestimmten Uhrzeit abholen, dann war er pünktlich oder rief rechtzeitig an, um zu erklären, warum er sich verspäten werde. Es war auch toll, wie er mit ihren Kindern umging und auch ihnen gegenüber immer seine Versprechen hielt.

Nach einigen Wochen gingen sie eine feste Beziehung miteinander ein und schließlich auch ins Bett, und das war eine der besten Erfahrungen ihres Lebens. Terri fürchtete noch immer, er könnte noch irgendeine verdeckte Karte in der Hinterhand haben, die er nur noch nicht offen auf den Tisch gelegt hatte. Diese Karte gab es jedoch nicht. Donald war ein Mann, der hielt, was er versprach.

Nach einem Jahr heirateten Terri und Donald, und sie haben inzwischen zusammen eine kleine Tochter. Inzwischen kommt Donald auch für den Unterhalt von Terris Kindern aus erster Ehe auf. Terri ist glücklich, einem Mann begegnet zu sein, auf den sie sich verlassen kann.

Ich definiere Liebe folgendermaßen: »OB DU DICH SELBST UND ANDERE LIEBST, KANNST DU NUR AN DEN VERPFLICHTUNGEN ERKENNEN, DIE DU BEREIT BIST EINZUGEHEN UND ZU HALTEN.«

Warum Männer nicht zurückrufen

Wie oft ist es so, daß eine Frau die ersten Treffen mit einem neuen Mann als besonders schön empfindet. Und er sagt, er werde sich bald melden, tut es aber nicht, und sie kann nicht verstehen, warum. Das hatten wir alle schon – und es tut genauso weh, ob Sie nun ein Teenager oder eine Top-Managerin von Mitte Vierzig sind.

Der Grund ist, daß ein Mann bei einem Rendezvous oft zwar körperlich anwesend, aber nicht mit seiner Seele dabei ist – das heißt, sein Verstand und sein Wille sind woanders. Und da die meisten Männer, wie Sie inzwischen erfahren haben, Schwierigkeiten haben, gleichzeitig zu denken und zu fühlen, ist es bei den ersten Treffen unwahrscheinlich, daß er über Sie in der Ganzheit Ihrer Person nachdenkt. Was er empfindet, ist weitestgehend Lust, und so konzentriert er sich in erster Linie darauf, wie er Sie ins Bett bekommen kann. Wenn er dann später allein und nicht mehr damit beschäftigt ist, Ihren Körper zu beäugen, kann er anfangen, über Sie als Mensch nachzudenken. Und dann kann er denn auch entscheiden, daß Sie beide, aus welchem Grund auch immer, nicht zueinander passen.

Möglich ist natürlich auch, daß das einzige, was er will, Gelegenheitssex ist, und daß er spürt, daß Sie dafür nicht zu haben sind, so daß er Ihnen mit seiner Entscheidung dann letzten Endes wahrscheinlich einen Gefallen getan hat. Aber was auch immer dahintersteht, jedenfalls muß er, wenn er allein ist, alles destillieren, was er über Sie erfahren hat, um zu entscheiden, ob er sich wieder bei Ihnen meldet oder nicht.

Warten ist die Hölle. Und dennoch sage ich, daß Sie einen Mann nicht abzuhaken brauchen, ehe nicht acht Wochen vorbei sind. Denn so lange kann es dauern, bis er zu einer Entscheidung gelangt ist.

Vier Wochen kann ein Mann sich in der Regel mit Verabredungen und Arbeiten selbst beschäftigen und ohne Sie leben. Wenn er aber wirklich interessiert ist, werden Sie ihm nach sechs bis acht Wochen fehlen, und dann ruft er an.

Können Sie ihn anrufen? Nein, nicht, wenn Sie ihn anrufen, um ihn einzuladen, mit Ihnen auszugehen. Wenn er etwas bei Ihnen in der Wohnung vergessen hat, können Sie ihn natürlich anrufen und etwas vereinbaren, wie er es zurückbekommt – und ihm damit Gelegenheit geben, Sie einzuladen. Sofern Sie zu einer Veranstaltung gehen wollen und glauben, daran könnte er auch Spaß haben, können Sie ihn fragen, ob er Lust hat, sie zusammen mit anderen zu begleiten. Sofern Sie eine Party geben, können Sie ihn einladen. Sie dürfen ihn aber nicht zu einem Treffen einladen, sofern Sie – aber das haben Sie inzwischen begriffen – nicht die männliche Energie sein möchten.

Und nun zum guten Teil der Geschichte. Nachdem er Sie nach dem ersten Treffen zu Hause abgesetzt hat, fangen Sie vielleicht schon an, im Geiste Ihr Hochzeitskleid zu entwerfen. Trotzdem: Sobald er weg ist, fangen Sie auch an, ihn zu vergessen. Ich weiß nicht, wie viele

Frauen mir erzählt haben, daß sie einen Monat nach einem Rendezvous einen Anruf von einem Mann erhielten, dessen Name ihnen bereits entfallen war. Die Männer können nicht verstehen, warum wir so launisch sind, und wir können nicht verstehen, warum sie so unsensibel sind. Das ist nun einmal die Situation.

Wenn Sie sich also mit jemandem verabreden, schreiben Sie sich seinen Namen in Ihrem Kalender auf. Ruft er binnen acht Wochen nicht an, dann liegt ihm nichts an Ihnen. Aber bis dahin dürfte es Ihnen denn wohl auch egal sein.

Spielen Sie Ihre Rolle

Wenn er zurückruft und Sie fangen an, jetzt mehr oder weniger regelmäßig miteinander auszugehen, *müssen* Sie die von Ihnen gewählte Rolle jetzt auch tatsächlich spielen. Sofern er die männliche Energie ist, führt er, und Sie folgen.

Als ausgeglichene feminine Frau behaupten Sie sich im Büro, in Notfällen oder wenn Sie alleine sind, selbstbewußt als »männliche« Energie. Sie wissen aber auch, wann Sie sich fügen.

»Unausgeglichene« Frauen können sich entweder nicht behaupten, weil sie zu »weiblich« und unterwürfig sind, oder sie sind zu »männlich« und selbstbewußt, um fügsam jemandem zu folgen. Das Gleichgewicht zwischen beiden Qualitäten ermöglicht die »Nichtabhängigkeit« – wozu die Zeit gehört, in der man abhängig ist, und die Zeit, in der man unabhängig ist.

In dieser Periode von ein bis drei Monaten, entscheidet er, wo Sie hingehen, in welche Restaurants, in welche Filme, an welchen Veranstaltungen Sie zusammen teilnehmen, und er bezahlt »immer«. Er nutzt dabei seine Finanzen, um um Sie zu werben und Ihnen zu zeigen, welche finanzielle Sicherheit und welchen Status er Ihnen bieten kann, wenn Sie denn heiraten sollten.

In dieser Phase ist er auch derjenige in der Beziehung, der *gibt* – sowohl *Erfahrungen* als auch *Geschenke*. Sie können ihn später dafür belohnen, wobei Sie aber immer etwas weniger zurückgeben und überwiegend in einem eher abstrakten Sinne.

Wie können Sie in einem abstrakten Sinne etwas zurückgeben? Indem Sie zeigen, daß Sie ihn respektieren und ihm vertrauen. Indem Sie ihn in seinen Ideen nicht korrigieren, auf Änderungsvorschläge zu seinen Vorschlägen verzichten, seine Meinungen nicht kritisieren und nicht mit ihm über seine Philosophie streiten. Indem sie zärtlich sind und Dinge tun, die im Endeffekt dafür sorgen, daß er sich gut fühlt.

Bei allen Ihren Treffen magnetisieren Sie ihn weiterhin, indem Sie gut aussehen, gut klingen, gut riechen, gut schmecken, liebenswürdig sind und auf ihn eingehen und nicht »geben«, ehe Sie bekommen. Sie sind süß und nett und sagen Dinge wie: »Du bist nett«, und »Danke sehr«, und »Das gefällt mir sehr«. Das nennt man *Zärtlichkeit*.

Wenn er Sie einige Male zum Essen einlädt, kochen Sie einmal für ihn. Achten Sie darauf, daß Ihre Geschenke billiger als seine sind. In Ihrem Innern wissen Sie, ob Sie ihm etwas schulden (was gut ist) oder er Ihnen etwas schuldet (was schlecht ist), oder ob Sie im gleichberechtigten Sinne quitt sind (was schlimmer ist).

Neutralisieren Sie seine großzügigen Geschenke nicht und ebensowenig, wenn er Sie damit beschenkt, daß er Sie beschützt und verwöhnt, indem Sie ihm in gleichen Zügen zurückgeben, oder indem Sie auf seine Gefühle vor Ihren eigenen eingehen. Ein maskuliner Mann kann sich nicht verlieben, wenn er empfängt, nur wenn er gibt. Es ist gut für Sie, wenn Sie sich ihm gegenüber in der Schuld fühlen, weil dadurch oft ein Gefühl der Wertschätzung und des Respektes erzeugt wird, das es Ihnen ermöglicht, sexuell empfänglicher für ihn zu sein und sich ihm bereitwilliger hinzugeben.

Die Frage der Gleichberechtigung

Gleichberechtigung ruiniert die Liebesbeziehung zwischen einem Mann, der vor allem und zuvorderst respektiert werden möchte, und einer Frau, die möchte, daß er auf ihre Gefühle eingeht. Dieser Punkt ist besonders wichtig während dieser Perfekten Phase, in der zwischen Ihnen die Hauptrollen verteilt werden. Später können Sie die männliche und weibliche Rolle neu verhandeln, sofern Sie das beide möchten. Wenn Ihr neuer Mann am Anfang der Beziehung jedoch sagt: »Kannst du nicht die Hälfte bezahlen?« können Sie etwas sagen wie: »Natürlich hast du das Recht, mich zu bitten, daß wir die Kosten jeweils teilen. Aber ich muß sagen, daß ich mich nicht sehr wohl dabei fühle. Ich habe Achtung vor Männern, die mich beschützen und verwöhnen möchten. Ich fühle mich bei ihnen sicher und geborgen, da ich so mehr meine Verwundbarkeit zeigen und intimer sein kann, vor allem sexuell. Möchtest du das, oder möchtest du lieber jemanden finden, der in diesem Punkt mit dir einiggeht?«

Manche Männer ergreifen anschließend sehr schnell die Flucht, um die Verantwortung zu meiden, die Sie verlangen. Andere werden hingegen erleichtert aufatmen: Endlich haben sie eine Frau gefunden, die einen Mann mag.

Ein Mann, der Sie *verwöhnt*, möchte Ihnen mehr geben. Es gibt ihm ein Gefühl der Sicherheit, daß Sie ihn »brauchen«, und er wird Sie nicht so schnell verlassen. Er liebt es, Ihr Beschützer zu sein. Es gibt ihm ein Gefühl der Sicherheit, daß er fürsorglich sein kann. Und das wiederum gibt Ihnen ein Gefühl der Sicherheit, so daß Sie ihm respektvoll und liebevoll begegnen können, was dann seinerseits wiederum liebevoll erwidert wird.

Sie müssen das Selbstwertgefühl eines Mannes fördern. Frauen, die nicht zulassen können, daß sie sich in Gegenwart ihres Mannes »klein« fühlen, haben oft Angst vor Intimität und Angst, verwundbar zu sein. Sie glauben, sie müßten sich dem Mann gegenüber »ebenbürtig» fühlen oder schlimmer noch, sie müßten »besser« sein.

Es entspricht der menschlichen Natur, daß wir uns stark fühlen möchten. Sofern Sie sich aber nicht die ganze Zeit als die Starke fühlen und die männliche Energie in der Beziehung sein möchten, widerstehen Sie der kurzfristigen Versuchung in dieser Hinsicht zugunsten des höheren, langfristigen Ziels einer glücklicheren Beziehung mit einem maskulinen Mann.

Seit neunzig Tagen treffen Sie sich nun also und verkehren mit Ihrem neuen Mann. Er gibt, und Sie empfangen. Er strengt sich nach Kräften an, und Sie beobachten ihn, um zu sehen, ob und wo er ins Fettnäpfchen tritt. Sie lassen sich vielleicht auf gewisse sexuelle Spielchen ein, Sie gehen aber nicht bis zum Letzten. Sie kommunizieren mit ihm durch Reden und Berühren. Und Sie sind beide ehrlich, hoffentlich. Er sagt, was er möchte, und Sie sagen, was Sie nicht möchten.

Wie können Sie nun erreichen, daß Ihr Mann dabei bleibt, daß er mehr möchte, und Sie über die Perfekte Phase hinaus die nächste, heimtückischere Mängel-Phase erreichen? Indem Sie weiterhin genau das tun, was ich Ihnen bisher vorgeschlagen habe – gut aussehen, gut riechen, gut schmecken und gut klingen. Achten Sie einfach weiterhin darauf, dann kommt er auch weiterhin. Es ist wie bei einem Tier in einer »menschlichen« Falle. Er spaziert hinein und wieder hinaus, er kommt und geht. Das Geheimnis ist, ihm die Tür weder vor der Nase noch die Tür hinter ihm zuzumachen. Lassen Sie sich von ihm nach seinen Bedingungen fragen.

Frauen müssen geduldig sein. Und das können sie nur sein, wenn sie fest in ihrer Liebe zu sich selbst verankert sind. Um den Richtigen schließlich zu bekommen, ist ein enormes Maß an Geduld erforderlich. Ich sage oft: Gute Männer sind wie Wale. Wenn sie am Strand liegen, sind sie wahrscheinlich krank. Ein guter Mann ist schwer zu fangen, und Sie können nicht einmal etwas tun, um ihn zu fangen – er muß Sie fangen, und zwar aus eigenem Antrieb heraus.

10. Kein Sex ohne feste Beziehung

(Wie Männer sich verlieben und Frauen in die Knechtschaft geraten)

Frauen, die an einer Heirat interessiert sind, müssen den Männern, *ehe es zu Sex kommt, signalisieren,* daß es ihnen um eine Ehe geht. Ansonsten wird die Frau nur allzuoft verletzt und das Ganze nichts als Zeitverschwendung sein. Das ist der Kern meines Sex-Trainings – wie man verbindlichen Sex haben kann.

Bald nachdem Sie sich kennengelernt haben, vielleicht sogar schon beim ersten Treffen, wird der Mann Sie einladen, mit ihm das typisch maskuline Spiel zu spielen, das da heißt: »Laß uns die Beziehung in der Perfekten Phase voll auskosten, wenn wir die negativen Seiten unserer Persönlichkeiten noch nicht kennen, aber die Chemie so richtig in Aktion ist.«

Fühlen Sie sich nicht beleidigt durch eine ehrliche Aufforderung zu Gelegenheitssex. Dahinter steht nur, daß sein Körper Ihren Körper mag, und daß er das tun möchte, was das Natürlichste für den Körper ist. Männer möchten nach der Arbeit spielen. Und zu diesen Spielen gehört auch der Sex. Gehen Sie also wohlwollend mit jedem um, der Sie um Sex bittet, solange er höflich darum bittet, und sagen Sie danke, auch wenn Sie nein sagen.

Wenn Sie sich zu Gelegenheitssex bereit erklären, dann sagen Sie damit in Wirklichkeit : »Ich kenne dich nicht, aber was soll's. Laß es uns tun, weil unsere Körper es möchten – in der Hoffnung, daß wir uns recht bald ineinander verlieben und dann auch heiraten.«

Leider läuft es so aber nicht. Die Monogamie scheint ein »weibliches« Ding zu sein, während maskuline Männer durchaus ganz gut mit einer Vielzahl von Sexpartnerinnen leben können. Wie wissen Sie nun aber, wann Sie sich mit einem neuen Mann auf Sex einlassen können? Ganz einfach: Nachdem er sich auf eine feste Beziehung mit Ihnen eingelassen hat.

Ein Mann weiß, bereits ehe er eine Frau kennenlernt, ob er bereit ist, sich auf eine feste Beziehung einzulassen. Was aber oft fehlt, ist, daß eine Frau das auch von ihm verlangt. Das heißt nichts anderes, als daß eine Frau sagen muß: »Ich werde mich nicht mit dir auf Sex einlassen, bis du mir Kontinuität, Ausschließlichkeit und Beständigkeit versprichst« – mit anderen Worten: eine feste Beziehung.

Wenn er verspricht, daß er an einer langfristigen, sexuell ausschließlichen und beständigen Beziehung mit gemeinsamen Zielen interessiert ist, wozu eine offizielle Heirat gehören kann oder auch nicht, dann kann von Liebe die Rede sein.

Kontinuität: Ein Mann muß versprechen, wenn Sie Sex mit ihm haben, daß Sie dann weiterhin regelmäßig Sex zusammen haben und es sich dabei nicht um ein kurzes Intermezzo handelt.

Beständigkeit: Sucht er ein Intermezzo für eine Nacht oder eine möglicherweise lebenslange Beziehung? Finden Sie heraus, wie seine Langzeitpläne hinsichtlich der Beziehung mit einer Frau aussehen – die Sie ja in dem Fall wären.

Wenn Sie sich eine langfristige Beziehung wünschen, so muß er dazu grundsätzlich auch und zu einer Beziehung mit den gleichen Zielen wie Sie bereit sein. Wenn Sie sich eine Ehe und Kinder wünschen, so muß er Ihnen keinen Heiratsantrag machen. Es genügt, daß er sagt: »Ich bin bereit zu heiraten und Kinder zu haben, und wenn es zwischen uns klappt, steht dem nichts im Wege.«

Monogamie: Da maskuline Männer von Natur aus sehr polygam sind, müssen Sie herausfinden, mit wem er noch eine sexuelle Beziehung hat. Möchte er weiterhin mit seiner Ex-Frau oder alten Freundin oder mit jeder Frau schlafen, die er neu kennenlernt? Oder sind Sie die einzige? Dieses Versprechen ist von allen drei Aspekten, die zu einer festen Beziehung dazugehören, der entscheidendste und schwierigste. Denn maskuline Männer verzichten nicht so schnell auf ihre sexuelle Freiheit. Und seine Einwilligung in diesem Punkt ist ein Zeichen, daß bei ihm Liebe im Spiel ist.

Manche Männer lassen sich auf zwei statt drei Versprechen, also auf eine zu zweidrittel feste Beziehung ein. Wenn er Kontinuität und Beständigkeit verspricht, hat er aller Wahrscheinlichkeit nach noch mit anderen Sex. Wenn er Ihnen Ausschließlichkeit und Kontinuität, aber keine Beständigkeit verspricht, dann haben Sie es mit einer kurzlebigen Romanze zu tun. Das heißt, daß er noch nicht zu einer Heirat bereit ist.

Wenn ein Mann »intellektuell« nicht bereit ist, die Verantwortung für eine Frau und möglicherweise Kinder zu übernehmen, dann sagt er: »Tut mir leid, aber ich bin wirklich noch nicht bereit, mich auf diese Art von fester Beziehung einzulassen. Ich suche einfach nur eine Beziehung, um gemeinsam etwas Spaß zu haben.« Damit sagt er Ihnen unverblümt, daß er einfach nur Sex will und sich noch nicht von seinen Junggesellenallüren verabschiedet hat.

Und wenn er das sagt, glauben Sie mir, dann meint er das auch. Glauben Sie nicht, Sie könnten einen »maskulinen« Mann verführen. Unmöglich. Dazu ist er zu clever. Statt das, was er sagt, für bare Münze zu nehmen, übersetzen viele Frauen seine Worte mit: »Wenn er erst einmal sieht, wie toll ich bin, wird er sich schon in mich verlieben und mich heiraten.« Was in der Regel dann natürlich nicht der Fall ist.

Beverly lernte Bruce an einem Freitagabend bei einer Dinnerparty kennen. Sie sprachen darüber, was sie sich gegenseitig im Leben wünschten. Beverly bekannte freimütig, daß sie einen Mann zum Heiraten suche, und Bruce gestand ebenso freimütig, er habe gerade eine Scheidung hinter sich und sei nicht bereit, in absehbarer Zeit nochmals zu heiraten. Er sagte, er möchte sich nur locker amüsieren.

Beverly hörte zwar, was er sagte, sie war aber so fasziniert von ihm, daß sie ihn in ihre Wohnung einlud. Sie hatte nicht vor, mit ihm ins Bett zu gehen, sie wußte, daß es dafür zu früh war, aber nach einigen leidenschaftlichen Küssen »schmolz sie dahin«, und Bruce verbrachte nicht nur die Nacht, sondern das ganze Wochenende bei ihr.

Am Sonntagmorgen, als sie im Bett zusammen die Zeitung lasen, fing Beverly bereits an, sich auszumalen, sie wären verheiratet und führten ein perfektes Leben. Sie tat das just bis zu dem Augenblick am Sonntagnachmittag, als Bruce ihr seine Visitenkarte gab, sich verabschiedete und zum Flughafen fuhr, um eine Frau abzuholen, mit der er, wie er Beverly gestand, seit fast sechs Monaten schlief und die nur übers Wochenende verreist war.

Freundschaft ist die Wurzel, Sex die Blüte

Theoretisch glaube ich, daß ein Paar bis zur Mängel-Phase warten sollte, bis beide sich als ganze Personen – und mit allen Unzulänglichkeiten – sehen können, ehe es die Beziehung auslebt. Die Kompatibilität ist neben der natürlichen Chemie und einer guten Kommunikation der »Freundschaftsquotient« in einer Beziehung. Wenn eine

Frau, ehe die körperliche Liebe ins Spiel kommt, das *Gefühl* hat, der Mann sei ihr ein lieber Freund, so fühlt sie sich sicherer in ihrer Wahl. Es genügt weder dem Mann noch der Frau, daß sie zusammen guten Sex haben, sie müssen sich auch als Freunde sicher fühlen. Wenn Dinge vor dem Sex ausdiskutiert werden, können beide sich auf menschliche Werte stützen.

Ich rate Frauen, über all die Dinge zu sprechen, die ihnen und damit auch für den Mann wichtig sind. Wenn Ihnen Politik, Religion, ethische Fragen, Hobbys, kulturelle Dinge, Sport, die Größe der Familie, berufliche Ziele, körperliche Handicaps, die Folgen für die Beziehung haben könnten, zurückliegende Ehen und warum sie gescheitert sind, ein ernsthaftes Anliegen sind, über das Sie sprechen möchten, dann sollten sie es tun, ehe Sie zusammen ins Bett gehen. Vor einem warne ich Sie jedoch: Sprechen Sie nicht über Ex-Freunde oder vergangene sexuelle Erfahrungen. Ein Mann möchte seine Frau idealisieren.

Wenn ein Mann versucht, Sie dazu zu bewegen, mit ihm zu schlafen, versucht er nicht, Sie zu verletzen. Ein polygamer verheirateter Mann kann sowohl um seine Geliebte als auch um seine Frau besorgt sein, es ist aber in der Regel die Frau, an die er sich »fest gebunden« fühlt. Sie ist diejenige, die er »liebt«, körperlich, geistig und emotional. Seine Geliebte ist seine »Lust-Partnerin«. Männer heiraten zuerst mit dem Verstand und dann mit dem Körper, und Frauen zuerst mit dem Körper und dann mit dem Verstand.

Männer, die nur Sex wollen, fühlen sich für die Gefühle der Frauen *nicht* verantwortlich. Sie ist in ihren Augen für sich selbst verantwortlich. Und wenn sie sich auf Sex ohne jede Verbindlichkeit einläßt, so ist das ihr Verlust oder ihr Gewinn. Hinzu kommt, wenn eine Frau »Manns« genug ist, sich auf Gelegenheitssex einzulassen, daß maskuline Männer dann glauben, sie seien der Verantwortung enthoben, sich über Empfängnisverhütung oder mögliche Geschlechtskrankheiten Gedanken zu machen. In dem Fall steht jeder selbst seinen »Mann«, auch wenn einer von ihnen eine »Frau« ist.

Eine Frau, die sich zu einem Mann hingezogen fühlt, stellt sich wesentlich besser, wenn sie mit Sex wartet, bis sie eine Menge gehört hat, was wichtig für ihr Leben ist. Die Regel ist: Erst reden, dann berühren. Durch eine gute Kommunikation und Offenheit bei wichtigen Fragen wird für gewöhnlich eine Grundlage geschaffen, die sich auf Realitäten stützt. Stellen Sie sich folgende Fragen: »Mag« ich diese Person als Menschen? Könnten er und ich wirklich Freunde sein? Oder ist er in erster Linie ein Sexobjekt für mich?

Ich sage den Frauen in der Regel, sie müssen versuchen, das »Rätsel« bei einem Mann zu ergründen und die »Perle« in ihm zu finden. Das Rätsel ist: »Was geht in dieser Person vor? Mag ich das?« Die Perle ist: »Was ist das große Plus dieser Person? Humor? Ehrlichkeit? Intelligenz?«

Der beste Weg, eine schmerzliche Überraschung zu vermeiden, ist, daß Sie nicht nur auf Ihre Vorstellungskraft und Ihre Projektion, wie perfekt er ist, bauen, wenn Sie Ihren sexuellen Trieben folgen. Finden Sie heraus, wer er wirklich ist. Pathologische Lügner können perfekte Geschichten zusammenbasteln, auf die dann einige von Ihnen mit bösem Erwachen hereinfallen. Wenn Sie aus welchen Gründen auch immer unsicher sind, ob Sie ihm glauben können oder nicht, arrangieren Sie ein Treffen mit einer dritten Person, um vor ihr nochmals über Ziele und Pläne zu sprechen, ehe Sie sich auf Sex einlassen. Diese Person kann ein Freund oder eine Freundin sein, jemand aus Ihrer Familie, dessen Urteil Sie vertrauen.

Letzten Endes besteht das Leben jedoch aus einer Serie von Risiken. Sie machen Ihre Hausaufgaben, treffen Ihre Entscheidungen und müssen abwarten, was dabei herauskommt. Natürlich gibt es »Ratten« und »Betrüger« da draußen. Wenn Sie auf einen hereinfallen, suchen Sie schnellstmöglich Hilfe, damit Sie nicht an der Liebe und am Leben die Lust verlieren.

Oxytozin, das Liebeshormon

Warum brauchen feminine Frauen eine feste Beziehung, ehe sie sich auf Sex mit einem Mann einlassen? Weil feminine Frauen sich durch Sex binden, maskuline Männer jedoch nicht.

Sehr emanzipierte, sexuell aktive Frauen wie Leslie (die gleich in der ersten Nacht mit Mark schlief) glauben, daß sie aus sich heraus nach dem Sex die Kontrolle über ihre Emotionen bewahren können. Was sie dabei nicht berücksichtigen, ist, daß bei einer normalen Frau auch durch unverbindlichen Gelegenheitssex eine Bindung ausgelöst wird, die an eine körperliche Abhängigkeit grenzt. Dies wird durch das sexuell stimulierte Hormon Oxytozin bewirkt, das vor allem bei Frauen vorkommt und den Orgasmus auslöst. Der Klang seiner Stimme, sein Gesicht, die Berührung seiner Hände, sogar der Duft seines Rasierwassers werden alsbald sehr stark mit dem suchtartigen Vergnügen assoziiert, das durch das Oxyzotin geweckt wird und dafür sorgt, daß »sie« an »ihn« gebunden bleibt, auch wenn sie sich getrennt haben.

Sie kennen die Geschichte: Beim ersten Treffen war er passabel. Beim zweiten war er in Ordnung. Dann hatten Sie *phantastischen Sex!* Und jetzt können Sie den Gedanken nicht mehr ertragen, er könnte jemals wieder von Ihrer Seite weichen. Ihr Körper sagt Ihnen, daß Sie verliebt sind – obwohl Ihr Gehirn Ihnen sagt, daß er absolut nicht der Richtige ist für Sie. Was ist los? Das ist das *Oxytozin*.

Noch schlimmer ist, wie Dr. Marie Carmichael von der Stanford University feststellte, daß Frauen, die sexuell durch den Geschmack, die Berührung, den Anblick, den Geruch und die Stimme eines Mannes erregt werden, diesen Mann auf eine abhängige Weise lieben können, während der Mann physisch ungebunden bleibt.

Die Chemie sagte Leslie, daß sie den Richtigen getroffen hatte und entsprechend handeln sollte. Die Kompatibilität war etwas, was sie glaubte, manipulieren zu können, indem sie sich ganz und gar nach Marks Wünschen richtete. Sie verbog sich zu jemandem, der seine Bedürfnisse, Wünsche und Gefühle stets hinter die des anderen stellte, in der Annahme, daß, wenn sie dann wirklich seine Unterstützung brauchte, er sich liebevoll revanchieren werde. Mark war jedoch noch in dem Frauenbild gefangen, das er in seiner Kindheit erworben hatte, wonach Frauen wie seine Mutter gaben und gaben und kaum etwas zurückhaben wollten.

Was die Kommunikation anging, zog Leslie es vor, erst einmal durch Berührung die Körper sprechen zu lassen und das Reden auf später zu verschieben. Als dieses Später schließlich da war, war es dann jedoch zu spät, um zu sagen: »Wir sind wirklich zu verschieden und passen nicht zusammen«, weil sie sich bereits stark an Mark gebunden hatte und aus ihrer Abhängigkeit heraus litt, als Mark peu à peu anfing, sich zurückzuziehen. Sie bettelte ihn an und rannte ihm hinterher. Mark konnte demgegenüber weggehen und sich ohne viel Aufhebens mit einer anderen Frau einlassen.

Leslie brauchte über ein Jahr für die völlige Trennung von Marks Körper, bis ihr Oxytozin-Schub schließlich abgeklungen und ihre Bindung gelöst war. Es kann bis zu zwei Jahren dauern, bis diese Art der Abhängigkeit verschwunden ist. So daß ich Ihnen sehr nahelege, um Ihres eigenen körperlichen, geistigen und emotionalen Wohlbefindens willen, sehr darauf zu achten, mit wem und unter welchen Bedingungen Sie sich körperlich »einlassen«. Wenn Sie sich nicht vorher auf eine feste Beziehung verständigt haben, dann wird dies wahrscheinlich auch nachher nicht der Fall sein. Maskuline Männer, die von ihrem Gehirn her linksseitig orientiert sind, binden sich nicht durch Sex. Sie binden sich durch die Verbindlichkeiten, die sie eingehen und denen sie nachkommen.

Wenn ich von Verbindlichkeit spreche, so spreche ich in Wirklichkeit von einer Wahl. Und diese Wahl könnte ein Intermezzo von einer Nacht sein, eine Wochenendaffäre, eine »Sommerliebe« oder auch eine Beziehung mit einem verheirateten Mann. Hier wissen Sie aber wenigstens, wo Sie stehen, ehe Sie auf das Risiko einer einseitigen Bindung eingehen.

Wenn Sie von einem Mann verlangen, eine feste Beziehung mit Ihnen einzugehen, ehe Sie sich auf Sex einlassen, so heißt das nicht, daß Sie sodann ein Leben lang an ihn gebunden sind – oder er an Sie gebunden ist. Sie gehen dabei vielmehr beiderseits in gutem Glauben einen ehrlich gemeinten Kontakt ein, bei dem jeder von Ihnen zum dem Schluß kommen kann, daß Sie letzten Endes doch nicht füreinander bestimmt sind. Und diese Situation wird dann nicht von harten Gefühlen, sondern nur von einer natürlichen menschlichen Traurigkeit über einen verflossenen Traum bestimmt. Das Leben ist oft schmerzlich, es muß aber nicht verletzend sein. Wir bestimmen, ob unsere Reaktionen schmerzlich sind. Vernünftige Männer und Frauen wissen, wie sie mit zerplatzten Lebensträumen umgehen, ohne sich selbst und andere zu verletzen. Die Zeit heilt alle Wunden, wenn Sie vernünftig bleiben und nicht überreagieren.

Warum maskuline Männer sich nicht »so« wie feminine Frauen binden

Warum »haken« maskuline Männer sich nicht beim Sex »fest« und binden sich so wie Frauen? Weil Binden eine Erfahrung ist, die durch das Empfangen körperlichen Vergnügens herbeigeführt wird, und weil Frauen, obwohl Oxytozin bei Männern in gleicher Weise wie bei Frauen wirkt, empfänglicher für die damit verbundenen emotionalen Effekte zu sein scheinen. So wurde festgestellt, daß Frauen beim Geschlechtsverkehr größere Mengen Oxytozin produzieren als Männer, und daß bei Frauen ein höherer Oxytozin-Spiegel als bei Männern vorhanden sein muß, um zum Orgasmus zu kommen, was ebenso nachdrücklich Folgen für die Abhängigkeit hat.

Ein weiterer Grund, warum selbstbewußte, dynamische Männer sich nicht durch Körperlichkeit »binden«, ist darin zu suchen, daß sie sich mit ihrem von Logik und Testosteron bestimmten sowie handlungsorientierten Verhalten über ihre femininen Aspekte und ihre Gefühle hinwegsetzen. Nach gutem Sex sind sie bei ihrem Deal beim Niedrigstpreis angelangt. Den Deal kontrollieren und gegenüber seinen Mitbewerbern spielerisch (um Sie) mithalten zu können, ist für einen maskulinen Mann das eigentliche Vergnügen.

Im übrigen gibt es natürlich auch Männer, die sich durch Sex binden. Hauptsächlich »feminine« Männer, die eher gefühlsorientiert sind, von der rechten Hirnhemisphäre geleitet werden; ältere Männer, deren Testosteron-Spiegel abnimmt; Linkshänder, die neurologisch bedingt eher Zugang zu ihren Gefühlen haben; sowie Männer, die in erster Linie von Frauen erzogen wurden und durch sie gelernt haben, gefühlszentriert zu leben.

Wie Männer sich verlieben, und wie Frauen lieben

Nur ein maskuliner Mann verliebt sich; eine feminine Frau nicht. Sie teilt lediglich die Liebe, die sie für sich selbst empfindet. Das heißt, sie muß sich zunächst einmal selbst lieben. Eine Frau, die von ihrem Vater sehr geliebt wurde, kann sich selbst lieben. Wenn ein Mann ihr dann einen Antrag macht, kann sie überlegen, inwieweit und mit was er ihr Leben *bereichern* kann. Wenn sie allein besser über die Runden kommt, wird sie sagen: »Nein, danke.« Sofern er ihr Leben jedoch bereichern kann, teilt sie einfach die Liebe mit ihm, die sie für sich selbst empfindet. Und er belohnt sie für dieses Teilen mit einem besseren Leben.

Ein Mann kann sich nicht in eine Frau verlieben, die sich nicht selbst liebt. Eine Frau, die einen Mann mehr als sich selbst liebt, läuft Gefahr, in eine zwanghaft-besessene Abhängigkeit zu geraten, bei der sie sich völlig im Dienste seines narzißtischen Egos verliert. Das ist, kurz gesagt, die Frau, die alles für einen Mann tut.

Sally betete Larry an. Sie liebte es, Dinge für ihn zu tun, seine Wohnung zu putzen, Besorgungen für ihn zu erledigen, und sie beschwerte sich nie, wie sprunghaft er Verbindlichkeiten einging und sich dann doch nicht daran hielt. Das Problem war, Sally bekam nie etwas zurück.

Ich kenne so viele Frauen, die heiraten möchten, sich aber so *ver-*

halten, als suchten sie nur die Befriedigung des Augenblicks. Diese widersprüchlichen Botschaften sind für die Männer verwirrend: »Will sie mich nur, um ihren Körper glücklich zu machen? Oder möchte sie, daß ich sie zuerst kennenlerne, um entscheiden zu können, ob ich sie heiraten kann?«

Ein Mann projiziert ein tugendhaftes Bild auf die Frau, die er heiraten möchte. Wenn eine Frau an Tugendhaftigkeit verliert und sich mit einem Mann auf Gelegenheitssex einläßt, kann dieser Mann sie nicht mehr heiraten. Wenn ich es billig bekommen kann, dann können andere Männer es auch - das ist das Motto, von dem Männer sich in der Situation leiten lassen.

Früher geboten die Kirchen, die Eltern und die Gesellschaft den Frauen, tugendhaft zu sein. Als wir dann schließlich die Pille bekamen, rebellierten wir. Unsere Rebellion war richtig, nicht aber der Verlust unserer Tugend, der Männer vor der Ehe zurückschrecken läßt. Männer möchten mit Frauen verheiratet sein, die absehbarerweise keinen Sex mit anderen Männern haben.

Daß Männer sich in die ideale Seite einer Frau verlieben, ist mit dem natürlichen Drang zu erklären, ihr eigenes spirituelles Niveau zu erhöhen. Wenn ein Mann sich verliebt, hat er den Wunsch und ist bestrebt, ein besserer Mann zu sein. Analog dem Spruch: »Ein Mann ist ein Mann, bis er eine Dame trifft, dann wird er zum Gentleman.« Die Dame setzt den Maßstab, der von ihm verlangt, ein Gentleman zu werden und sie zu verwöhnen.

Bezeichnend für den Übergang eines Jungen ins Mannesalter ist, daß er aufhört, Frauen, Kinder und Tiere als Quellen für seine persönliche Befriedigung und sie statt dessen als Adressaten seiner mannhaften und liebevollen Großzügigkeit zu sehen.

Wenn Sie also immer noch glauben, Sie könnten einen Mann dazu bewegen, sich in Sie zu verlieben, indem Sie sich mit ihm auf Gelegenheitssex einlassen oder ihm Geschenke kaufen oder für ihn waschen, besinnen Sie sich lieber eines besseren. Alles, was Sie bekommen, ist ein Gespiele, der in keiner Hinsicht die Verantwortung übernimmt und den Sie solange haben, bis er die Dame trifft, in die er sich verliebt. Und sie wird diejenige sein, die sagt: »Keine Chance, José. Zuerst eine feste Beziehung, dann der Sex.«

Es ist die Verantwortung der Frau, das Bewußtsein der Männer von der konkreten Ebene des Geldes und der Sexualität, auf der er zu Hause ist, auf die spirituelle Ebene der Liebe und Beziehungen zu heben, auf der sie zu Hause ist. Wenn eine Frau das geschickt macht, wird der Mann sich nicht dagegen sperren, da Männer sehr logisch denken. Ob sie es zugeben oder nicht, Männer möchten, daß Frauen den spirituellen Maßstab in der Beziehung setzen. Sie wissen, wie man eine Frau aufs Kreuz legt, und sie wissen auch, daß es bei einer Beziehung nur zum Teil um Sex geht. Bei einer Beziehung geht es um Bindung, um Verlieben und darum, zu einem Team zusammenzuwachsen. Männer, die heiraten möchten, warten mit dem Sex, bis der Punkt der Verbindlichkeit in einer Beziehung erreicht ist.

Ein Mann kann sich nicht in eine Frau verlieben, weil sie sexy, reich, eine tolle Managerin oder Hausfrau ist. Er kann sich nur in ihre tugendhafte Seite verlieben, in die Seite, die nein sagen kann zu Gelegenheitssex, nein zu Leihgaben und nein zu einem Zusammenziehen ohne Verbindlichkeit.

Wenn eine Frau nun bereit ist, sich auf eine feste Beziehung einzulassen, muß sie oft feststellen, daß sie dazu bereit ist, ehe der Mann es ist. Es ist nicht leicht, einen redlichen Mann zu fangen, und die Frauen müssen Geduld haben. Und die können sie nur aufbringen, wenn sie fest in ihrer Liebe zu sich selbst verankert sind.

Die Männer sind sehr viel langsamer als wir. Nach dem ersten Rendezvous machen wir uns bereits Gedanken über unser Brautkleid, und sie versuchen, unseren Namen wieder richtig zusammenzubringen. Wir können von A gleich zu Z gehen, während Männer von A nach B denken.

Wenn ein maskuliner Mann sich hingibt und heiratet, wirft er sein Geld und seinen Status in die Waagschale und übernimmt nicht nur die Verantwortung für die Frau, sondern für jeden, den sie liebt. Merke: Ein guter Anfang garantiert fast immer ein gutes Ende.

Wie man eine feste Beziehung verlangt, ohne sie einzufordern

Eine feminine Frau muß eine feste Beziehung von einem maskulinen Mann *verlangen*, nicht einfordern, weil Einfordern männlich ist und maskuline Männer nicht positiv auf Forderungen reagieren. Wie »verlangen« Sie nun eine feste Beziehung? Sie warten, bis ein Mann Sie um Sex bittet und sprechen dann von Ihren negativen Gefühlen, was Gelegenheitssex angeht. Sagen Sie etwas wie: »Ich verstehe das als Kompliment. Es freut mich, daß du mich sexuell begehrenswert findest. Ich weiß aber, daß ich mich dadurch an dich binden wer(durch die Chemie, die dann zusätzlich ins Spiel kommt, und ich we nicht, ob es dafür nicht noch etwas früh ist.«

Damit haben Sie sich bei ihm bedankt, ihm zu verstehen gegeben, daß Sie interessiert sind, und nein gesagt, bis weiteres ausgehandelt wird.

»Durch was würdest du dich sicher fühlen?« fragt er dann vielleicht.

Und Sie antworten: »Ich möchte wissen, welche Ziele du für uns vor Augen hast, welche anderweitigen Liebesinteressen du vielleicht noch hast, und inwieweit wir uns regelmäßig sehen können. Ich bin zu einer festen, langfristigen Beziehung bereit, die, wenn alles gut geht, möglicherweise auf eine Heirat hinausläuft. Und du?«

Damit haben Sie ihm gezeigt, daß Sie eine verwundbare, sensible Frau sind, die sich selbst erst einmal mehr als ihn liebt. Und damit weiß er, daß Sie sich nicht auf Gelegenheissex einlassen, *aber* zu Sex bereit sein *könnten*, wenn vorher über die Punkte der Beständigkeit, Kontinuität und Ausschließlichkeit gesprochen und Einvernehmlichkeit erzielt wird.

Vielleicht sagt er sich dann: »Diese Frau kostet mich zuviel«, und zieht zur nächsten weiter in der Hoffnung, daß sie billiger zu haben ist. Ebensogut kann er aber auch sagen: »Warum hat sie sich nicht darauf eingelassen? Ich bin schließlich eine gute Partie.«

Wenn er das sagt, läßt er seinen Anker ein ganz klein wenig fallen und geht nochmals mit Ihnen aus. Sie schlafen auch dann noch nicht mit ihm, und jetzt fängt er an, Sie kennenzulernen und zu mögen. Wenn er dann seinen Anker immer etwas mehr fallen läßt, ist er dabei, »sich zu verlieben«.

Für einen Mann ist Verlieben gefährlich. Wenn er sich verliebt, wirft er seinen Verstand und Körper, sein Herz, seine Seele und sein Geld in die Waagschale. Ein Mann geht in der Regel nicht mehr als einmal in seinem Leben das Risiko ein, sich zu verlieben, weil er, wenn er sich absolut verliebt, sein Leben und seine Karriere aufs Spiel setzt. Denn wenn diese Beziehung scheitert, besteht die Gefahr, daß er auf der ganzen Linie sein Selbstvertrauen verliert, nicht nur privat, sondern auch auf der beruflichen Ebene. Mit dem Ergebnis, daß er Frauen so sehr mißtraut, daß er sich schwört, sich nie mehr zu verlieben. Und dieser Mann benutzt Frauen dann nur noch zu seiner persönlichen Befriedigung.

Es mag also durchaus im Interesse des Mannes sein, eine Frau zu finden, die sich mit ihm auf Gelegenheitssex einläßt. Was jedoch nicht Ihr Interesse sein kann, es sei denn, Sie sind »Manns genug«, sich »aufs Kreuz legen zu lassen«, was aber etwas völlig anderes als lieben ist. »Lieben« entspricht dem weiblichen Prinzip, wonach eine Beziehung auf Freundschaft aufgebaut und durch Sex zum Ausdruck kommt. »Aufs Kreuz legen« entspricht dem männlichen Prinzip einer gemeinsamen sexuellen Befriedigung mit einer netten Partnerin.

Eine sensible Frau, deren Ziel eine feste Beziehung ist, ist sich normalerweise intuitiv des Fehlers bewußt, den sie macht, wenn sie bei einem Mann, dessen Agenda sie nicht kennt, gleich »bis zum Letzten geht«, so daß sie vor Gelegenheitssex zurückschreckt, ohne überhaupt zu wissen, warum. Sofern sie sich dennoch über ihre natürlichen Befürchtungen hinwegsetzt und »aufs Ganze geht«, wird sie sich schon bald in einer schmerzlichen Beziehung wiederfinden, die alles andere als erfüllend ist.

Statt sich sexuell zu betätigen, sollten Sie lieber tanzen oder zur Massage gehen und etwas Sport treiben!

Judy, eine Innenarchitektin, nahm an einem meiner Seminare teil und gestand, daß sie eine Reihe lockerer sexueller Beziehungen hatte und reichlich litt, aber entschlossen war, diese ganzen Geschichten zu beenden.

Als sie schließlich bei einem Treffen, das Freunde arrangiert hatten, Tod, einen Mediziner, kennenlernte, war auf Anhieb eine Menge Chemie zwischen ihnen. Und mit fortschreitendem Abend stellten sie auch fest, wie vieles sie gemeinsam hatten. Sie hatten die gleiche Religion, einen ähnlichen sozioökonomischen Hintergrund, liebten die gleichen Filme und Bücher und lachten über die gleichen Witze. Das einzige, wo sie sich nicht einig waren, war, wie Judy am Ende des Abends feststellte, ihre Einstellung zur Monogamie. Tod gestand ehrlich, er habe zwar Lust mit ihr zu schlafen, aber nicht die Absicht, sich in den nächsten Jahren mit ihr oder irgendeiner anderen Frau auf eine festere Beziehung einzulassen. Judy zog es vor, Tods Einladung ins »Bett« abzulehnen. Sie wurden statt dessen Freunde. Sie bewahrte ihren Kopf und Körper vor Wirrnissen und sich damit die Freiheit, einen Mann kennenzulernen, der sich eine feste Beziehung wünschte. Und sie lernte ihn schließlich kennen.

Wenn »nein« sagen schmerzlich ist

Als Cathy durch eine Freundin Neal vorgestellt wurde, funkte es sofort. Und zu Cathys heller Freude ließ Neal alsbald durchblicken, daß er eine feste Beziehung suchte, wenn er nur die Richtige fände.

Neal drängte Cathy jedoch bereits nach ihrem zweiten Treffen, mit ihm ins Bett zu gehen. Obwohl sie sich so sehr zu ihm hingezogen fühlte, daß sie in seinen Armen förmlich dahinschmolz, sagte sie ihm, wie sie zu »Gelegenheitssex« stand, und daß für sie schon einiges erfüllt sein mußte, ehe sie zur »körperlichen Liebe« bereit war.

Neal sagte ihr dann offen, es sei undenkbar für ihn, sich mit ihr auf Verbindlichkeiten einzulassen, ohne zu wissen, ob sie auch im Bett zueinander paßten. Die Spontaneität guten Sexes mit der »richtigen« Frau, erklärte er ihr, sei bei ihm die Voraussetzung für Verbindlichkeiten. Obwohl er sie sehr mochte, wie er versicherte, waren ihre »Bedingungen« für seinen Geschmack jedoch zu berechnend.

Am nächsten Tag war Cathy voller Selbstzweifel und fürchtete, Neal werde sich nicht mehr bei ihr melden. Obwohl sie fest entschlossen war, an ihren Bedingungen festzuhalten, war es doch schmerzlich für sie, nein zu sagen, wie sie mir erzählte.

Ich half ihr, sich bewußt zu machen, daß der Verlust eines Mannes, der das Weite sucht, wenn sie nein sagt zu Gelegenheitssex oder zu anderen Ansprüchen, wie sie sich zu »verhalten« hat, zwar schmerzlich sein kann, aber niemals verletzend ist. Verletzend für eine Frau ist es, wenn sie sich selbst ganz gibt und feststellt, daß es immer noch nicht genug ist.

Beziehungen kosten ihren Preis. Lockere Begegnungen und Gelegenheitssex kosten pragmatisch weniger; beidem fehlt jedoch die verbindliche Intimität, die wir uns *möglicherweise* in unserem Leben wünschen. Und beides kann emotional die Frau teuer zu stehen kommen, die sich dabei bindet.

Es ist nicht der Orgasmus als solcher, sondern die dahinterstehende *Absicht* (der festen Beziehung), die zählt. Der Liebesakt ist im umfassenden Sinne »befriedigend«, wenn zwei Menschen sich verbindlich aufeinander einlassen wollen und damit ihre bereits bestehende Freundschaft um den Aspekt der sexuellen Erfüllung *bereichern*. Wenn die dahinterstehende Absicht a priori jedoch nur in der »Erfüllung oder Befriedigung« körperlicher Bedürfnisse besteht und eine feste Beziehung nachrangig ist, so wird damit ein Ton vorgegeben, der alles andere als romantisch ist.

Die Romanze ist in Wahrheit eine Frage der gegenseitigen Erwartung. Die Romanze hat zwischen den Ohren, nicht zwischen den Beinen ihre Wurzeln. Romanze ist Werben, nicht Verabredungen treffen. Romanze heißt »Liebe machen«, nicht Sex haben. Romanze ist eine Verbindlichkeit, ein Willensakt zwischen zwei Menschen.

Es ist leicht, einen »Sex«-Partner zu finden. Ich möchte Ihnen jedoch helfen, daß Sie jemanden finden, mit dem Sie »Liebe machen« möchten und der mit *Ihnen* »Liebe machen« möchte und der bereit ist, sich verbindlich auf den Prozeß einzulassen, ehe er entsprechend belohnt wird.

Die körperliche Liebe setzt die Fähigkeit und Bereitschaft zu Intimität voraus. Um Intimität aufzubauen, müssen Sie Ihre Wünsche und Gefühle verbal mitteilen. Sie müssen lernen, sich mitzuteilen und zu verhandeln, ansonsten werden jene Manipulationen und Spielchen in Gang gesetzt, die letztlich das zerstören, was Sie an gemeinsamer Plattform haben.

Ich glaube, ich biete Cathy, die ja die »weibliche Energie« in einer Beziehung sein möchte, eine zweite Chance, wenn ich ihr rate aufzuhören, einem Mann gegenüber großzügig zu sein, ihn zu beschützen und zu verwöhnen, selbst wenn das heißt, daß sie ihn »verliert«. Als sie nein zu Gelegenheitssex mit Neal sagte, der ein maskuliner Mann war, hatte *er* zwei Wahlmöglichkeiten. Er konnte entweder mit Gelegenheitssex mit einer maskulinen Frau vorliebnehmen oder einen anderen Weg mit Cathy ausprobieren, den, der zu Intimität und einer festen Beziehung führt.

Sofern Neal sich für ersteres entschied, war Cathy zumindest schadlos davongekommen.

Wie Männer Frauen testen

Wie Neal testen viele maskuline Männer die Frauen, zu denen sie sich hingezogen fühlen, um festzustellen, ob sie bereit sind, sie körperlich zu »bemuttern«. Sie suchen keine Frau, die sie wie eine »gebende« Mutter liebt. Sie brauchen eine Frau, die sie als ichbezogene und empfangende feminine Frau mag – bis beide sich Sex wünschen, als Mittel, sich zu binden und zu lieben und damit alle anderen Beziehungen hinter sich zu lassen.

Ein Mann ist ein Mann. In der einen Minute ist er ein polygames Tier und in der nächsten ein Mensch. Eine Frau muß ihn dazu bewegen, diese beiden Aspekte harmonisch miteinander zu verbinden. Und das kann nur eine Frau, die genügend Selbstvertrauen hat und soweit mit sich in Einklang ist, daß sie ihm Sex verweigert, bis sie sich seiner sicher sein kann. Denn dieses Gefühl der Sicherheit und Geborgenheit erlaubt es ihr, sich dem Mann wirklich hinzugeben, der ihr zeigt, wie sehr er sie begehrt, und daß er bereit ist, dafür freiwillig seinen Trieb zu unterdrücken, mit vielen Frauen sexuelle Beziehungen zu unterhalten.

Natürlich wird ein Mann versuchen, Sie zu überreden und umzustimmen, wenn Sie nein zu Gelegenheitssex sagen. Sein »Kopf« sagt ihm zwar, daß er das nicht tun sollte, aber seine »Natur« drängt ihn, Ihren Widerstand zu brechen, damit »seine Bedürfnisse befriedigt« werden.

Die Lust zieht uns zu jemandem hin, den wir vielleicht mögen und am Ende lieben. Wenn ein Mann alleine auf die Lust setzt, *schaltet* er damit den Aspekt der Zuneigung und Liebe *aus*. Denn tief in seinem Innern weiß er, daß er der Frau, bei der ein kleiner Anstoß genügt, um sie ins Bett zu bekommen, nicht im Sinne der tugendhaften und idealen Frau vertrauen kann, die er heiraten und mit der er alt werden möchte. Er weiß, daß ihr Selbstwertgefühl auf so tönernen Füßen steht, daß sie leicht manipuliert und benutzt werden kann, was in ihm dann wiederum Abscheu oder Schuldgefühle weckt. Oder er weiß, daß sie versucht, ihn mit ihrem verführerischen Geben zu kontrollieren.

Weder das eine noch das andere funktioniert.

Wenn eine Frau Sex »gegeben« hat, nur um dann festzustellen, daß das für die Art und Weise, wie der Mann mit ihr umgeht, kaum einen Unterschied macht, fühlt sie sich oft benutzt und mißbraucht. Und sie leidet, ist wütend und haßt die Männer. Derartige Gefühlswirrnisse und daß Sie sich am Boden zerstört fühlen, können Sie vermeiden, indem Sie *nein* zu Gelegenheitssex sagen, es sei denn, Sie möchten nichts anderes.

Wenn Sie nein zu Gelegenheitssex gesagt haben, und er läßt nichts mehr von sich hören

Wenn Sie nein zu Gelegenheitssex bei einem Mann gesagt haben, den Sie mögen, und Sie haben sich im übrigen für die weibliche Energie entschieden, dann müssen Sie in den sauren Apfel beißen und im Zweifel acht Wochen warten, bis er sich wieder meldet.

Sie erinnern sich: Ein normaler, rechtshändiger, verstandesorientierter Mann braucht vier bis acht Wochen, um sich einzugestehen, daß Sie ihm fehlen. Was eine emotional wichtige Entscheidung nach sich zieht, bei der sowohl die logische linke Hirnhemisphäre als auch die gefühlsorientierte rechte Hirnhemisphäre eingeschaltet wird. Erstere fragt: »Liegt mir genug an ihr, um sie nochmals anzurufen?« Und letztere meint: »Ich vermisse sie. Sie ist wirklich nett und sexy. Soll ich sie noch mal anrufen?«

Wenn er nach zwei bis vier Wochen anruft, heißt das, daß er im Prinzip für eine feste Beziehung bereit war und nur noch etwas Zeit brauchte, um sich über einige Dinge klar zu werden. Viele Männer können problemlos vier Wochen hinter sich bringen, ohne sich bei der Frau zu melden, an der ihnen durchaus etwas liegt. Meldet er sich nach sechs Wochen, so hat er eine rationale, männliche Entscheidung getroffen. Acht Wochen sind jedoch der kritische Punkt. Wenn er innerhalb dieser Zeitspanne nicht angerufen hat, hören Sie auf zu warten, und setzen Sie auf andere Männer und andere Erfahrungen.

Ein Mann wie Neal, der es nicht gewohnt ist, sich bei einer Frau eine Abfuhr zu holen, die sich offensichtlich sexuell zu ihm hingezogen fühlt, kommt nicht umhin, sich mit der Zeit mit bestimmten Fragen auseinanderzusetzen:

F.: »Warum war Cathy anders als die anderen?«
A.: Weil sie ihre Grundsätze hat und nicht bedürftig ist.«

F.: »Hätte ich etwas besser machen können, um sie zu ›erobern‹?«
A.: »Vielleicht. Vielleicht versuche ich's noch mal.«

F.: »Wie soll ich damit umgehen, daß ich abgeblitzt und ›gescheitert‹ bin?«
A.: »Abhaken. Sie bedeutet mir nichts. Andere sind leichter zu haben und besser.«

Oder:

»Ich merke, wie sie mich durcheinanderbringt, weil ich ständig an sie denke, und ich will diesen Zustand beenden.«

Oder:

»Ich rufe sie in sechs bis acht Wochen an und versuche es noch einmal.«

Oder:

»Ich weiß, daß Cathy eine patente Frau ist, und daß ich mich ihr hingeben und in eine feste Beziehung einwilligen muß, um sie zu bekommen.«

Wenn Neal sie anriefe und um ein Wiedersehen bäte, signalisierte er damit, daß jetzt die Zeit des »Werbens« angesagt und die des losen Geplänkels vorüber wäre. Aber wie auch immer, aller Wahrscheinlichkeit nach würde er Cathy in jedem Fall als die Frau in Erinnerung behalten, die sich selbst genügend liebte, um »Bedingungen an den Käufer zu stellen« – und auf einer tieferen Ebene wird er diese Tugend zu schätzen wissen.

Ich habe festgestellt, daß Männer durchaus Schuldgefühle wegen ihren lockeren sexuellen Beziehungen haben, die für sie aber eine gewisse Ähnlichkeit mit Kartoffelchipsessen haben – nach einem Chip kann man nicht mehr aufhören. Sex-Sucht *ist* ein Problem für Männer in dieser Welt mit freizügigen Frauen, die mit Sex und Geld herummanipulieren, um sich die Liebe (Lust) eines Mannes zu »kaufen«.

Der Haifischkäfig

Während Cathy ihre »acht Wochen« wartete, erfuhr sie, daß Neal noch mit zwei anderen Frauen ein sexuelles Verhältnis hatte. Und ihr war klar, hätte sie an jenem Abend ja gesagt, dann wäre sie nur eine weitere Frau in seinem Harem gewesen.

Aber sie war verwirrt. Welche Art von Mann war Neal eigentlich? Er war ihr so nett und aufrichtig vorgekommen. Und die große Frage für sie war jetzt: Wenn er tatsächlich anriefe, sollte sie dann mit ihm ausgehen?

Ich sagte Cathy, Neal sei in meinen Augen einfach ein ganz normaler »Mann«, der Auskünfte über sein Privatleben zurückhielt, weil es keine Verpflichtung gab, Informationen zu verbreiten, die allenfalls dazu angetan wären, jede Aussicht, bei ihr anzukommen, von vornherein zu vereiteln. In Wahrheit hatte Neal einige jener anderen Frauen in seinem »Harem« jedoch satt und wünschte sich eine neue Beziehung. Er sagte zwar, er wünsche sich eine intime, dauerhafte Beziehung, wählte aber den nicht intimen Weg, um sie zu finden, nach dem Motto: »Genitalien an erster, das Herz an zweiter Stelle.

Männer versuchen Frauen weiszumachen, daß »er« genauso liebt, wie »sie« liebt. *Das tut er nicht!* Viele Frauen tun so, als sei es die Verantwortung des Mannes, der Frau zu helfen, eine Frau zu sein. Aber die Natur des Mannes diktiert ihm, dafür zu sorgen, daß seine Bedürfnisse befriedigt werden. Und wenn eine Frau bereit ist, ihm »nachzugeben«, warum sollte er das nicht annehmen?

Wenn wir ihn *vorher* fragen, erfahren wir vielleicht etwas über seine »anderen Frauen« und können uns entsprechend verhalten. Verzichten wir darauf, so wird er die *Informationen nicht von sich aus anbieten*. Warum sollte er auch?

Ich sage oft, maskuline Männer sind wie Haie, die bekanntlich nie schlafen. Sie sind ständig in Bewegung und auf der Suche nach ihrem nächsten Opfer. Kleinen Mädchen muß beigebracht werden, nicht ins Wasser zu gehen und mit ihnen zu spielen. Selbst gute Taucher gehen nicht ungeschützt in die Tiefe. Sie verwenden Haifischkäfige. Und Sie brauchen auch einen Haifischkäfig.

Man kann einen Haifisch nicht fangen, solange er nicht »beruhigt« ist. Er wittert den Käfig und macht sich davon. Mit meiner Strategie können Sie dem Haifisch den Käfig zumindest offen zeigen und ihn einladen hereinzukommen.

Cathys und Neals Geschichte war übrigens noch nicht beendet. Sechs Wochen später spazierte er bei ihr durch die Wohnungstür. Er hatte sie angerufen und um eine Verabredung gebeten. Womit die Periode des »Werbens« eingeläutet wurde, die sie nutzten, um einander kennenzulernen, ohne Sex, bis er sich mit Cathy »sicher« genug war, um seinen »Harem« aufzugeben und eine feste Beziehung mit ihr einzugehen.

Der Unterschied zwischen Werben und lockeren Verabredungen

Ein Mann unterscheidet zwischen »Werben« und »lockeren Verabredungen«. Wenn er um eine Frau wirbt, hat er eine Partnerschaft vor Augen, eine verbindliche, langfristige, monogame Beziehung, zu der eine Heirat gehören kann oder auch nicht.

Werben heißt für ihn, daß er eine Frau ausgemacht hat, die er sich intuitiv als seine Geliebte, seine Frau und als Mutter seiner Kinder vorstellen kann. Wie ein stolzer Pfau versucht er, all seine Herrlichkeit zu entfalten, um sie für sich zu gewinnen. Die Bereitschaft zu einer festen Beziehung hat er bereits, ehe er sie kennenlernt. Wenn er sie sieht, fühlt er sich als erstes von ihrer äußeren Schönheit angezogen: Sie gefällt ihm. Dann beginnt er, sie zu »verfolgen« – mit Verabredungen, Telefonanrufen und kleinen Gesten der Zuneigung in Form von Blumen, Karten und Geschenken. Er verzichtet oft auf den Versuch, sie allzu schnell ins Bett zu bekommen, aus Achtung vor ihrer vermeintlichen höheren Moralität. Er ist geduldig und nimmt sich die Zeit, es »richtig zu machen«.

Eine Frau, die sich mit einem Mann trifft, der langsam mit seinen sexuellen Avancen ist, macht einen großen Fehler, wenn sie ihn fragt, ob er schwul sei, oder selbst zum sexuellen Angriff übergeht. *Ihr* Vorstoß mag dann zwar zu Sex führen, daß sie die sexuell Aggressivere ist, wird längerfristig von dem Mann dann jedoch oft als abstoßend empfunden, oder es hat zum Ergebnis, daß er sein romantisches, idealisiertes Werben beendet. Aggressives sexuelles Verhalten von seiten der Frau kann zu einer rein sexuellen Beziehung oder auch dazu führen, daß die Beziehung beendet wird. Was daran liegt, daß, sobald Sex ins Spiel kommt, auch eine Form der Besitzgier ins Spiel kommt, die sich in dem Fall nur auf das minimale Wissen stützt, das beide von der wahren Persönlichkeit des jeweils anderen haben.

Ich weiß, es ist hart zu warten, besonders wenn die körperliche Anziehung sehr stark ist und Sie sich bisher in jedem einzelnen Punkt an meine Regeln gehalten haben. Aber Sie müssen warten.

Ann, eine konservative Frau und Geschäftsführerin eines Vereins, suchte eine feste Beziehung. Sie hatte aber kein Glück, bis sie in meine Seminare kam, lernte, wie sie zu flirten und ihre Weiblichkeit zu »verpacken« und zu »vermarkten« hatte, und nach meinen Instruktionen auch ihre Pflicht-Treffs absolvierte. Schließlich lernte sie Greg, einen stillen, netten Mann und Besitzer einer Buchhandlung kennen.

Die ersten zwei Monate ihrer Perfekten Phase verliefen ausgezeichnet, allmählich machte Ann aber Gregs Langsamkeit zu schaffen. Er brauchte Monate, bis er sich ihr sexuell näherte. Dennoch hielt Ann auf mein Drängen hin durch und verzichtete darauf, ihn um mehr Zärtlichkeit, Liebe oder um Sex zu bitten. Sie gingen am Ende zusammen ins Bett, hatten jedoch keinen Geschlechtsverkehr, weil Greg den Start noch immer nicht freigab: Beständigkeit, Kontinuität und Ausschließlichkeit.

Monatelang schliefen Ann und Greg nebeneinander im Bett, ohne

Sexualität zu haben. Er bat sie, seine Familie kennenzulernen, die in einem anderen Bundesstaat lebte, und sie hatte im Nu bei seiner vitalen Mutter und seinem netten Vater und Bruder einen dicken Stein im Brett. Nicht lange nach dieser Reise machte Greg ihr einen Heiratsantrag, und sie hatten Sex. Anns Geduld zahlte sich schließlich aus. Heute sind sie und Greg glücklich verheiratet und Eltern einer kleinen Tochter. Greg wünschte sich eine »Lebensgefährtin« und nahm sich die Zeit, die Richtige zu finden. Es gibt zwar viele Männer wie ihn da draußen, die auf »Werben« und nicht auf »lockere Verabredungen« eingestellt sind, das Problem für die meisten Frauen ist jedoch, daß von außen betrachtet der Mann, der werben will, und der Mann, der nur lockere Verabredungen sucht, sich zunächst einmal gleich verhalten. Er sagt, was gesagt werden muß, um Sie zu überzeugen, daß er dahin mitmarschiert, wo Sie hinmarschieren – in der Regel wohl in die Richtung einer festen Beziehung und Ehe.

Wenn ein Mann lügt, so werden Sie das binnen *Tagen* wissen, weil er sich schuldig fühlt, daß er Sie benutzt, und mit seinen wahren Absichten herausrücken wird. Sie werden also nicht allzuviel Zeit und Energie verloren oder sich sexuell zu stark an ihn gebunden haben.

Psychopathen und Kriminellen gelingt es im Vergleich zu normalen Männern länger, Frauen zu benutzen und zu mißbrauchen. Aber Ihre Intuition wird Ihnen am Ende sagen, woher der Wind weht, und Sie kommen da heraus, wahrscheinlich mit einem lädierten Ego und wesentlich weniger Geld.

Wenn Sie Gelegenheitssex haben

Sie haben sich also schon auf Sex eingelassen, und jetzt lesen Sie dieses Buch und merken, daß Sie einen Fehler gemacht haben. Was nun?

Als erstes schlagen Sie Ihre Beine übereinander und sagen ihm, daß der Sex einstweilen passé ist, bis er in eine feste Beziehung einwilligt.

Sagen Sie: »Ich habe einen Fehler gemacht. Ich habe mich auf Gelegenheitssex mit dir eingelassen und dadurch mit dazu beigetragen, daß unsere Beziehung ein Niveau hat, das ich nicht möchte. Und ich möchte das nicht fortsetzen. Ich verstehe, wenn du jetzt vielleicht einen Rückzieher machst. Aber ich brauche ab jetzt die Beständigkeit,

Kontinuität und Ausschließlichkeit in der Beziehung mit dir – das war's.«

Sie sagen das, weil Sie es meinen, und weil Sie sich einen Mann wünschen, der das gleiche wie Sie möchte. Darunter ist nichts mehr akzeptabel.

Während eines Workshops in Los Angeles meldete Jennifer sich zu Wort und erzählte von ihrer Beziehung mit Michael. Alles war großartig, abgesehen von einem einzigen Punkt: Michael war nicht bereit, sich auf etwas Dauerhaftes in Richtung Ehe und Kinder festzulegen. Was sollte sie tun? Ich sagte ihr geradeheraus: »Ganz einfach. Drehen Sie den Hahn zu! Kein Sex mehr! Und dann werden Sie sehr bald wissen, welche Absichten er wirklich hat.«

Jennifer folgte meinem Rat und sagte Michael, sie habe einen Fehler gemacht und sei nicht bereit, weiterhin ohne jede Verbindlichkeit mit ihm zu schlafen. Bei Anwendung meiner Strategie machen Männer erfahrungsgemäß entweder sehr schnell einen Rückzieher, oder sie halten lange durch, und meine Erfolgsquote von Paaren, die zusammenbleiben ist sehr hoch, was zum Teil damit zu erklären ist, daß so beiden unmißverständlich klar ist, was von ihm erwartet wird, ehe sie sich wirklich binden.

Jennifer durfte glücklicherweise feststellen, daß der Mann sie liebte und zu einer festen Beziehung bereit war. Einen Monat später kam sie mit Michael zusammen in den Workshop – mit einem Verlobungsring am Finger und einem Hochzeitstermin in der Tasche.

Aber nicht jede Frau, die nein sagt, erhält so schnell eine so befriedigende Antwort wie Jennifer.

Lisa kam in eines meiner Seminare und erzählte: »Ich bin jetzt seit sechs Monaten fest mit Edward, meinem Freund, zusammen. Und wir streiten uns in letzter Zeit sehr viel, weil ich aus unserem Verhältnis gerne eine feste Beziehung machen möchte. Ich weiß, wenn ich nicht mehr mit ihm schlafe, wird er sich mit anderen Frauen einlassen. Er sagt, wir können Freunde bleiben, und vielleicht würde ja später noch was aus uns. Was soll ich tun?«

Ich sagte Lisa, daß diese Freundschaft, die ihr Freund wollte, ein Kontakt ohne erotische Spannung sei, und daß sie dazu *nein* sagen müsse, weil selbst bei Treffen auf einer »freundschaftlichen« Basis das Verhältnis im Prinzip fortgesetzt werde. Ihn zu sehen oder auch nur seine Stimme auf dem Anrufbeantworter zu hören, würde auf ihrer Seite bewirken, daß ihre Bindung an ihn fortbestünde. Und für seinen Teil würde eine solche Regelung bedeuten, daß er sich daran gewöhnen würde, sie und andere Frauen zu benutzen und sie jeweils abrufbereit verfügbar zu halten. Außerdem, so sagte ich ihr, werde sie zu sehr leiden, wenn sie sich mit ihm träfe und wüßte, daß er mit anderen Sex habe, und sie sollte sich in keinem Fall darauf einlassen.

Oft ist es natürlich so, wenn Sie einem Mann Ihre Bedingungen sagen, daß er sich das Ganze anhört, aufsteht und verschwindet. Und Sie glauben, den Schmerz kaum aushalten zu können. Sie können nichts mehr essen, oder Sie stopfen in Ihrem Elend übermäßig viel in sich hinein. Sie reden und reden, weinen und schreien. Aber es gibt nichts, was Sie tun können, außer *acht Wochen zu warten*.

Marilyn hatte seit sechs Jahren ein Verhältnis mit Leon. Jeder hatte zwar seine eigene Wohnung, aber es gab kaum eine Nacht, die sie nicht zusammen verbrachten. Marilyn war bereit zu heiraten, Leon wollte jedoch den Status quo beibehalten.

Eines Tages hatte Marilyn die Nase voll: Genug ist genug. Entweder heiraten wir, dachte sie, oder es ist vorbei. Das sagte sie Leon dann auch am Abend, und er reagierte, wie sie es nicht anders erwartet hatte: »Du hast recht, Marilyn. Ich bin noch nicht soweit, daß ich bereit wäre zu heiraten, und ich möchte dir bei deinem Ziel aber nicht im Wege stehen.«

Sie trennten sich unter Tränen und umarmten sich zärtlich zum Abschied, und beide glaubten, ihre langjährige Beziehung sei damit endgültig beendet. Marilyn wußte, was sie tat, mußte sie für sich selbst tun, dennoch war der Schmerz kaum auszuhalten.

Die Wochen vergingen, und Marilyn versuchte, wenn es auch nicht leicht war, ihrem Leben nachzugehen, neue Verbindungen zu knüpfen und das Vakuum zu füllen, das Leon in ihrem Leben hinterlassen hatte. Sie dachte sehr viel an ihn, begann nun peu à peu aber auch, mit anderen Männern auszugehen. Und: Zu ihrer Überraschung rief er exakt acht Wochen, nachdem sie sich getrennt hatten, an.

»Ich habe einen Fehler gemacht«, sagte er. »Du bist für mich unersetzlich, und ich möchte nicht ohne dich leben. Willst du mich heiraten?«

Marilyn verschlug es die Sprache. *Nie* hätte sie mit diesem Anruf gerechnet, aber sie platzte fast vor Freude. Sie nahm Leons Antrag an. Sie sind inzwischen seit zehn Jahren glücklich verheiratet und stolze Eltern zweier Kinder.

Marilyns Geschichte ist nicht ungewöhnlich. Viele maskuline Männer oder Dickköpfe müssen erst den Schmerz des Verlustes erfahren, ehe sie darauf kommen, daß sie gerne heiraten möchten.

Und nochmals acht Wochen

Ich möchte nochmals betonen, daß dies eine kritische Zeit ist, in der ein falscher Schritt Ihrerseits Ihre schmerzliche Bindung an den falschen Mann unnütz verlängern kann. Entscheidend ist also, daß Sie genau verstehen, was hier abläuft.

Ein Mann braucht, wie gesagt, ungefähr acht Wochen, um zu einer Entscheidung zu kommen. Vier Wochen kommt er mit seinen Terminen und seiner Arbeit in der Regel mehr oder weniger problemlos über die Runden. Dann meldet sich zunächst einmal die Logik seiner linken Hirnhemisphäre zu Wort, um lakonisch festzustellen: »Wer braucht hier wen? Ich entscheide, wie die Dinge zwischen uns laufen. Ich lasse mich von keiner Frau ans Gängelband nehmen!«

Wenn er in Sie verliebt ist und Sie nicht nur für Sex braucht, aber bisher nicht »wußte«, daß er in Sie verliebt ist, wird er Sie nach sechs bis acht Wochen so sehr vermissen, daß er vielleicht anruft und Sie bittet, »Freunde« zu bleiben.

Lassen Sie sich nicht darauf ein! Dadurch wird lediglich Ihre Oxytozin-Bindung neuerlich belebt. Rufen Sie nicht bei ihm an, um seine Stimme auf seinem Anrufbeantworter zu hören, und hören Sie sich ebensowenig seine Stimme an, wenn er auf Ihrem eine Nachricht hinterläßt. Und ändern Sie die Ansage auf Ihrem Gerät. Lassen Sie das Band von jemand anderem besprechen, so daß er sich umgekehrt auch nicht Ihre Stimme anhören und als Überbrückungshilfe nutzen kann, um noch länger nichts von sich hören zu lassen. Sie dürfen ihn weder schmecken, berühren, riechen, sehen noch hören, oder Sie riskieren, daß er die ihn zunehmend unter Druck setzenden Trennungsängste verliert. Lassen Sie zu, daß das Band immer weiter gedehnt und überdehnt wird.

Rufen Sie ihn nicht unter irgendeinem Vorwand an. Wenn Sie geduldig sind, können Sie Ihr impulsives Bedürfnis, eine Verbindung mit ihm aufzunehmen, kontrollieren, ehe die acht Wochen vorbei sind. Wenn Sie anrufen, verlieren Sie, und er gewinnt. Sex ist alles, was Sie bekommen. Und Sie werden es lernen, einander zu hassen.

Wenn Sie demgegenüber nicht anrufen, wird er von selbst dahinterkommen, wenn seine rechte Hirnhemisphäre den Schmerz *fühlt*, warum er leidet. Er vermißt Sie. Sie sind nicht zu ersetzen. Und er muß es noch einmal mit Ihnen versuchen, was ihn veranlaßt, Sie anzurufen und Ihnen zu gestehen, daß er in Sie verliebt ist und sich eine feste Beziehung mit Ihnen wünscht.

Sofern er innerhalb von acht Wochen jedoch nicht anruft, dann *ist es vorbei.* Rappeln Sie sich auf, fangen Sie mit Pflicht-Treffs an, machen Sie sich schön, und lesen Sie Ratgeber, die Ihnen vielleicht weiterhelfen können, und nehmen Sie Ihr Leben als alleinstehende Frau wieder in die Hand. Nach einer längeren Beziehung kann es bis zu zwei Jahren dauern, bis Sie darüber hinweg sind. Verkriechen Sie sich also nicht untätig. Eine neue Liebe wird Ihnen schneller über alles hinweghelfen.

Geben Sie nicht auf

Geben Sie nicht auf, auch wenn Sie eine mißliche oder schmerzliche Erfahrung gemacht haben. Lesen Sie dieses Buch sorgfältig, es zeigt Ihnen, wie Sie eine glückliche feste Beziehung finden können. Und beherzigen Sie die Anleitungen Schritt für Schritt.

Viele Männer haben aufgegeben und in punkto Liebe kapituliert und bescheiden sich mit Gelegenheitssex. Machen Sie sich statt dessen nochmals Ihre Ziele klar, wahren Sie Ihre Integrität, sorgen Sie für Ihr körperliches Wohlbefinden und psychisches Gleichgewicht. Und wann immer Sie versucht sind, einem Mann Sex zu geben, ehe er Ihnen die Verbindlichkeit einer Beziehung gibt, sollten Sie sich sagen:

»ICH VERSPRECHE, UM MEINES EIGENEN UND UM SEINES SEELENHEILS WILLEN, NIE EINEN MANN MEHR ZU LIEBEN ALS MICH SELBST.«

Warum sollte er sich durch eine feste Beziehung binden?

Die Frauen behaupten, die Männer seien heutzutage bindungsunwillig. Ich behaupte, die Frauen sind es, und sie erlauben es den Männern, es ihnen nachzutun. Warum sollte ein maskuliner Mann sein Junggesellendasein mit all seinen Freiheiten einschränken, um die Verantwortung für eine selbständige Frau und ihre Kinder zu übernehmen? Und es nicht vorziehen, sein Geld für sich und seinen Spaß zu investieren, solange er Sex so billig bekommen kann? Egozentrische Lebemänner verkehren mit selbstzufriedenen, selbstlosen

Frauen, die ebenso gerne spielen und locker mit ihren Beziehungen umgehen wie sie selbst.

Viele Männer fühlen sich kastriert und verhalten sich nicht mehr wie »Männer«, die um die beste Sexpartnerin kämpfen und konkurrieren. Die wenigen Herausforderungen, die ihnen verblieben sind, beschränken sich im wesentlichen darauf, daß sie sich Sportereignisse anschauen und mühselig versuchen, die Karriereleiter hochzuklettern, aber selbst da wird ihnen inzwischen ihr Terrain von vielen Frauen streitig gemacht, die *männlicher* sind als sie.

Geschniegelt mit Anzug und Krawatte sitzen sie jeden Tag Stunden in ihrem Wagen fest, um sich zu einem Büro durchzukämpfen, wo dann oft eine Frau das Regiment führt, so hart und abgebrüht, daß selbst ein hartgesottener Mafiosi vor ihr zurückschrecken würde. Und nach der Arbeit wird von dem Armen dann verlangt, daß er dem liebreizenden Frauchen in Liebe ergeben ist und sie heiratet, damit er für sie und die Kinder arbeiten kann, selbst wenn sie ihn nicht einmal genügend achtet, um ihm die Führungsrolle zu überlassen, weil sie sich schließlich von der »Vorherrschaft der Männer« emanzipieren muß.

Kein schönes Bild. Und es hat dazu beigetragen, daß viele Männer ein Leben ohne feste Beziehungen vorziehen. Hier muß das Gleichgewicht eines fairen Handels von »Respekt gegen Verwöhnen« wiederhergestellt werden, jener Handel zwischen Männern, die respektiert werden wollen, und Frauen, die verwöhnt werden möchten. Wir sollten den Frauen beibringen, wie sie sich verwöhnen lassen können, indem wir ihnen als erstes beibringen, wie sie sich selbst verwöhnen können.

Früher fühlten die Männer sich moralisch verpflichtet zu heiraten. Heute »respektieren« die Männer, daß die Frau für sich selbst sorgen und unabhängig sein kann. Und da die Frauen so sind, wie sie sind, sehen sie sie, auch was Gelegenheitssex angeht, als »gleichberechtigt« an. So daß sie keine Notwendigkeit sehen, uns zu beschützen, und sei es vor uns selbst.

Nur wenn Männer wirklich Hunger auf eine Frau verspüren, sind sie bereit, sich auf einen Handel einzulassen. Und es ist die Aufgabe der Frau, die Bedingungen für diesen Handel festzulegen. Wenn wir ja zu Gelegenheitssex sagen, haben wir damit auch die Verantwortung für das Endergebnis übernommen. Es ist an uns, *Nein zu Sex ohne feste Beziehung* zu sagen – und das ist die Kernaussage dieses Buches.

11. Wie Sie von einem Mann das bekommen, was Sie brauchen, ohne danach zu fragen

Sie müssen lernen, wie Sie mit Ihrem Mann sprechen. Und dazu müssen Sie nur drei Lektionen lernen, die da sind:

1. Wie Sie um die Dinge bitten, die Sie haben möchten.
2. Wie Sie, ohne emotional zu werden, nein sagen zu allem, was Sie nicht möchten.
3. Wie Sie mit dem Mann Ihres Lebens verhandeln, um zu erfahren, was er will (und was er nicht will).

Wenn Probleme in der Kommunikation auftreten, haben Verhandlungen und Intimität keine Chance, an ihre Stelle treten Einschüchterung und Verführung. Beides funktioniert zwar, dahinter stehen aber Ängste, Schuldgefühle und die Scham des Opfers. Wenn Verhandlungen und Intimität auf der Strecke bleiben, wird das Verhältnis von Machtspielchen und anderen Spielchen bestimmt.

In einer intimen Beziehung muß es bei jeder verbalen Kommunikation eine klare Rollenverteilung geben: Einer, der führt, und einer, der folgt. Derjenige, der führt, sagt: »Ich denke« und »Ich möchte«, und er fragt auch: »Wie findest du das?« und er hört zu, was der andere antwortet. Die »weibliche« Energie hört zu, was die »männliche« Energie denkt und sich wünscht, teilt ihre positiven oder negativen Gefühle mit und sagt ja oder nein. Männer, die wissen, was sie wollen, stoßen nicht so oft auf Ablehnung, wie Männer, die das nicht wissen und die aufgrund ihrer Ambivalenz schwach und unentschlossen erscheinen. Feminine Frauen können Männern nichts abgewinnen, die sich nicht wie Führer verhalten und die sie nicht entsprechend respektieren können.

Wenn Sie die weibliche Energie sein möchten, und der Mann hat nicht den Mut, die Führung zu übernehmen, und fragt statt dessen, was Sie möchten und denken, dann lehnen Sie dankend ab und sagen:

»Ich kann dir sagen, was ich zu dem, was du denkst und willst empfinde, aber die Führungsrolle behagt mir nicht.«

Das kann er akzeptieren, oder sich dagegen auflehnen. Wenn er nicht akzeptiert und möchte, daß Sie den männlichen Part übernehmen, dann muß er Ihre Führung auch respektieren und nicht nur nach Belieben verlangen, daß Sie hie und da Ihren Kopf hinhalten.

Frauen mit männlicher Energie wissen natürlich, was sie wollen, und ihr selbstsicheres Auftreten ist absolut in Ordnung, solange sie dabei auf der Ebene von Liebesbeziehungen feminine Männer im Auge haben, die oft *nicht* wissen, was sie wollen. Verdeutlichen Sie ihm in jedem Fall, daß Sie auf seine Gefühle eingehen. Aber schüchtern Sie ihn nicht soweit ein, daß er sich in Unterwürfigkeit flüchtet.

Wie Sie bekommen, was Sie haben möchten

Wenn Sie die »weibliche« Energie sein möchten, bekommen Sie, was Sie haben möchten, indem Sie *nicht* direkt danach fragen, weil eine direkte Bitte von einem maskulinen Mann möglicherweise als Forderung oder Befehl verstanden wird, selbst wenn es Ihrerseits nicht so gemeint war. Maskuline Männer haben ein Gespür für Gelegenheiten, einer Frau einen Gefallen zu tun, sie haben aber etwas gegen Frauen, die vermeintlich Befehle erteilen. Maskuline Männer sind stolz auf ihre Freiheit, tun und lassen zu können, was sie wollen, auf ihre Freiheit zu wählen und ihr Schicksal selbst zu bestimmen. Sie genießen es, femininen Frauen zu geben und sie glücklich zu machen, solange dies nicht als selbstverständlich vorausgesetzt, erwartet oder verlangt wird.

Jenseits der Berufswelt gilt: Die meisten Männer geben Ihnen nicht gehorsam, was *Sie* wollen, sondern reagieren wie bei einem Konkurrenzkampf von »Mann zu Mann«, und stellen dagegen, was *sie* wollen. Womit denn das Ziel, einfach Spaß zusammen zu haben, erst einmal zunichte ist.

Marie und Pete waren im gleichen Krankenhaus beschäftigt. Wenn Marie sich mit ihrem Freund verabreden und sich entsprechend nach seinem Dienstplan erkundigen wollte, lief sie eben zu der Station, auf der er arbeitete. Pete hatte so viel zu tun, daß er oft froh war, daß sie die Initiative ergriff und hinter ihm her war. Die Probleme kamen, als er sich nicht unbedingt, auch wenn er frei hatte, ständig mit ihr treffen wollte. Pete wollte manchmal einfach allein oder mit seinen

Freunden zusammensein. Wenn er ihr das sagte, versuchte sie jedesmal, ihn doch noch zu einem Treffen zu überreden. Manchmal gab er nach, aber ein andermal machte es ihn einfach nur wütend und ärgerlich, daß sie ihn so bedrängte.

Nach einem anstrengenden Arbeitstag und oft mit Überstunden war Pete erschöpft, und er versuchte, Marie seinen Standpunkt zu erklären. Sie reagierte jedoch jedesmal so emotional, daß er dem nicht standhalten konnte und ihren Forderungen nachgab. Das ging etwa sechs Monate so, bis Pete sich schließlich ein Herz faßte und drohte, die Beziehung zu beenden, wenn Marie sich nicht änderte.

Zusammen mit einigen weiteren Frauen, die ebenfalls im Krankenhaus beschäftigt waren und von meiner Arbeit gehört hatten, kam Marie in eines meiner Seminare. Wir sprachen über ihren Fall, und Marie war völlig verwirrt, inwieweit sie zu Petes Unzufriedenheit in der Beziehung beigetragen hatte.

Was sie im Umgang mit Pete als »Gewinn« ihrerseits verbuchte, war in Wirklichkeit nichts anderes, als daß sie ihn einfach eingeschüchtert hatte, und es »einfacher« war für ihn, sich zu fügen. Ich verdeutlichte ihr jedoch, warum ihre Streiterei mit Pete letzten Endes den Bruch herbeigeführt hatte und um ein Haar dazu geführt hätte, daß sie den Mann verlor, den sie liebte.

Marie lernte bei mir, daß die einzige Möglichkeit, die Beziehung zu retten und eine glückliche Wende herbeizuführen, darin bestand, ein Gleichgewicht zu finden und in beiderseitigem Einvernehmen zu klären, wessen Denken ultimativ zuerst respektiert wurde. Sofern Marie gegenüber Pete als maskulinem Mann eine feminine Frau sein wollte, mußte sie einsehen, daß sie sich ihm »unterwerfen« mußte, obwohl sie von ihrer Bildung her, gesellschaftlich und finanziell exakt den gleichen Hintergrund hatten – vorausgesetzt natürlich, das, worum er sie bat, war für sie ethisch und moralisch vertretbar.

Ich sagte ihr, sie sollte darauf verzichten, ihn nach vermeintlich logischen Maßstäben oder in einer »direkten« Form mit den Dingen zu bedrängen, die sie haben wollte. Pete hatte Marie erlaubt, diejenige zu sein, die die Initiative ergriff und hinter ihm her war, das hieß aber nicht, daß sie ihn auch kontrollieren sollte. Marie hatte letztendlich kein Problem, Petes Denken zu respektieren und ihrem eigenen voranzustellen. Marie lernte es, seiner Führung zu folgen, solange er entsprechend auf ihre Gefühle einging. Marie mußte natürlich nicht glücklich sein, wenn er *nein* zu ihren Wünschen sagte, was sie aber mußte, war, ihn mit Respekt zu behandeln. Und Pete mußte nun

auch natürlich nicht unsensibel darüber hinweggehen, wenn
wehtat, wenn er sie abwies; er mußte entsprechend auf ihre G
eingehen.

Marie lernte es zu fragen: »Pete, ich weiß, du hast viel zu tun. Hast du Lust, mich heute abend zu sehen?«

Und Pete lernte es, ungefähr folgendes zu antworten, wenn er sie nicht sehen wollte: »Marie, du weißt, wie viel mir an dir liegt und daß ich mit dir zusammensein möchte. Aber ich habe nur sehr begrenzt Zeit. Und ich möchte heute abend gerne einige Stunden mit den Jungs zusammensein. Ist es für dich okay, wenn ich nein sage?«

Eine Zurückweisung, auf die die »feminine« Marie nun etwa antworten konnte: »Pete, ich weiß, wie knapp deine Zeit ist, und ich kann verstehen, daß du die Jungs gerne nochmals sehen möchtest. Natürlich bin ich nicht glücklich darüber, ich will es dir aber nicht schwermachen und wünsche dir, daß du Spaß hast.« Das war ein intimer, direkter Handel, bei dem beide Personen sich respektiert und gewürdigt fühlten, auch wenn das Ganze nicht schmerzfrei ablief.

Frauen, die zu meinen Vorträgen kommen und das, was ich sage, zum erstenmal hören, reagieren oft wütend. Als emanzipierte Frauen sind sie stolz darauf, selbst die Verantwortung für ihr Leben zu tragen und sich zu behaupten. Und was ich Ihnen empfehle, scheint oft ein direkter Widerspruch zu dem Selbstbewußtsein zu sein, das sie lernen mußten und auf das sie stolz sind.

Und ich höre förmlich, wie Sie sagen: »Warum muß ich Männer auf einen intellektuellen Sockel stellen? Ich bin genauso intelligent und talentiert und gebildet und erfolgreich wie sie.«

Der Grund ist, wenn Sie von dem Mann auf einen emotionalen Sockel gestellt werden möchten (auf dem Sie verwöhnt werden), dann müssen Sie ihn auf einen intellektuellen stellen (auf dem er respektiert wird). Und dazu gehört, daß Sie nicht versuchen, ihn zu belehren, ihn zu kritisieren, ihn herabzusetzen oder mit ihm um die sexuelle Kontrolle zu konkurrieren. Eine wirklich feminine Frau weiß, wie sie ihrem Mann ihre Gefühle, was ihr gefällt oder nicht gefällt, mitteilt, so daß er das Problem sieht und es lösen kann – auf seine Weise, nicht auf ihre. Natürlich kann sie ihn jederzeit zurückweisen, wenn er ihre Ansprüche nicht befriedigt; aber bis der Punkt erreicht ist, an dem sie ihn zurückweist, akzeptiert sie ihn als »genug« und verletzt seine Gefühle nicht durch Grobheiten und Taktlosigkeiten.

Wenn ich sage, Sie sollen den von Ihnen erwählten Mann auf einen intellektuellen Sockel stellen, so gilt das natürlich nur mit folgendem

Vorbehalt: Solange Sie ihm das entsprechende Feedback zu Ihren Gefühlen hinsichtlich seiner Ideen, Gedanken, Meinungen und Überzeugungen geben können und er Ihnen mit Empathie zuhört.

Die Grundidee ist, daß die weibliche Energie automatisch das Recht der männlichen Energie, zu sprechen, respektiert. Sie konkurriert weder mit ihr, noch widerspricht sie ihr, noch konfrontiert sie sie mit ihren eigenen Ideen.

Donna, eine Innenausstatterin, war seit etwa fünf Jahren mit Richard, einem Computerprogrammierer, zusammen. Sie hatte gelesen, daß Rod Stewart in der Stadt auftreten sollte und wollte, daß Richard Karten besorgte und mit ihr zu der Veranstaltung ginge. Eine denkbar einfache Bitte, wenn man nicht weiß, daß Richard bisher jedesmal verärgert reagiert hatte, wenn Donna sich behauptet hatte und direkt in ihrer Kommunikation ihm gegenüber gewesen war. Und er brauchte dann immer eine Weile, bis er sich schließlich wieder beruhigt hatte.

Als das zum erstenmal passierte, war Donna verwirrt. Sie fragte sich, ob Richard einfach nur geizig war und keine Lust hatte, sein Geld für sie auszugeben. Dann fielen ihr aber wieder all die schönen Dinge ein, die er für sie tat und ihr gab, und sie wußte, daß das nicht das Problem war. Erst in meinen Seminaren lernte sie, was in ihrer Kommunikation mit Richard schieflief.

Was Donna machte, war im Endeffekt nichts anderes, als Richard zu bitten, mehr Zeit und eine schönere Zeit zusammen zu verbringen. Und genau das kann, wie gesagt, bewirken, daß ein Mann sich in den kleinen Jungen oder den passiv-aggressiven Vertreter der männlichen Gattung verwandelt, der sich nicht fügt.

Wenn Richard Donnas Bitte ablehnte, mit ihr in das Konzert zu gehen, hätte sie beispielsweise sagen können: »Du hast natürlich das Recht, nein zu sagen, aber ich bin sehr unglücklich über deine Antwort, und so gehe ich halt ohne dich zu dem Konzert.« Oder sie hätte sagen können: »Richard, ich finde es schade, daß du nicht mit mir zu dem Konzert gehen willst, so gehe ich halt alleine. Was hältst du davon, es so zu lösen?«

Was sie nicht sagen darf, ist: »Es ist nicht in Ordnung und gefühllos von dir, daß du nicht mit mir dort hingehen willst.« Das hieße, daß Donna Richards Bereitschaft, auf sie einzugehen, damit gleichsetzte, daß er ihrem Willen ergeben war. Und das geht nicht! Richard hat ein Recht, sein Geben selbst zu bestimmen.

Wenn die männliche Energie intelligent ist, wird sie Wege und

Möglichkeiten finden, sich auf einen Kompromiß mit der weiblichen Energie zu verständigen, der beiden gerecht wird, statt bedingungslose Fügsamkeit zu verlangen. Und die einfühlsame weibliche Energie wird das Entgegenkommen dankbar annehmen und für sich das denkbar Beste aus seinem Lösungsvorschlag machen. Wobei der Mann das Recht der weiblichen Energie akzeptiert, seine Vorschläge in ihre eigene Lösung einfließen zu lassen. Gleichungen, die auf Alles oder Nichts, Schwarz oder Weiß hinauslaufen, führen zu Konfrontationen, die jede Intimität und Romanze zunichte machen.

Ein krankhaft selbstgefälliger Mann, der sich wie ein Diktator gibt (und dessen Frau es nicht wert ist, verwöhnt zu werden, da sie es ihm erlaubt, sich wie ein kleiner Gott aufzuführen, ohne den mindesten Widerstand zu leisten), ist jemand, der so sehr von seinen Ideen und Meinungen überzeugt ist, daß er glaubt, andere hätten sich streng daran zu halten, und der kein Gespür für eigene Beiträge seiner Frau oder Kinder hat.

Ein Mann dieses Typus' will nicht hören, »Ich mag das«, »Ich habe Angst«, »Mir ist nicht wohl dabei« und ähnliches. Ihre Gefühle interessieren ihn nicht, oder zumindest interessieren ihn seine eigenen mehr. Er ist narzißtisch und krankhaft unzugänglich.

Wichtig, wenn Sie die weibliche Energie sein möchten, ist, daß Sie ihrem maskulinen Mann gegenüber nie ein negatives Gefühl äußern, sofern Sie nicht prinzipiell bereit sind, seinem Lösungsvorschlag zu folgen oder selbst eine Lösung anzubieten und ihn zu fragen, was er dazu meint. Es ist frustrierend für ihn, mit einem Problem konfrontiert zu werden, ohne jede Chance, es zu lösen.

Shan, als Sekretärin beschäftigt, hatte beruflich Ärger und glaubte, daß ihr gekündigt werde, sei nur noch eine Frage der Zeit. Entsprechend schlecht gelaunt kam sie oft von der Arbeit nach Hause. Und bei ihrem Freund Tony, einem Computerverkäufer, mußte sie dann erst einmal Dampf ablassen und ihm erzählen, wie schrecklich im Büro alles war. Wenn sie anfing, unterbrach er sie jeweils, um ihr Vorschläge zu machen, wie sie mit der Situation umgehen sollte. Und Shan reagierte frustriert, sagte, sie wolle nur, daß er ihr zuhöre – und er reagierte dann eingeschnappt und wütend.

Shan hätte vielleicht besser gesagt: »Tony, ich muß einfach nur meinem Frust aus dem Büro Luft machen. Ich brauche und möchte keine Ratschläge, ich weiß bereits, was ich tun werde. Meinst du, du kannst mir nur eine Viertelstunde zuhören?«

So weiß Tony, was von ihm erwartet wird, und er kann ja oder nein sagen. Und Shan braucht keine Angst zu haben, daß er sie wieder einmal unterbricht, wenn sie nur kurz Druck ablassen möchte.

Und wenn sie möchte, daß er seine Meinung äußert, muß sie das sagen: »Tony, ich habe aus dem Büro einen solchen Frust im Bauch, ich möchte gerne mit dir darüber sprechen und hören, was du dazu sagst. Wärst du bereit, mir eben zuzuhören, oder lieber später?« Damit sagt Shan klipp und klar, was sie möchte, und zwar in einer Weise, die Tony den Spielraum beläßt, sein Schicksal mitzubestimmen und gleichzeitig auch auf ihre Gefühle einzugehen.

Gefühlsorientierte Frauen wissen eher, was sie nicht wollen, als was sie wollen

Ich glaube, es ist wichtiger für feminine Frauen zu wissen, was sie nicht wollen, als zu wissen, was sie wollen. Zu wissen, was man will, ist männlich und logisch und bedingt oft, daß man sich über Gefühle und Sensibilitäten hinwegsetzt. Zu wissen, was man nicht will, setzt voraus, daß man in sein Inneres schaut, sich alle Optionen vor Augen hält und sich entsprechend von seinem »Gefühl« leiten läßt. Feminine Frauen lassen sich bei allen Händeln und Gesprächen und in allen Situationen von ihren »Gefühlen« leiten. Wenn Sie das Gefühl haben, etwas ist richtig, dann tun Sie es.

Als feminine Frau müssen Sie sich auf Ihre Gefühle verlassen, die Ihnen sagen, was gut oder schlecht ist, und dann Ihr Gehirn einschalten, um entsprechend dieser Gefühle zu handeln. Was Sie wollen, erfahren Sie durch Ihre Gefühle, ob Sie bei etwas ein gutes oder ein schlechtes Gefühl haben, aber vor allem erfahren Sie es durch *ungute* Gefühle, und dann können Sie nein zu den Dingen sagen, die Ihnen nicht behagen.

Wenn Sie sich demgegenüber auf Ihr »denkendes« Hirn verlassen, besteht oft die Gefahr, daß Sie sich von den logischen Argumenten eines Mannes zu Dingen wie Gelegenheitssex, ihm Geld zu leihen oder ihn bei sich einziehen zu lassen, überreden lassen, bei denen Ihnen ultimativ nicht wohl ist und die Sie am Ende bedauern. Und manchmal werden Sie sich von einem Mann herausgefordert fühlen, wenn er sagt: »Du bist doch eine moderne Frau – intelligent, selbstbewußt und unabhängig, oder? Warum läufst du weg, ohne über die

Dinge zu sprechen?« Womit er in Wirklichkeit nichts
als: »Steh diese Diskussion durch, bis ich dich mit meir
zeugt habe, dich über deine Gefühle hinwegzusetz
sich nicht darauf ein!

Es ist nicht nur wichtig, daß Sie als feminine Frau da
ten, am Maßstab der Logik mit maskulinen Männern konkurrie
zu wollen, ebenso wichtig ist es, daß Sie Ihre Gefühle weder erklären noch verteidigen. Wenn der Mann Ihres Lebens Sie um etwas bittet, was Sie nicht tun möchten, sollten Sie, statt zu argumentieren oder Ihre Position zu verteidigen, einfach sagen: »Ich verstehe dein Anliegen. Aber mir ist es nicht wohl dabei, und ich möchte es nicht tun und werde es nicht tun. Kannst du das akzeptieren?«

Die meisten Frauen fühlen sich genötigt, Erklärungen zu liefern, um nicht stur, starrköpfig, hysterisch oder dumm zu erscheinen.

Leona war von Schuldgefühlen geplagt, als ihr langjähriger Freund James sie um etwas bat, dem sie nicht nachkommen konnte. Derart, daß sie versuchte, mit endlosen Erklärungen seinen Frust zu beschwichtigen und immer wieder darlegte, warum es ihr unmöglich war, seine Bitte zu erfüllen. James riß schließlich der Geduldsfaden und wurde heftig ihr gegenüber. Und weil Leona glaubte, er sei wütend, weil sie nein gesagt hatte, sah sie sich gemüßigt, ihre Position weiter zu verteidigen und versuchte verzweifelt, ihn von der Logik ihres Neins zu überzeugen. In Wirklichkeit war er jedoch sauer, weil sie nicht von ihrer Reden-und-Reden-und-Reden-Methode ablassen wollte und nicht darüber, daß sie nein gesagt hatte.

Leona und James kamen in eines meiner Seminare. Als erstes verdeutlichte ich James, wie er Leona vielleicht auf eine andere Art und Weise um etwas bitten konnte. Zum Beispiel: »Leona, vielleicht hast du Lust dazu, vielleicht auch nicht, und so oder so ist es okay für mich. Ich möchte mich einfach in den Wagen setzen und übers Wochenende irgendwo hinfahren – ohne Pläne, ganz spontan. Wie findest du das?«

Dann brachte ich Leona bei, wie sie behutsam mit der Situation umgehen und nein sagen konnte, sofern das ihrem Gefühl entsprach: »James, das ist eine tolle Idee und hört sich großartig an. Ich hab ein schlechtes Gewissen, daß ich dir sagen muß, daß ich dieses Wochenende nicht kann, weil ich einer Freundin versprochen habe, ihr beim Umzug zu helfen. Meinst du, wir könnten vielleicht das darauffolgende Wochenende wegfahren?«

Beide, Leona und James, mußten das Recht des anderen akzeptie-

.en, um etwas zu bitten und nein zu sagen, auf freundliche Weise. Sie lernten diese Lektion schnell, übernahmen das Gelernte und verbesserten damit ihre Kommunikation.

Sue Ellen hatte Schwierigkeiten, bei Männern nein zu sagen, zu denen sie sich hingezogen fühlte. Was dazu führte, daß Bryon, ihr Freund, sie leicht manipulieren und so dafür sorgen konnte, daß sie das machte, was er wollte. Er überschüttete sie mit Zärtlichkeiten, Witzeleien und seinen Verführungskünsten, bis sie jeweils immer nachgab, ob es um Sex ging, wenn sie schon fertig an der Tür stand, um ins Büro zu gehen, oder darum, ihm am Samstag nachmittag zu helfen, seine Schränke auszuwaschen statt mit ihren Freundinnen einen Einkaufsbummel zu machen, oder darum, ihr Ungehaltensein, daß er sich verspätet hatte, damit zu beschwichtigen, daß er von ihrer gemeinsamen Zukunft sprach.

Sue Ellen und Bryon hatten inzwischen seit anderthalb Jahren ein »Verhältnis«, und Sue Ellen war bereit, über eine Heirat zu sprechen. Aber jedesmal, wenn sie das Thema anschnitt, manövrierte er sie wieder geschickt davon weg.

»Sue Ellen«, sagt er dann etwa, »ich liebe dich. Und du liebst mich. Wir haben eine wahnsinnig schöne Beziehung. Gefährde nichts. Wenn die Zeit reif ist, werden wir uns verloben. Vertrau mir.«

Obwohl Byron das jedesmal auf eine sehr witzige Art und sehr liebevoll und mit vielen Küßchen und Streicheleinheiten sagte, war Sue Ellen am Ende immer frustriert – auch wenn sie lachend in seinen Armen lag, innerlich fühlte sie sich entsetzlich. Sie war jedesmal wütend, wenn er dem Gespräch auswich, war aber ratlos, was sie tun sollte.

Im Laufe der Zeit lernte Sue Ellen, ihren negativen Gefühlen Rechnung zu tragen und sie Bryon mitzuteilen. »Bryon«, sagte sie dann etwa, »ich war anderthalb Jahre mit unserer Beziehung mehr als glücklich. Ich empfinde es jedoch als sehr frustrierend und fühle mich eingeschüchtert dadurch, daß du absolut nicht bereit bist, ernsthaft darüber zu sprechen, wie du dir unsere Zukunft vorstellst. Ich möchte auf dieser Ebene nicht mehr sehr lange weitermachen. Ich werde bei dir bleiben, solange ich kann, aber ich muß dich warnen, daß meine Zuversicht allmählich schwindet. Wärst du bereit, daß wir bald einmal darüber reden?«

Bryon reagierte wütend, als Sue Ellen bei ihrem Standpunkt blieb und seine »Methoden«, sie zu beschwatzen, diesmal nicht fruchteten.

Verärgert sprang er auf, sagte ihr, sie könne ihn gern haben ur
suchen, einen Besseren zu finden, und suchte das Weite.

Sue Ellen war schockiert, als sie feststellte, daß sie, statt i
Depressionen zu fallen, in Wirklichkeit erleichtert war, daß jetzt der emotionale Druck weg war, mit dem Bryon sie kontrolliert hatte. Das einzige, was sie wirklich vermißte, war der Sex mit ihm.

Ich sagte Sue Ellen, sie sollte sich solange zu sogenannten Pflicht-Treffs mit Männern verabreden, bis sie einen Mann kennenlernte, der bereit und bestrebt sei, sich ihre negativen und positiven Gefühle anzuhören und mit ihr in einer für beide Seiten befriedigenden Beziehung zu leben. Wichtig für sie war zu lernen, wie sie einem maskulinen Mann vermitteln konnte, was sie nicht wollte, so daß er herausfinden konnte, *was* sie wollte. Denn letzten Endes kommt es ihm zugute, wenn er das Problem löst, und es wird ihm guttun, wenn er als ein Mann geschätzt wird, der gibt, beschützt und verwöhnt.

Maskuline Männer lieben Probleme, Herausforderungen, die Jagd. »Kleine Jungen« lieben es, wenn ihre Mama ihnen alles abnimmt. Sie müssen entscheiden, wer Sie sind, die Frau, die einfach und höflich nein sagt zu allem, was sie nicht will, oder die starke Frau, die einen Mann becirct, daß er alles so macht, wie sie es will.

Warum eine feminine Frau einen maskulinen Mann nie fragen sollte, wie er sich fühlt

Es ist ganz natürlich, daß eine Frau, die gefühlsorientiert ist, auch bei ihrem Mann den Modus anwenden möchte, der für sie am natürlichsten und vertrautesten ist. Wenn Sie sich jedoch für die weibliche Energie entschieden haben und mit einem Mann zusammen sind, der führen und seine Ideen, Vorschläge und Meinungen geltend machen möchte, dann fragen Sie ihn nicht nach seinen Gefühlen.

Warum? Weil alles, was Sie zu hören bekommen, ist: »Gut. Okay. Warum fragst du?« Sie sind immer besser beraten, wenn Sie ihm offen von Ihren Gefühlen erzählen und ihn fragen, was er dazu denkt und möchte.

Männer, die respektiert werden möchten, reagieren oft ausweichend, wenn sie gefragt werden, wie sie sich fühlen. Es geht ihnen vielleicht absolut nicht »gut«, und sie sind alles andere als »okay«, sie möchten aber nicht offen darüber sprechen, weil sie sich dann allzu verwundbar fühlen. Maskuline Männer brauchen Zeit, um nachzudenken, ehe sie über ihre Gefühle sprechen oder nach ihren Gefühlen handeln, insbesondere wenn es um den Aufbau einer Beziehung mit einer Frau geht, die sie lieben.

Ein maskuliner Mann weiß, daß seine Gefühle bei einer Frau entweder sicher aufgehoben sind, oder daß sie sie verletzt, und so zieht er es im allgemeinen erst einmal vor, seine Karten bedeckt zu halten. Er wird aber von sich aus offener werden, sobald Sie eine Arena für ihn geschaffen haben, in der er sich nicht bedroht fühlt. Demgegenüber haben feminine Männer, die sich ihrer Gefühle bewußt sind, natürlich den Wunsch, daß Sie *immer* auf ihre Gefühle eingehen, daß sie darüber sprechen können und Sie (als maskuline Frau) ihnen zuhören und helfen.

Weder an dem einen noch an dem anderen Mann ist etwas auszusetzen. Entscheidend ist, daß Sie sich über Ihre Prioritäten in der Beziehung im klaren sind, um spätere Probleme zu vermeiden. Wenn Sie als maskuline Energie respektiert werden möchten, und er ebenfalls, so kann dieser Konflikt zu Zusammenstößen, Konkurrenzdenken und Verwirrungen führen. Das gleiche Problem stellt sich natürlich, wenn Sie beide die Priorität und den Wunsch haben, verwöhnt zu werden. Das kann nicht gutgehen.

Derjenige, ob Mann oder Frau, der als oberste Priorität respektiert werden möchte, fühlt sich oft manipuliert, wenn er nach seinen Gefühlen gefragt wird, zumal wenn diese Fragen Ängste, Schuldgefühle, Unzulänglichkeiten oder andere empfindliche Punkte berühren. Menschen, die sich a priori wünschen, daß auf ihre Gefühle eingegangen wird, bitten von sich aus darum. Vorsicht ist jedoch geboten, wenn ein Mann mit Ihnen über seine Probleme spricht, dann laufen Sie Gefahr, seine »Mama«, sein »Seelendoktor« oder die Tante zu werden, bei der man sich ausheult, Rollen, die alle ausschließen, daß Sie seine Frau sind. »Kleine Jungen« können auch mit ihrer »großen Mama« Sex haben. Aber Männer, die respektiert werden möchten ob ihrer Fähigkeit, Probleme zu lösen, empfinden es als abstoßend, wenn jemand den Versuch unternimmt, in ihrem Gefühlsleben zu wühlen.

Wenn ein Mann sich sicher fühlt, wird er von sich aus seine Gefühle mitteilen. Fragen Sie also nicht. Die männliche Energie, die respektiert wird, wird sich auch verwöhnt fühlen. Und die weibliche Energie, die verwöhnt wird, wird sich respektiert fühlen. Am besten verwöhnen kann derjenige, der es aus freiem Entschluß heraus tut, nicht weil es ihm abverlangt wird. Aber allzuoft machen Frauen den Fehler, daß sie sich bei den Männern beschweren, daß sie nicht genügend geben, sie nicht genügend beschützen oder verwöhnen.

Sagen Sie nicht, Sie möchten verwöhnt werden. Wenn Sie sich nicht verwöhnt fühlen, ziehen Sie sich ohne Aufhebens zurück. Wenn er Sie will, kommt er, um Sie zurückzuholen und Ihnen zu geben, was Sie möchten, indem er Sie beobachtet und Ihre Wünsche erfüllt, noch ehe Sie selbst daran gedacht haben.

Tricia, die an einem meiner Seminare teilnahm, war verwirrt und fragte aufgebracht: »Warum dreht mein Freund Phil durch, wenn ich ihn bitte, mit mir zu schlafen? Ist es nicht schmeichelnd für ihn, sich von mir begehrt zu fühlen?«

Phil war als Trainer in dem gleichen Sportzentrum beschäftigt, wo auch Tricia arbeitete, und mir war klar, daß aus seiner Sicht hier seine Männlichkeit berührt war. Phil wollte hier derjenige sein, der Patricia gab. Er wollte nicht auf Aufforderung hin aktiv werden. Er empfand es als beleidigend, ein Machtspiel, wer das Sagen hatte.

Frauen, die die weibliche Energie sein möchten, sage ich, sie müssen ihren Mann zum Sex verlocken, indem sie sinnlich zärtlich, sexuell attraktiv und so unwiderstehlich sind. Wenn Sie einem Mann sinnlich, aber unaufdringlich signalisieren, daß Sie ihm zur Verfügung stehen und empfänglich für ihn sind, dann wird die Botschaft bei ihm ankommen, sofern er jemand ist, der Ihnen in jeder Hinsicht Freude bereiten möchte, und insbesondere, wenn es um körperliche Liebe geht. Daß beide, Tricia und Phil, für sich das gleiche Recht in Anspruch nehmen und jeweils die Initiative zu Sex ergreifen wollten, führte unausweichlich zu einem ernsthaften Konflikt. Phil wollte als derjenige respektiert werden, der die Initiative ergriff – und Tricia konnte sich schlußendlich mit dieser Rollenverteilung anfreunden.

Indem sie Phil die Sicherheit gab, selbst zu entscheiden, wann und wo er die Initiative zu Sex ergriff, vermied sie es, ihn durch ihr vorschnelles Handeln und Nicht-warten-Können abzustoßen. Diese Passivität mag nun wie eine negative Manipulation erscheinen, in meinen Augen ist sie jedoch ebenso eine positive Manipulation wie Make-up tragen oder sich verführerisch anzuziehen oder sich damenhaft zu verhalten. »Loszulegen«, ohne Rücksicht auf das Bedürfnis des Mannes, respektiert zu werden, ist der schnellste Weg, ihn loszuwerden.

Möchten Sie Ihre Machtspiele auf das Büro beschränken oder sie auch noch zu Hause austragen und bei Ihrem Partner hart rangehen?

Sie sollten sich darauf verständigen, daß einer von Ihnen seine Macht ausschließlich im Büro spielen läßt, während der andere seine diesbezüglichen Fähigkeiten dann auch noch zu Hause walten lassen kann.

Eine geduldige Frau kann einem Mann, ohne verbal danach zu fragen, all die Liebe, Zärtlichkeit, Zeit und körperliche Liebe entlokken, die sie haben möchte. In Liebesbeziehungen zieht das einander an, was sich ergänzt; Personen, die sich ähnlich sind, stoßen einander ab. Für was entscheiden Sie sich?

Frauen, die zuviel reden

Sofern Sie die weibliche, empfangende Energie in Ihrer Beziehung sein möchten, *halten Sie den Mund*, auch wenn es Sie drängt, bei einem stockenden Gespräch die Lücken zu füllen. Ihr maskuliner Mann gibt den Ton an und wird diese Lücken entsprechend seinen Wünschen und Bedürfnissen füllen. Sie brauchen nur zu antworten, dürfen sich entspannen, ihm die Kontrolle überlassen und ihm folgen. Er wird sich überfordert fühlen, wenn Sie jede Minute mit Reden füllen wollen. Wenn das Gehirn Ihres rechtshändigen Mannes mit allzuviel Informationen gefüttert wird, wird er dichtmachen.

Wenn Sie ihm die Gesprächsführung nicht überlassen können, möchten Sie in Wirklichkeiit vielleicht die männliche Energie sein. Und wenn dem so ist, dann reden Sie weiter, und lassen Sie ihn zuhören und Ihr feminines Pendant sein.

Wie Sie aus ihm einen Schwächling machen

Das Schlimmste, was Sie Ihrem respektierten Mann antun können, ist, daß Sie unterstellen, Sie könnten seine Probleme lösen – das heißt die, die er beruflich, gesundheitlich, mit seinen Steuern, seiner Bank, seiner Familie, seiner Ex-Frau und seinen Kindern hat. Sie haben natürlich das Recht, »der Mann« zu sein – großzügig, zu beschützen und zu verwöhnen –, solange Sie beide sich bewußt auf diese Rollenverteilung verständigt haben.

Selbstsichere feminine Frauen kümmern sich um ihren Part in der Beziehung, indem sie ihre Gefühle teilen und mitteilen und von ihrem Vetorecht gegenüber Forderungen Gebrauch machen, die moralisch und ethisch nicht vertretbar sind. *Passive Geduld ist der femi-*

nine Weg. Selbstbewußtes Handeln ist der maskuline Weg. Springen Sie nicht hin und her. Entscheiden Sie sich für einen Weg, und bleiben Sie dabei, bis Sie aufgefordert werden, etwas zu ändern, und tun Sie dann nur das, was Ihnen behagt.

Wenn sie einen »Papa« will

Eine Frau, die leidet, sagt allzu gerne: »George, ich leide, weil... Kannst *du* mir helfen und etwas tun, um das in Ordnung zu bringen?«

Damit bittet sie ihren Mann, in die Rolle des Papas, nicht die des Freundes oder Ehemannes zu schlüpfen. Männer, die gerne beschützen, werden ihrer leidenden Frau automatisch eine Lösung anbieten und sowieso und von vornherein auch von ihr erwarten, daß sie das berücksichtigt. Eine Frau, die es ablehnt, daß er ihr Lösungen bietet, möchte ja wohl nur in ihren Problemen schmoren, ansonsten würde sie ihm alles überlassen, was getan werden muß, um sie glücklich zu machen, und sie brauchte nicht einmal einen Finger zu rühren. Ein maskuliner Ehemann oder Freund erwartet demgegenüber von seiner Frau, daß sie ihn um Rat bittet oder ihre Probleme selbst löst; er erwartet nicht von ihr, daß sie ihn bittet, ihre Probleme zu lösen, als wäre sie ein hilfloses Kind.

Amy, eine ambitionierte Schauspielerin, die es genießt, die weibliche Energie zu sein, war sehr gerne mit ihrem Freund Dennis zusammen, einem ausgezeichneten Tontechniker, aber sie hatte auch etwas an ihm auszusetzen: daß er nicht bereit war, ihre Probleme zu lösen. Sie bat ihn etwa, ihren Agenten für sie anzurufen und jammerte ihm etwas von einigen Vorsprechterminen vor, denen sie sich nicht gewachsen fühlte. Er war bereit, sich ihre Probleme anzuhören, sagte ihr aber, sie solle ihren Agenten selbst anrufen. Er sagte, er sei jederzeit bereit, ihr Ratschläge zu ihren beruflichen Entscheidungen zu geben und seine Meinung zu sagen, aber nur, wenn sie vorher wie ein erwachsener Mensch ihre eigenen Lösungsvorschläge auf den Tisch gelegt hatte. Er war nicht bereit, ihr »Papa« zu sein. Und daß er von ihr verlangte, sich wie eine erwachsene, geschäftstüchtige Frau zu verhalten, hatte letztlich natürlich zum Ergebnis, daß sie erheblich an innerer Sicherheit gewann.

Amy lernte, daß sie Dennis' Hilfe nicht brauchte, um in ihrem Beruf respektiert zu werden und vorwärtszukommen. Im Beruf muß jeder seinen Mann stehen, das heißt, daß jeder selbst verhandeln und mit allen Situationen fertig werden muß und nur da um Hilfe bittet, wo es angebracht ist. Feminin sein heißt nicht, hilflos sein.

Wenn ein Mann Ihnen einen Rat gibt, von dem Sie wissen, daß er fruchtlos ist, können Sie ihn nicht blind befolgen. Retten können Sie die Situation galant, wenn Sie sich sodann eines Kommunikationsinstrumentes bedienen, das zur Lösung von Konflikten verwendet wird, in diesem Fall die sogenannte »Streicheleinheit und Standort«-Methode.

Sagen Sie: »(Name), ich freue mich, daß du mir einen Rat gegeben hast, aber mir ist nicht wohl dabei, das zu machen, was du mir vorgeschlagen hast; weil ... (nennen Sie Ihre Gründe). Wärst du bereit, noch weiter mit mir zu überlegen, welche Ideen, Gedanken und Vorschläge hättest du noch? Ich möchte zu einer Entscheidung gelangen, die mir behagt.«

Je mehr Informationen er Ihnen gibt und je mehr Alternativen er Ihnen aufzeigt, desto besser sind Sie imstande, eine gute Entscheidung zu treffen. Eine feminine Frau wie Amy, die das Hirn ihres Mannes respektiert, kann in jedem Fall von seinen Meinungen, Ideen und Vorschlägen profitieren, und es ist angebracht, sie sich anzuhören. Was aber nicht heißt, daß seine Ideen gleichsam als Anweisungen zu befolgen sind. Gewarnt sei vor »Machos«. Sie sind Diktatoren, die befehlen und verlangen, daß ihren Wünschen entsprochen wird, weil sie sich neben einer selbstsicheren und selbstbewußten Frau unsicher und unzulänglich fühlen. Ein maskuliner, vernünftiger, einfühlsamer Mann genießt es demgegenüber, seiner Frau beruflich zu helfen, er akzeptiert es aber als ihr selbstverständliches Recht, daß die letzte Entscheidung bei ihr liegt und sieht dies nicht als respektlose Rebellion. Heftige Auseinandersetzungen und Debatten sind nicht das Ziel – das Ziel ist Reden, Teilen und einander zu respektieren.

In ihrem Privatleben erwartete Dennis, daß Amy seiner Führung folgte, und er übernahm diese Führung, nicht aber in der Arena ihres Berufes. Er respektierte diesen Bereich ihres Lebens und unterstützte ihre maskuline, entschlossene Energie, teils sogar wider ihren Willen. Zuviel weibliche Energie ist ebenso negativ wie zuviel männliche Energie. Es ist eine Frage des Gleichgewichts.

Dennis zeigte seine Integrität als Mann und ließ sich von Amy nicht in die »Papa«-Rolle locken, auch wenn sie wütend auf seine sture Haltung reagierte. Männer und Frauen mit Grundsätzen können ihre Liebesbeziehung als integere erwachsene Mensch *handeln.* Und dazu gehört auch, daß sie die natürlichen, no Ängste vor Zurückweisung und Verlassenwerden durchsteh die endgültige Entscheidung auf dem Tisch liegt – zu der Frage, ob sie zusammenpassen oder nicht.

Halten Sie nichts zurück

Männer und Frauen, die sich selbst annehmen und sich in ihrer Haut wohl fühlen, halten sich an die Gebote der Integrität und Tugend. Sie teilen offen mit und diskutieren offen, was sie möchten und was sie nicht möchten, und lernen aus ihren Fehlern.

Ein Mann, der sich durch gute Eigenschaften und Integrität auszeichnet, nimmt sich die Zeit, über seine Prioritäten und Ziele nachzudenken und sie zu artikulieren, so daß eine Frau ihm zuhören und ihn wirklich kennenlernen kann. Bei einem Mangel an Integrität wird er sich demgegenüber von seinen Ängsten vor Zurückweisung einschüchtern und zu Lügen oder Manipulationen verleiten lassen.

Und für Frauen gilt natürlich, daß Männer, die stolz auf ihre klardenkende »linke Hirnhemisphäre« und deren Logik sind, sich von einer Frau abgestoßen fühlen, die manipuliert und unehrlich hinsichtlich ihrer wahren Gefühle ist. Ein Mann kann besser mit einer Frau umgehen, die manchmal zum Schreien ist, als mit einer vermeintlich coolen und besonnenen Frau, die mit Notlügen operiert und falsche Informationen über ihre Gefühle gibt. Frauen, die sich durch Tugend und Integrität auszeichnen, *sagen, was sie empfinden,* in jedem Augenblick, selbst wenn sich ihre Gefühlslage ständig verändert. Ein Mann spürt, ob Gefühle ehrlich sind und er der Frau vertrauen kann, weil er ständig den »Wetterbericht« hört. Halten Sie also auch Ihre negativen Gefühle nicht zurück. Sagen Sie nein, und erklären oder verteidigen Sie Ihre Gefühle nicht.

Die Mängel-Phase

(3–6 Monate)

12. Auch Märchenprinzen haben nicht nur Schokoladenseiten

Die Mängel-Phase beginnt nach etwa sechzig Tagen. An diesem Punkt fühlen sich beide in der Regel genügend vertraut miteinander, so daß sie sich nicht mehr nur von ihrer Schokoladenseite zeigen, sondern »sie selbst« sind. Und es ist der Punkt, an dem Sie nun faktisch mit dem konfrontiert werden, was Sie sowieso bereits wußten, sich aber nicht eingestehen wollten, daß nämlich niemand perfekt ist, auch nicht Ihre neugefundene Liebe. Diese Phase ist in etwa wie der Herbst, wenn die Dinge allmählich etwas abkühlen.

In dieser Phase geht es darum herauszufinden, welche Punkte für Sie verhandelbar und welche nicht verhandelbar sind, was Sie an dem anderen Menschen mögen und was Sie nicht mögen. Und umgekehrt geben Sie sich preis und zeigen sich von Ihrer wahren Seite. Sie müssen beide die ganze Person kennen, die jeweils gute und schlechte Seite, ehe Sie über eine gemeinsame Zukunft verhandeln können. Ansonsten verhandeln Sie nur mit der halben Person.

Typisch für Personen mit Intimitätsängsten, jene »Neunzig-Tage-Wunder«, ist, daß sie die Beziehung während dieser Zeit für gewöhnlich abtreiben. Ich spreche bewußt von »abtreiben«, weil sie sich, sobald die Perfekte Phase vorbei ist, auf und davonmachen, um anderweitig ihr perfektes Glück zu suchen. Bei diesen Neunzig-Tage-Wundern handelt es sich genauso oft um Frauen wie um Männer. Und ein Grund, warum Frauen so bindungsunfähig sind oder keine erfüllenden Beziehungen finden, ist, daß sie einen Mann überidealisieren.

Die Mängel-Phase schleicht sich allmählich ein. Es fängt für gewöhnlich mit kleinen Dingen an. Vielleicht damit, daß Sie einmal nicht selbst fahren, sondern er am Steuer sitzt. Plötzlich wird er von einem überholenden Fahrzeug geschnitten, fängt wie wild zu schimpfen und zu fluchen an und fährt wie ein Verrückter. Und plötzlich ist er nicht mehr der nette, über alles Erhabene, als der er in den rosig strahlenden Tagen zu Beginn der Beziehung erschien. Er entpuppt sich als blutrünstiges Monster und fragt nicht danach, ob Sie ihn auf seinem Kamikaze-Trip begleiten wollen. Sie sehen jetzt eine Seite von ihm, die er bisher, die ganze Zeit über versteckt gehalten hatte.

Oder es beginnt damit, daß er Sie in ein nettes Restaurant einlädt, und plötzlich läßt er seinem Ärger über einen unfähigen Ober in einer Weise freien Lauf, daß Sie sich am liebsten unter dem Tisch verkriechen möchten. Oder damit, daß Sie ihn schließlich einmal in seiner Wohnung besuchen, mit der er die ganze Zeit über angegeben hat, und Sie finden sie einfach nur schäbig und die Einrichtung geschmacklos.

Es ist der Punkt, an dem die projizierte Perfektion allmählich verblaßt. Und eine gewisse Traurigkeit macht sich breit: Er ist nicht perfekt. Er ist sogar alles andere als perfekt. Und jetzt? Was machen Sie nun? Akzeptieren? Zurückweisen? Tolerieren? Neu anfangen?

Sie haben im Prinzip drei Möglichkeiten:

1. Sie *akzeptieren* ihn, das heißt, es gefällt Ihnen zwar nicht immer, wie er ist und was er tut, aber Sie finden mehr Positives als Negatives an ihm und möchten mit ihm zusammenbleiben. Akzeptieren heißt, jemanden zu lieben, auch wenn man nicht immer mit seinem Verhalten einverstanden ist.
2. Sie *weisen ihn zurück*, das heißt, daß es unüberbrückbare Unterschiede zwischen Ihnen gibt, über die Sie bei bestem Willen nicht hinwegsehen können. Zurückweisen heißt, jemanden genügend zu lieben, um ihn zu jemand anderem gehen zu lassen, der ihn akzeptiert, so wie er ist.
3. Sie *tolerieren* ihn, was halb akzeptieren (lieben) und halb zurückweisen (ablehnen) heißt. Und das heißt: Ein Wanken und Zaudern, ein Hin und Her. Und das Ergebnis sind Stimmungsschwankungen, die für Sie beide unerträglich sind. Tolerieren ist das einzig Destruktive in einer Liebesbeziehung. Wenn Sie Verspätungen, Schludrigkeiten, Rülpsen und Furzen, Lügen, Egoismus, Betrügen, Schäbigkeiten oder mangelndes Feingefühl tolerieren, verletzten Sie sich selbst, weil Sie auf Ihre eigenen Wertmaßstäbe erzichten und sich über Ihr Integritätsgefühl hinwegsetzen.

Narzißten beiderlei Geschlechts tolerieren, ausgehend von ihrer eigenen Perfektion, die Mängel anderer. Mit Narzißten leben heißt, unter einem Mikroskop zu leben. Sie lehren, predigen, kritisieren ständig. Und versuchen ständig, andere nach ihren Maßstäben umzumodellieren, was ihnen natürlich nicht gelingt, und so ziehen sie weiter. Und wenn sie ihr Gegenstück treffen, einen anderen perfekten Narzißten, dann ist Krieg angesagt.

Versuchen Sie nicht, Ihren Mann umzumodellieren. Wenn Sie seine Kleidung, seine Wohnung, seine Frisur, seine Grammatik – all die Dinge, die sein Wesen ausmachen – unter die Lupe nehmen, um dann zu versuchen, ihn umzumodellieren, handeln Sie zum einen wie eine Mutter und zum anderen als männliche Energie. Und wenn Sie dann fertig sind, haben Sie Ihren femininen Mann, den Sie eigentlich gar nicht wollten und vor dem Sie nun den Respekt verlieren, während er nun Respekt vor Ihnen gewinnt, was allerdings auf Kosten des Verwöhnens geht, in dessen Genuß Sie bisher kamen. Was immer Sie an ihm vermissen, können Sie sich woanders holen.

Wenn er nicht verrückt auf Ballett ist, gehen Sie mit einer Freundin oder Bekannten hin. Wenn er kein Jacket hat, das Sie mögen, schenken Sie ihm eines zu seinem Geburtstag oder zu Weihnachten. Wenn seine Wohnung ein Alptraum ist, bleiben Sie in Ihrer Wohnung, und warten Sie, bis Sie verlobt oder verheiratet sind und zusammenleben, ehe Sie seine Wohnung umgestalten. Mit anderen Worten: Lassen Sie ihn so sein, wie er ist, bis Sie beide ein Team sind. Erst dann werden Veränderungen verhandelt. Und vergessen Sie nicht: Es gibt vielleicht auch einige Dinge, die er bei Ihnen anders sehen möchte.

Letztlich bleiben Ihnen also zwei Möglichkeiten: Ihn zu akzeptieren wie er ist, solange er einige der für Sie unabdingbaren Punkte erfüllt und moralisch und ethisch vertretbare Werte hochhält. Oder ihn mit einem sauberen Trennungsstrich freundlich zurückzuweisen. Versuchen Sie nicht, ihn durch Kritik umzumodeln, damit zerstören Sie nur das Bild, das er von Ihnen als einer einfühlsamen, empfänglichen und akzeptierenden Frau hat, und damit wäre niemandem gedient. Wenn das Positive gegenüber dem Negativen überwiegt, setzen Sie auf seine Karte. Wenn nicht, trennen Sie sich möglichst früh.

Es gibt für jeden jemanden, außer für den Narzißten. Narzißten bleiben im Zweifel lieber mit ihrem perfekten Selbst allein, als daß sie Kompromisse eingingen. Das Problem ist, daß vielen Frauen einfach die Reife oder der Durchblick fehlt, um hinter die Mängel eines Mannes zu sehen und zu erkennen, daß sie in Wirklichkeit das sind, was seine Individualität und seinen Charakter ausmacht und ihn letztlich so liebenswürdig macht.

Eine wirklich dauerhafte Beziehung setzt voraus, daß Sie sich darüber im klaren sind, was Sie sich bei einem Mann wünschen. Und das sind für mich die »nicht verhandelbaren« Punkte. Sie müssen entscheiden, wie wichtig Ihnen all diese Dinge wie Intelligenz, gutes Aussehen, tadelloser Körperbau, Geld, Bildung, Familiensinn, Humor, Religion, ethische oder kulturelle Fragen sind. Das gleiche gilt für Ihre sexuellen Ansprüche oder gesundheitliche Fragen, seine Fähigkeiten, sich im Haushalt zu betätigen, sein handwerkliches Geschick oder die Politik. Diese Liste ist um all die Dinge zu ergänzen, die Sie sich bei Ihrem Mann wünschen.

Das Problem ist, wie hoch Sie die Meßlatte hängen und wie viele Ihrer nicht verhandelbaren Punkte er erfüllen muß, um nicht durch Ihr Raster zu fallen. Für mich liegt diese Meßlatte in der Regel bei ein oder zwei Punkten, und ich sage, daß Sie sich bei allem, was darüber hinaus noch zu verhandeln ist, flexibel zeigen sollten. Wenn Ihr Partner perfekt sein muß, sind Sie ein Narzißt, und das heißt, daß Sie – unbewußt – single und unabhängig sein möchten.

Für Anabelle, die als Bedienung in einem Café arbeitete, war Intelligenz ein unerläßlicher (nicht verhandelbarer) Punkt bei einem Mann, und sie fand ihn bei Frank, einem College-Professor für griechische Philosophie. Er war weder der bestgekleidetste Mann noch der beste Tänzer, den sie je getroffen hatte, er hatte aber Grips, und sie schmolz jedesmal dahin, wenn er über griechische Philosophie sprach.

Frank hatte nach einer erdigen Frau gesucht, die es genießen würde, für sich und ihn ein Heim zu schaffen. Intellektuell war Anabelle ihm nicht ebenbürtig, sie erfüllte aber seinen nicht verhandelbaren Punkt – Sinnlichkeit und großartigen Sex. Das andere konnte er während des Mittagessens auf dem Campus finden.

Hilary, die in einer Kunstgalerie beschäftigt war, hatte drei nicht verhandelbare Punkte: gutes Aussehen, Geselligkeit und Sinnlichkeit. Und diese drei erfüllte Harvey, ein Maler. Und für beide spielte es keine Rolle, daß sie mehr Geld verdiente als er.

Harveys nicht verhandelbarer Punkt war gesellschaftliches Flair. Er brauchte Leute um sich, die kultiviert, interessiert und ebenso erpicht auf Gespräche wie er waren. Hilary hatte alle drei Qualitäten und außerdem wundervolle Freunde, deren Gesellschaft er genoß. Obwohl Hilary fünf Jahre älter war als er, war ihr Alter für ihn unwichtig und ebenso ihr etwas kantiges und unscheinbares Gesicht. Sie meinten es ernst miteinander und waren verliebt und paßten zusammen. Und das war es, was für sie zählte, auch wenn andere sie nicht als das ideale Paar sehen konnten.

Es sind im Grunde drei Ebenen, auf denen wir uns zu jemandem hingezogen fühlen: die körperliche (sinnlich und sexuell), die geistige (Bildung, Intelligenz, Kommunikationsgeschick und die finanziellen Erfolge einer Person) und die emotionale (die Warmherzigkeit und Liebenswürdigkeit einer Person). Natürlich wünschen wir uns, daß alle drei Punkte gleichermaßen erfüllt werden; das beste, worauf man hoffen kann, ist jedoch, daß man bei zwei von diesen drei Punkten zufriedengestellt wird. Und manchen genügt es, wenn einer von diesen drei Punkten erfüllt ist, solange dieser Punkt so wichtig ist, daß er die anderen wettmachen kann.

Wenn er gutaussehend und intelligent ist, ist er wahrscheinlich knapp bei Kasse. Oder er ist reich und intelligent, aber häßlich. Oder er ist häßlich und verrückt, aber reich. Möglicherweise ist er auch doof und kalt, aber er turnt sie an. Wenn das für Sie okay ist, dann für mich schon lange.

Wir haben alle unsere sonderbaren Aspekte. Wir haben alle irgendwie und irgendwo unsere Macken, und wir müssen es lernen, diese Macken bei anderen zu akzeptieren, um lieben zu können. Es ist leicht, das Perfekte zu lieben, das nicht existiert. Akzeptieren Sie bei Ihrem Partner, was Sie akzeptieren können – ansonsten würde nie jemand in einer Beziehung bleiben. Das Geheimnis ist, herauszufinden, was die negativen Seiten des anderen sind und ob Sie damit leben können. Erwägen Sie diese Frage sorgfältig, seien Sie klug, und nutzen Sie Ihre Intelligenz, die Gott Ihnen gegeben hat.

Jeden Tag begegne ich Menschen, die jemanden aufgegeben haben, für den sie heute sterben würden. Wenn er Polyesterhemden trägt, die Sie stören, kaufen Sie ihm Seidenhemden, wenn Sie mit ihm zusammen sind. Wenn er leicht Übergewicht hat, schlafen Sie mit ihm so oft wie möglich, daß er vor lauter Glück dünner wird. Ich finde, wenn Sie jemanden treffen, der mit 51 Prozent oder noch besser abschneidet, *halten Sie ihn*. Das heißt, wenn Sie an diesem Menschen mehr lieben als Sie nicht an ihm lieben, dann nur zu. Wenn Sie es nicht tun und weiter suchen möchten nach jemandem, der eine bessere Partie ist, dann könnte es allemal sein, daß Sie bei jemandem landen, der nur 49 Prozent oder noch weniger zu bieten hat.

In jedem Märchenprinzen steckt ein Ekel, und in jedem Ekel steckt ein Märchenprinz. Aber verliebt sich jemand in die Märchenprinzenseite einer Person? Mitnichten. Alle verlieben sich in die Ekelseite. Es sind die Eigenarten und Verrücktheiten, die in Wirklichkeit den Liebreiz einer Person für Sie ausmachen, jener Teil, der Sie sagen läßt: »Genau das ist typisch er«, genau das ist es, weshalb Sie ihn lieben.

Frauen, die immerfort auf den perfekten Mann warten – mit den idealen geistigen, körperlichen und emotionalen Attributen –, sage ich: Er kommt nicht. Und das war die Botschaft, die Sheila von mir annehmen mußte. Und sie ist mir dankbar dafür.

Sheila ist in der Kreditabteilung einer Bank beschäftigt. Sie träumte davon, einen großen dunkelhaarigen, reichen Mann zu heiraten, der sie über alles begehrt und alles für sie tun würde. Sie hatte im Laufe der Jahre eine Reihe von Männern frequentiert, war einmal fast verlobt gewesen, ihrem Traummann aber nie begegnet. Mit Fünfunddreißig wurde sie dann allmählich etwas nervös, ob sie wohl jemals heiraten oder Kinder haben würde – und »alarmierte« Freunde und Verwandte, mit ihr Ausschau nach dem »Richtigen« zu halten.

Ihre Freunde hatten schließlich Stan zu bieten, oberflächlich betrachtet etwas glatzköpfig, im Kern aber ein anständiger, charmanter Kerl und zudem erfolgreich.

Als Sheila Stan bei einem Treffen, das gemeinsame Freunde für sie arrangiert hatten, dann persönlich kennenlernte, wollte sie ihn jedoch nicht. Glatze finde ich abstoßend, dachte sie, ich mag Männer mit voller Haarpracht.

Aber Stan wollte umgekehrt auch Sheila nicht, als er sie sah. Sie hatte mindestens zehn Pfund Übergewicht. Fett will ich nicht, dachte er, ich will etwas Knackiges.

Mit seinen achtunddreißig Jahren war Stan im Prinzip bereit, sein Junggesellenleben zu beschließen und zu heiraten. Er hatte bis dahin auf flotte Frauen gestanden, mitgenommen, was er bekommen konnte, charakterliche oder weitergehende Maßstäbe waren nicht wichtig gewesen. Die Tatsache, daß all seine Freunde inzwischen verheiratet waren, Familien gründeten und als Väter in ihrem ruhigen, schönen Familienleben aufgingen, gab ihm jedoch das Gefühl, isoliert und vom Hauptstrom ausgeschlossen zu sein. Und so war er jetzt soweit, daß er sich eine gute, intelligente und tugendhafte Frau wünschte, aber »knackig« sollte sie dennoch sein.

Bei jenem arrangierten Treffen sah es zunächst ganz so aus, als liefe es auf ein Desaster hinaus. Beide sahen sich und beteten spontan, der Abend möge ein möglichst frühes Ende finden. Aber wie der Zufall es wollte, waren sie in einen heftigen Regen geraten, die Straßen waren so mit Schlamm überschwemmt, daß sie unpassierbar geworden waren, so daß Sheila und Stan wohl oder übel Stunden in dem gemütlichen Restaurant festhingen. Als beiden klar wurde, daß es kein Entweichen gab und sie einstweilen Stunden würden miteinander verbringen müssen, wich die Anspannung, und sie machten das Beste daraus und nahmen das Ganze mit Humor.

Raten Sie, was passierte. Sie mochten sich wirklich. Das Problem war, daß beide äußerlich nicht den Erwartungen des anderen entsprachen. Und sie waren schließlich etwas ratlos, wie sie miteinander verbleiben sollten. Er wünschte sich Julia Roberts und sie sich Richard Gere.

Die Frage war, würden sie nun, angesichts der Realitäten, von ihren Idealvorstellungen abrücken oder würden sie weiterhin einem Phantasiebild hinterherjagen und blindlings in die Fänge der Einsamkeit der Lebensmitte geraten, um sich dann schließlich mit jemandem zufriedenzugeben, der noch weniger ihren jeweiligen Maßstäben entsprach?

Nun, sie entschieden sich, sich weiterhin zu sehen. Und mit jedem weiteren Treffen mochten sie immer mehr das, was sie bei dem anderen sahen. Da sie aber immer noch ihre Vorbehalte und Phantasien hatten, kamen sie schließlich ratsuchend zu mir, und wir sprachen über ihre verhandelbaren und nicht verhandelbaren Anforderungen, die sie an einen Partner stellten. Ihnen wurde allmählich klar, welchen guten Fang sie beide gemacht hatten, was ihnen wirklich wichtig war, und daß Liebe etwas Innerliches, nicht Äußerliches, etwas Spirituelles, nicht Materielles ist, und daß sie sich in reale Personen, nicht in künstliche Leinwandgebilde verliebten.

Sheila und Stan heirateten nach einem Jahr und sind ein sehr glückliches Paar. Wir haben einige köstliche Abende verbracht und herzlich über ihre früheren »Projektionen« voneinander gelacht – und wie nahe waren sie doch dabei gewesen, einander zu verlieren?

Bleiben Sie bei Ihrer Hauptrolle

Eines der größten Probleme während der Mängel-Phase ist, auch tatsächlich bei den ursprünglich gewählten Hauptrollen zu bleiben.

Während der Perfekten Phase hat jeder seine jeweilige traditionelle Rolle gespielt; er hat Sie gejagt und war somit die »männliche« Energie, und Sie gingen entsprechend auf ihn ein und waren damit die »weibliche« Energie. (Oder Sie hielten sich an die umgekehrte, weniger traditionelle Rollenverteilung. Sie jagten ihn und waren also die »männliche«, und er war die »weibliche« Energie.) Im Zuge der Mängel-Phase stellen Sie dann jedoch fest, daß sich allmählich Ihre natürlichen Neigungen, Triebe und Verhaltensweisen wieder durchzusetzen beginnen. Und damit stellt sich die Frage der Gleichberechtigung – wobei beide gleichermaßen den Wunsch haben, daß ihr Denken respektiert und ihren Gefühlen liebevoll Rechnung getragen wird.

Es ist schwierig, normale, natürliche Verhaltensweisen einzudämmen. Wenn man es einerseits gewohnt ist, daß man respektiert wird und andererseits auch sehr sensibel ist, wird es unnatürlich und künstlich, der »rationalen« Seite Vorrang gegenüber der »emotionalen« Seite zu geben – oder umgekehrt. Wenn Sie jedoch nicht dabei bleiben, auf einem Bein zu tanzen, werden Sie ihm bald auf die Füße treten, und damit wird der Tanz denn auch sehr bald beendet sein.

Sheri war so eine Frau. Sie war intelligent, einfühlsam, von Beruf Anwältin und wollte heiraten. Sie hatte von meiner Methode gehört und wollte sie sich zunutze machen. Sie wollte die weibliche Energie sein, war dann mit ihren besten Vorsätzen jedoch überfordert, als sie Claude, einen Investmentbanker, kennenlernte, und konnte ihren intelligenten, witzigen Mund nicht unter Kontrolle halten. Sie wollte Claude *wirklich* und fühlte sich genötigt, ihm alles von sich zu erzählen, aus Angst, er könnte sie langweilig finden und verlassen, wenn er nicht wüßte, wie toll sie war.

Sheri hörte alsbald auf, sich »feminin« zu verhalten und begann, von all ihren vielen Leistungen zu erzählen. Mit dem Ergebnis, daß sie seinen vollen Respekt gewann, wobei sie denn auch ins »Geschäft« kamen. Sie verlor ihn jedoch als potentiellen Freund. Sie hatte jedoch insofern Glück, als daß sie ihren Fehler wenig später erkannte, noch wiederum rechtzeitig auf ihr »ursprüngliches Programm« zurückschaltete, so daß sie letzten Endes doch noch wieder zusammenkamen und heirateten.

Manche Frauen sind drei Monate lang die liebe Fügsame. Dann fühlen sie sich sicher genug, einmal selbst versuchsweise das Ruder in die Hand zu nehmen und ihren Mann in die passive und feminine Rolle zu zwingen. Was manche maskuline Männer ihren Frauen in der Mängel-Phase einige Monate durchgehen lassen, in der Hoffnung, daß die liebe Fügsame dann wieder zurückkehrt. Mit Beginn der nächsten Phase – der verhandelbaren Phase – beginnen dann aber die Kämpfe, wer die Kontrolle übernimmt. Kämpfe, die die Beziehung entweder beenden oder dazu führen, daß einer, wie so oft, aus einer sexuellen Abhängigkeit heraus mit Widerwillen kapituliert und nachgibt. Wie auch immer, die Intimität ist zerstört, auch wenn sie heiraten.

Die dunkle Seite verbergen

Ein weiteres Problem, das sich gemeinhin bei allen Beziehungen ergibt, ist, daß wir unsere Schwächen und unsere dunkle Seite hinter einer Wand oberflächlicher Perfektion verstecken, bis sie mit der Zeit und umständehalber dann gezwungenermaßen ans Tageslicht kommen.

Sally war schlampig. Sie hatte weder Lust, ihre Wohnung zu putzen noch zu waschen, noch sich ordentlich anzuziehen, wenn es nicht unbedingt sein mußte.

Und, wie das Schicksal so spielt, war ihr neuer Mann Len, mit dem sie seit zweiundsiebzig Tagen zusammen war, ein Sauberkeitsfanatiker.

Sally war verrückt nach Len und wollte natürlich nichts aufs Spiel setzen. Sie schaffte es auch irgendwie erfolgreich, ihre Schludrigkeit vor ihm zu verbergen und ihn glauben zu lassen, sie sei ebenso sauber und perfekt wie er.

Sie schaffte es die ersten Wochen, fertig angezogen zu sein, wenn er sie zu Hause abholte, und die Wohnung aufzuräumen, indem sie alles, was herumlag, in Schränke oder unter ihr Bett stopfte. Und sie überzeugte ihn im übrigen, daß sie ihn am liebsten in seiner Wohnung am anderen Ende der Stadt aufsuchte, weil sie sowieso auf dem Weg zu ihrer Arbeit lag. Das klappte soweit alles wunderbar, da Len sie gerne in seiner Wohnung verwöhnte und es genoß, daß sich die Beziehung so in wesentlichen Teilen bei ihm abspielte.

Ein Problem stellte sich eines Samstag nachmittags, als Len sowieso in Sallys Gegend zu tun hatte und auf die Idee kam, unangemeldet bei ihr hereinzuschneien. Er klingelte.

Diese jämmerliche Gestalt und völlig verlegene Frau, die ihm die Tür erst nach beharrlichem Klingeln und widerwillig öffnete, konnte unmöglich seine Sally sein. *Seine* Sally lief nicht mit fettigem, strähnigem Haar, in einem verschwitzten Pullover und einer dreckigen Hose genauso schlampig und unordentlich herum, wie ihre Wohnung offenbar war. Len war schockiert, und durch seine Reaktion brach sie in Tränen aus. Sie war sicher, er würde sie jetzt auf der Stelle fallenlassen.

Glücklicherweise zeigte Len, daß er Sinn für Humor hatte. Er nahm sie in die Arme, und Sally ließ sich dankbar hineinsinken.

Sallys Fehler war, daß sie immer nur versucht hatte, ihm zu gefallen, statt sie selbst zu sein. So war sie abhängig von Lens Zustimmung, bis sie und Len ihre einschlägigen Erwartungen zugunsten einer »echten« Beziehung fallenließen, einer Beziehung, die Gut und Böse, Höhen und Tiefen, Vollkommenheiten und Unvollkommenheiten kennt. Natürlich hätte Len Sally wohl nie beachtet, wenn sie bei ihrer ersten Begegnung schlampig und verschmutzt dahergekommen wäre. Und dessen war Sally sich bewußt, so daß sie beschloß, sich zumindest in einigen Dingen zu ändern, um Len zu halten, ihn glücklich zu machen und von ihm sexuell begehrt zu werden.

Niemand ist perfekt

Ich gebe Frauen und Männern den Rat, sich immer wieder zu sagen: »Ich bin nicht vollkommen, und er/sie ist es ebensowenig.« Wir haben alle unsere Mängel, lassen Sie sich also im Zweifel auf die Beziehung ein, und tun Sie Ihr Bestes, was Ihren Teil der Gleichung angeht. Mit dieser Einstellung schauen Sie an den schlechten Tagen nicht nur auf den anderen, sondern sind auf das Überleben der *Beziehung* bedacht. Sie müssen denken, ich muß für meinen Teil sorgen, auch wenn der andere seinen nicht erbringt.

Wir haben alle Eigenschaften, die wir vielleicht ablegen oder zumindest verbessern sollten, wir werden es jedoch kaum tun, wenn uns die Pistole auf die Brust gesetzt wird. Um in einer Beziehung zu wachsen und aufzublühen, muß man sich angenommen wissen. Wenn Ihr Lover »etwas« tut, was Sie hassen, fragen Sie sich, ob dieses »Etwas« ausreichend negativ ist, um ihn abzulehnen. Wenn ja, lehnen Sie ihn ab, wenn nein, akzeptieren Sie ihn.

Wobei es Ihnen unbenommen ist, ihm ihre diesbezüglichen Gefühle freundlich mitzuteilen. Indem Sie etwa sagen: »Natürlich hast du das Recht, *das* zu tun, ich finde es jedoch nicht gut. Könntest du dir vorstellen, das zu ändern oder dich in diesem Punkt in den Griff zu kriegen?«

Wenn jemand sich geliebt und akzeptiert weiß, kann er »hören«, was Sie sagen, und entscheiden, ob er sein Verhalten ändert oder den

Preis bezahlt, daß Sie sich von ihm trennen. Wenn S sieren oder Auseinandersetzungen vom Zaun brechen, sich zum Richter auf, sind selbstgerecht und offenbar dunkle Seite.

Bedeutet Ablehnung nun automatisch das Ende der Nicht unbedingt. Wenn Ihnen ein Verhalten unliebsam a Sie nicht akzeptieren können, so können Sie darüber sp und sich dabei die in diesem Buch aufgezeigten Kommunikationsinstrumente zunutze machen.

Susan konnte die wüsten Fluchereien ihres Freundes Harry nicht akzeptieren, sie tolerierte es jedoch, da er im übrigen viele Qualitäten hatte, die ihr gefielen. Dann hörte sie mich darüber reden, wie destruktiv es für ihre Beziehung sei, ihn zu tolerieren. So daß sie sich entschloß, sein Verhalten abzulehnen, ohne jedoch die Beziehung zu beenden.

Sie sagte zu ihm: »Harry, du hast natürlich das Recht, fortwährend zu fluchen, mich befallen jedoch jedesmal beklemmende Gefühle, wenn du es tust. Ich gehe so lange meiner Wege, bis du damit aufgehört hast. Okay?«

Es war okay für Harry. Er arbeitete als Automechaniker, hatte es sich bei der Arbeit angewöhnt, mochte es in Wirklichkeit selbst nicht und hatte sich im Grunde gewünscht, daß Susan es beanstanden würde. Er hörte alsbald mit seinem Fluchen auf, und sie setzten ihre sehr schöne Beziehung fort.

Joanna verabscheute die Tatsache, daß ihr Freund Donald immer wieder gemeinsame Unternehmungen plante, ohne sie zu konsultieren. Sie sagte zu ihm: »Don, du planst wirklich schöne Dinge für uns, aber es behagt mir nicht, wenn du mich nicht fragst, wie ich deine Pläne finde. Wenn du Dinge nicht mit mir abstimmst, werde ich in Zukunft einfach ›nein, danke‹ sagen.«

Don war eine Zeitlang verärgert, er lernte es aber schließlich, sein Verhalten zu ändern.

Halten Sie keine Vorträge, streiten Sie nicht, seien Sie nicht herablassend, und kritisieren Sie nicht. Beziehen Sie eine Position, und bleiben Sie dabei. Diese Idee, ihn und seine Mängel zu akzeptieren oder abzulehnen statt zu tolerieren, ist eine wichtige Lektion des Kapitels Heiraten. Wenn Sie es ernst meinen und heiraten möchten, sind Sie wie zwei Menschen in einem Rettungsboot auf stürmischer See. Jeder von Ihnen hat ein Paddel, nicht zwei, und jeder rudert auf seiner Seite des Bootes, nicht auf beiden. Sie sind abhängig voneinaner, was die Kräfteverteilung und die Richtung angeht. Jedes überflüssige Machtspielchen führt nur dazu, daß das Boot sich im Kreis dreht. Energiegleichgewicht ist der Name des Heiratsspiels.

Ein Grund, warum ich Ihnen nahelege, mit einem Mann nicht zusammenzuleben, ehe Sie nicht verlobt oder verheiratet sind, ist, daß Sie sich so in Streßzeiten eine Weile zurückziehen können, bis die Wogen sich wieder etwas geglättet haben. Ziehen Sie sich in Ihre Wohnung zurück, machen Sie einen Spaziergang, hängen Sie das Telefon aus, sprechen Sie später, schauen Sie erst einmal weg, um einen klaren Kopf zu bekommen. Reservieren Sie die völlige Ablehnung für moralische oder ethische Fragen, wo es etwa um Unehrlichkeit oder Gewalttätigkeit geht, oder wenn er sich als chronischer Schuft oder in seinem Verhalten als gefühllos erweist. Völlige Ablehnung sollte den Dingen vorbehalten bleiben, bei denen Sie sich, wenn Sie bleiben, nur zu seiner Komplizin machen würden.

Kleine Fehler verdienen wenig Ablehnung und jede Menge Liebe von beiden Seiten.

13. Wie Sie mit Konflikten umgehen

Jetzt möchte ich Ihnen zeigen, wie Sie mit *Konflikten* umgehen, das heißt mit Situationen, in denen unterschiedliche Meinungen oder Gefühle einander gegenüberstehen und zu Streit führen. Was immer dann der Fall sein wird, wenn Sie gleichermaßen möchten, daß Ihre Ideen respektiert werden oder Ihren Gefühlen Rechnung getragen wird. Dann stehen Sie vor einem Konflikt und müssen geschickte Verhandlungs- und Kommunikationstechniken beherrschen und zu nutzen wissen. Nachfolgend finden Sie einige hilfreiche Instrumente zur Lösung von Konflikten.

»Streicheleinheit und Standort«
(Eine Methode, um spontan auf eine unangenehme Situation zu reagieren)

Beth war gutaussehend und wußte sich auszudrücken, sie hatte aber Schwierigkeiten, sich auf ihre unangenehmen Gefühle einzulassen und noch größere Schwierigkeiten, diese ihrem Freund Fred mitzuteilen.

Wegen ihrer Unfähigkeit, nein zu sagen, dachte Fred, sie sei immer und mit allem einverstanden, was er sagte und tat. Wenn er glaubte, ein Konflikt bahne sich an, schaltete er auf Logik und argumentierte sachlich, nüchtern wie in einem Gerichtssaal, während Beth unlogisch und übertrieben emotional wurde. Sie versuchte, in solchen Situationen Fred ihre unangenehmen Gefühle mitzuteilen, überspannte den Bogen jedoch jedesmal derart, daß Fred sie nicht »hören« konnte, weil sie so emotional war. Während er dann versuchte, mit Fragen herauszufinden, was sie sagen wollte, fühlte sie sich durch seine Gereiztheit und seinen Frust derart eingeschüchtert, daß sie sich wiederum in Schweigen zurückzog.

Beth mußte einen Weg finden, wie sie mit Fred sprechen und ihm unter dem Druck seiner Stärke unmißverständlich klarmachen konnte, was sie empfand.

Sie nahm schließlich an einem meiner wöchentlich stattfindenden Kurse teil, in denen Frauen lernen sollten, für sich selbst zu sprechen.

In dieser Frauengruppe sagte ich, wir sollten uns theoretisch einmal die Situation vorstellen, daß Fred Beth zu einem Konzert einer Gruppe mitnehmen wollte, an der ihr absolut nichts lag.

Anhand dieses Beispiels wollte ich die erste Methode zum Umgang mit Konflikten verdeutlichen: die »Streicheleinheit-und-Standort«-Methode, die vor allem das Ziel hat, dem Mann das Gefühl zu geben, er wird akzeptiert. Sie sagen ihm, daß er das Recht (die Freiheit) hat, zu tun oder zu sagen, was er will, solange es nicht moralisch (für Sie körperlich verletzend) oder ethisch verwerflich ist (und Sie finanziell, vermögensmäßig oder beruflich Schaden nehmen). So behauptet die Frau ihren Standpunkt, und es wird gleichzeitig verhindert, daß sie einfach nur rebellisch »reagiert«. Zum Beispiel:

1. *Streicheleinheit:* »Fred, du hast natürlich das Recht zu beschließen, daß wir in dieses Konzert gehen.«
2. *Standort:* Jetzt muß sie ihm ihre Gefühle so unmißverständlich mitteilen, daß er sie hören und darauf eingehen kann, sofern er kein egozentrischer Narzißt ist, dem das völlig egal ist – und in dem Fall ist es besser, das jetzt, als später, nach der Heirat, zu erkennen.

   »Aber ich mag die Musik dieser Gruppe nicht. Ich finde sie abstoßend.« Mit dem Beziehen des Standortes zeigen Sie, daß Sie sich selbst lieben: Sie haben ihm gesagt, was Sie nicht wollen.
3. *Kontrakt:* Jetzt kann Beth ihm auf respektvolle Weise eine mögliche Alternative anbieten.

   »Fred, was hältst du davon, wenn du am Wochenende mit Zac dahin gehst, der auf ihre Musik wirklich abfährt, und wir heute abend zusammen ins Kino gehen, in einen Film, der uns beiden gefällt? Ich würde mich darüber riesig freuen. Was meinst du?«

Ob Fred Beth dann schließlich in das Konzert mitschleppt, ist im Grunde unwichtig und hängt davon ab, worauf sie sich einigen. Wichtig ist, daß er liebevoll und einfühlsam reagiert.

»Beth, natürlich ist es mir wichtig, ob du überhaupt Lust hast, in dieses Konzert zu gehen. Ich möchte eine Lösung finden, mit der wir beide glücklich sind.«

Eine Beziehung mit einem egozentrischen Narzißten, dem Ihre Gefühle gleichgültig sind, ist ein »Fußabtreter«-Training und für keine Frau in unserer heutigen aufgeklärten Gesellschaft akzeptabel.

Diese Art von Beziehung funktioniert nur, wenn einer
um jeden Preis *braucht*, und diese Situation wollen Si
bestimmt nicht. Bei dem Spiel, das narzißtische Männer s
es darum, sich ihre Ideen von ihren Partnerinnen absegne
egal, ob ihre Partnerin sie wirklich gutheißt oder nicht. S
daran, in einem solchen Falle möglichst schnell abzuspring

Was Beth und Fred anging, so wollte Beth weder seine Freiheit einschränken, noch ihn kontrollieren, und ebensowenig wollte sie von ihm kontrolliert werden. Sehr wohl kontrollieren wollte sie aber, was *sie selbst* anging, physisch, mental und emotional, während sie mit ihm zusammen war. Das ist ihr gutes Recht und ein Zeichen psychischer Gesundheit.

Mit dieser »Streicheleinheit-und-Standort«-Methode war es Beth möglich, in solchen Situationen ihre Meinung zu sagen, und das zugleich in einer Art und Weise, die den Weg ebnete, daß sie sich einander tiefer verbunden fühlten und sich am Ende verlobten.

Diese Methode können Sie natürlich beliebig anwenden:

Stellen Sie sich vor, Fred hätte nicht nur die Gewohnheit, wenn er mit Beth ausging, schönen Frauen nachzuschauen, sondern Beth auch noch auf diese Frauen aufmerksam zu machen, so daß sie sich nicht mehr als begehrenswert empfand und sich, kurz gesagt, schlecht fühlte.

So konnte sie zu ihm sagen: »Fred, du hast natürlich das Recht, schönen Frauen nachzuschauen und sie mir zu zeigen (Streicheleinheit), ich empfinde aber *Eifersucht*, wenn du das tust, und ich möchte diese Gefühle nicht haben (Standort). Wenn du das weiterhin machst (Kontrakt), werde ich meiner Wege gehen.«

Wenn er es dann weiterhin macht, muß sie ihn natürlich tatsächlich verlassen, denn sein Verhalten zeigt klar, daß er nicht bereit ist, auf ihre Gefühle einzugehen. Eine Frau, die auf Integrität hält, steht zu ihrem Kontrakt.

Fünf-Schritte-Reinigungsaktion
(Eine Methode, um später auf eine unangenehme Situation zu reagieren)

Marsha, eine ruhige Frau und als Versicherungsagentin tätig, war mit Peter, Manager eines Automobilzulieferbetriebes, liiert.

Sie planten einen Urlaub auf Hawaii. Da Peter im Gegensatz zu Marsha beruflich sehr angespannt war, bat er sie, sich über die Angebote zu informieren und eine Insel als »Ausgangsbasis« zu wählen, wo sie Quartier beziehen und von wo aus sie dann Ausflüge zu den anderen Inseln unternehmen würden. Marsha war gerne dazu bereit, sagte Peter dann nach einigen Wochen jedoch, sie könne die Entscheidung nicht treffen, weil alle ihr gleichermaßen verlockend erschienen. Und sie bat *ihn*, eine Insel zu wählen.

Peter wählte eine Insel, die auch Marshas Zustimmung fand. Als sie dann jedoch in ihrem Hotelzimmer eintrafen, konnte sie sich einen Kommentar nicht verkneifen und stöhnte auf ihre nette Art: »Mein Gott, ich wünschte, wir hätten eine andere Insel ausgesucht. Hier gibt's ja überhaupt nichts.« Sie kritisierte ihn nicht, machte ihm keine Vorwürfe, nur ihrer kleinen Enttäuschung Luft, was Peter aber natürlich erst einmal die Urlaubsstimmung verdarb.

Marsha war passiv-aggressiv. Selbst dafür zu sorgen, daß sie das bekam, was ihr gefiel, oder nein zu sagen, war ihr zu nervenaufreibend. Statt dessen sagte sie zu fast allem ja, um die Dinge dann später zu sabotieren, indem sie unglücklich war und das auch zeigte. Eine Strategie, die dafür sorgte, daß sie letztlich, wenn auch auf verdeckte Weise, die »Kontrolle« über die Situation behielt. Marsha mußte lernen, über negative Themen und Gefühle, die ihr angst machten, zu sprechen.

Als Marsha an einem meiner Seminare teilnahm, zeigte ich ihr, wie sie mit der Fünf-Schritte-Reinigungsaktion eine Situation bewältigen konnte, die sie seit jeher fürchtete: Peter zu sagen, daß sie gerne übers Wochenende mit ein paar Freundinnen verreisen wollte, was bedeutete, daß sie ihn nicht sehen würde, ein Problem, da Marsha Schwierigkeiten hatte, Peter ein ganzes Wochenende »im Stich zu lassen«.

1. Um Erlaubnis bitten, in seinen Raum eindringen zu dürfen: »Peter, ich möchte gerne mit dir darüber sprechen, daß ich nächstes Wochenende mit Gail und Vickie wegfahren möchte. Möchtest du jetzt oder lieber später darüber sprechen?«

   Da Peter sich respektiert fühlt, wird er sagen, ob er lieber jetzt oder später reden möchte. Er wird sich dabei nicht von Marsha bombardiert fühlen, die auf diese Weise kein Gegenargument seiner »linken Hirnhemisphäre« und damit keinen Streit zwischen ihrer männlichen Energie und seinem männlichen Gehirn ausgelöst hat. Was hilfreich für ihr Anliegen ist.

2. Eine Streicheleinheit geben, mit der Sie seine guten As[
kennen:

»Peter, ich weiß, wie sehr du dich freust, wenn ich Spa[
es mir gutgeht.«

3. Ihre Gefühle mitteilen:

Indem sie das tut, gibt Marsha Peter eine Chance, sie zu lieben und auf sie einzugehen. Und sie erlaubt es sich, verwundbar zu sein.

»Aber ich habe Schuldgefühle, daß ich wegfahre und dich dieses Wochenende allein lasse, obwohl es etwas ist, worauf ich mich freue.«

4. Zuerst mitteilen, was Sie *nicht wollen*, um das zu bekommen, was Sie *wollen*:

»Peter, ich möchte unsere Beziehung jedoch nicht als Fessel sehen, womit ich nicht leben könnte, und trotz meiner Gefühle wegfahren.«

5. Und jetzt der Kontrakt:

»Peter, ist es für dich okay, wenn ich fahre?«

Darauf gibt es nur die Antwort *ja* oder *nein*. Alle weiteren Fragen, Debatten, Vorwürfe oder Kritisierungen sind Mittel zum Abblocken. Peter ist Marshas Anliegen jedoch wichtig, und er geht auf ihre Gefühle ein, so daß er entweder

1. ein klares Ja sagt
   oder
2. begründet, warum er nein sagt, und versucht, mit Marsha einen Kompromiß zu finden.

Wenn Peter zu dem Typus Mann gehörte, der eine saubere Verhandlung meidet und per Einschüchterung erreicht, daß sie auf ihr Wochenende verzichtet, hätte Marsha auf die »Streicheleinheit-und-Standort«-Methode zurückgreifen können.

»Peter, du hast natürlich das Recht, dich um ein klares Ja oder Nein zu drücken. Ich will keine Auseinandersetzung. Ich werde das tun, was ich für mich für richtig halte. Ich werde diese Art von Verhalten noch solange hinnehmen, wie ich kann, aber dann werde ich dich verlassen.«

Damit hätte Marsha Peter den »Preis« für seine Einschüchterungs- oder Verführungsversuche genannt. Es ist an ihm, einen sauberen

Kompromiß auszuhandeln oder ja oder nein zu sagen. Ansonsten *wird er am Ende den Preis bezahlen und Marsha verlieren.*

Eine Frau darf nicht zulassen, daß sie sich in jenes unglückselige Spiel von »Aufregungen« und damit in den Kreislauf von Erklärungen und Beschuldigungen verstrickt, bei dem Gefühle dann nur noch verunglimpft werden. Eine Frau wie Marsha, die sich durch eine extreme Sensitivität für die Gefühle anderer auszeichnet, muß ihre »linke Hirnhemisphäre« nutzen und ihre Schuld- und Angstgefühle durchdenken, so daß sie es vermeiden kann, die Intimität zu sabotieren. »Nichts zu riskieren« und den Konflikt auf später hinauszuschieben, führt immer zu einem größeren Konflikt. Dadurch, daß sie Peter ihre Gefühle in jeder Situation mitteilte, half sie ihm, sie mehr lieben und besser auf sie eingehen zu können.

Eine Frau mit männlicher Energie, die diese Fünf-Schritte-Reinigungsmethode anwenden möchte, sollte mit ihren Gedanken und Wünschen die Führungsrolle übernehmen, um schmerzliche Auseinandersetzungen zu vermeiden, wer nun derjenige in der Beziehung ist, der führt, und wer derjenige, der reagiert. Eine maskuline Frau, die sich als unentschlossene Führerin gibt und ihre Gedanken und ihre Aussagen mit ihren Gefühlen vermischt, verwirrt ihren femininen Mann, oder sie kollidiert mit seinen Gedanken und Gefühlen und gefährdet damit ihre Zukunft. Denken Sie daran, die maskuline Frau führt mit: »Ich möchte, ich denke, wie findest du das?« Und der andere sagt die Wahrheit über seine Gefühle und offen ja oder nein, so daß eine gute Kommunikation stattfinden kann.

Peter war ein »guter« Mann, und Marsha *wurde*, indem sie sich dieser Kommunikationstechniken bediente, eine »gute« Frau.

Auf den Punkt bringen
(Um die Körpersprache auf die verbale Ebene zu bringen)

Dieses Kommunikationsinstrument bringt das auf den Punkt, was bei der Körpersprache unausgesprochen bleibt, was wir aber intuitiv wahrnehmen – über seinen Tonfall, Gesichtsausdruck, seine Haltung und Gestik.

Carolyn, für Drehbücher bei einer Filmgesellschaft zuständig, hatte kein Problem, Bill gegenüber, der als Tonmeister arbeitete, einem »starken, schweigsamen Typen« mit dem guten Aussehen eines Latino-Lovers, nein zu sagen oder ihn um das zu bitten, was sie wollte.

Bill sah so gut aus, daß er es nicht nötig hatte, den Frauen hinterherzulaufen; sie liefen hinter ihm her. Und Carolyn lief nicht hinter Männern her; sie liefen hinter ihr her. Nachdem sie sechs Monate umeinander herumgetanzt waren, jeweils wartend, daß der andere den ersten Schritt tat, tat Bill ihn schließlich, und eine liebevolle Beziehung begann.

Nachdem sie mehrere Monate zusammen waren, kam jedoch eine völlig niedergeschlagene Carolyn zu mir, die erklärte, ihre Beziehung gehe auseinander, weil Bill nicht sagen würde, was er will oder was er denkt, was die Person mit der männlichen Energie tun muß, um eine gute Kommunikation mit der femininen Person zu ermöglichen.

So hatte Carolyn sich nun in der Situation verrannt, daß sie Bill ständig damit auf die Nerven ging, daß sie herausfinden wollte, was er wollte, mit dem Ergebnis, daß Bill angefangen hatte, sich zurückzuziehen.

Wenn Carolyn über ihre gemeinsame Zukunft sprechen wollte, sagte sie etwa: »Bill, möchtest du eines Tages heiraten? Wann?«

Und Bill wich dem Thema aus, indem er antwortete: »Das weiß ich heute noch nicht. Kannst du mir noch etwas Zeit lassen?«

Bill wollte Carolyn eigentlich heiraten, aber durch ihre kontrollierende Art wurden bei ihm Warnsignale ausgelöst wegen Dingen, die er noch allzugut aus früheren Beziehungen kannte. Er wollte sehen, wie weit sie gehen und ihn unter Druck setzen würde. Er wollte, daß sie ihn den Zeitpunkt wählen ließ, um ihr romantisch einen Antrag zu machen. Und ehe es soweit war, wollte er ihr nicht sagen, daß er sie heiraten wollte. Nicht zuletzt aus Angst, sie könnte ihn dann noch weiter unter Druck setzen, endlich ernst zu machen.

Ich brachte Carolyn bei, wie sie die *Auf-den-Punkt-bringen*-Methode nutzen konnte. Sie mußte Bill auf die verbale Ebene »hieven«.

Sie mußte etwa sagen: »Bill, ich habe das Gefühl, daß du nicht über unsere Zukunft sprechen möchtest, weil du meine Frage weder mit Ja noch mit Nein beantwortet hast. Habe ich recht?«

Jetzt kann Bill ja oder nein oder vielleicht auch überhaupt nichts sagen. Alle Antworten jenseits von Ja heißen nein. Sie sind sauber, akzeptabel und leicht verständlich. Nichts zu sagen ist quälend und irritierend und schmerzlich. Und wenn Bill keine Antwort gibt, sollte

Carolyn *davon ausgehen*, daß Bill nein sagt. Und sie muß dann entscheiden, was sie angemessenerweise tut – ihn akzeptieren oder ablehnen.

Ich brachte Carolyn bei, wann immer sie eine Reaktion von Bill haben wollte, sollte sie sich auf respektvolle Weise zu seiner Position äußern. Etwa: »Ich habe das Gefühl (glaube), daß du wütend bist, sauer bist, dich nicht wohl fühlst etc. Habe ich recht?« Mit diesem Ansatz könnte sie den Eindruck vermeiden, sie wollte ihn kontrollieren, indem sie Antworten oder Taten von ihm verlangt.

Wenn sie etwa sagt: »Bill, möchtest du... (was auch immer), oder möchtest du nicht... (was auch immer)«, behält er die Kontrolle, was ihn selbst angeht. Was wiederum zum Ergebnis hat, daß er sich bei ihr wohl fühlt, und das ist selbstredend die Voraussetzung, daß er über eine Ehe mit Carolyn überhaupt auch nur nachdenkt.

Die Verhandlung

(6–9 Monate)

14. Zum Abschluß kommen

In der Perfekten Phase haben Sie nun den einen perfekten Mann kennengelernt, der auf dieser Welt für Sie bestimmt ist, und er hat endlich die Frau seiner Träume gefunden. In der Mängel-Phase haben Sie dann die Wahrheit über seine sonderbaren Gewohnheiten herausgefunden, und er lernte Ihre verrückten Obsessionen kennen. Und wenn er, obwohl Sie sich noch immer mochten, dann nicht bereit war, bestimmte Verantwortlichkeiten zu übernehmen, oder Sie waren nicht bereit, Ihre Unabhängigkeit aufzugeben, dann hat der eine oder andere von Ihnen wahrscheinlich einen Weg gefunden, die Beziehung zu beenden.

Wenn Sie demgegenüber aber beide zu dem Schluß kamen, ausgehend von allem Positiven, Negativen und dem, was dazwischen liegt, daß Sie einander akzeptieren, und er nahm sich (als männliche Energie) mit der Beziehung in die Verantwortung, und Sie gaben (als die weibliche Energie) Ihre unabhängigen Seiten auf (oder umgekehrt), dann treten Sie nun in die Verhandlungsphase der Beziehung ein. In den nächsten drei Monaten haben Sie die Chance, mit dem Aufbau einer langfristigen, verbindlichen Beziehung (mit oder ohne Ehe) zu beginnen.

Die Verbindlichkeit einer Beziehung greift da, wo die Verbindlichkeit gegenüber irgendeiner Person endet, da ein Mensch nicht an jedem Tag so gut sein kann, daß er Ihre Verbindlichkeit verdient. Wohl aber die Beziehung, und sie hält zwei Menschen, die es ernst miteinander meinen, zusammen.

Fragen bei einer Bindung fürs Leben

Obwohl Sie jetzt auch weiterhin über die gleichen Dinge sprechen, über die bisher, seit Beginn der Beziehung gesprochen wurde, gewinnen bestimmte Dinge in der Verhandlungsphase doch ein größeres Gewicht, weil Fragen dahinterstehen, mit denen Sie dann täglich für den Rest Ihres Lebens leben werden. Leben heißt Veränderung, natürlich. Und so werden Sie beide fortwährend gezwungen sein, immer wieder neu zu verhandeln. Indem Dinge verhandelt werden, ehe die Probleme da sind, wird eine Menge Streß ausgeschaltet.

Sofern Sie sich zum Beispiel entschließen zu heiraten, ist zu fragen, wollen Sie auch kirchlich oder nur standesamtlich heiraten? Welche Konsequenzen hat Ihre Heirat für Ihre Familie? Was ist mit Kindern? Ja? Nein? Wieviele? Sollen sie religiös erzogen werden oder nicht? Wenn ja, in welcher Religion? Was ist, wenn er bereits Kinder und eine Ex-Frau hat?

Wenn Sie beide berufstätig sind und Ihre Berufe sehr viel Zeit beanspruchen, und Sie wünschen sich beide eine Familie, muß einer von Ihnen entscheiden, ob und gegebenenfalls bei wem die Familie oder der Beruf Vorrang hat. Wer entscheidet wie?

Wenn er auf dem Land leben möchte und Sie in einer Großstadt, müssen Sie sich einig werden, ob Sie entweder in einer ländlichen Region, nahe einer Großstadt, oder, wenn Sie es sich leisten können, in der Stadt mit einem Wochenendhaus auf dem Land leben.

Soll bei der Frage, wo Sie leben, Ihr Beruf ausschlaggebend sein, oder wählen Sie Ihren Wohnort mit Blick auf die Kinder, die Sie dereinst haben und großziehen möchten? Die meisten maskulinen Männer möchten ihren Beruf auf sicherem Boden wissen und entsprechend denn auch in der Nähe ihres Arbeitsplatzes wohnen. Die meisten femininen Frauen wünschen sich Kinder, und daß ihre maskulinen Männer die Hauptlast der Unterhaltskasten tragen.

Werden Sie in der Nähe Ihrer Eltern, seiner Eltern, seiner Kinder leben? Welche finanziellen Ziele sind wichtig? Möchten Sie heute leben und das Geld ausgeben oder für morgen sparen?

Um zu einem gegenseitigen Verständnis und einer gegenseitigen Verbindlichkeit zu gelangen, muß jeder sich vier Fragen stellen:

Was möchte ich?

Was möchtest du?

Was möchte ich nicht?

Was möchtest du nicht?

Und bei der Beantwortung dieser Fragen müssen Sie Einvernehmlichkeit erzielen.

Frances war als Lektorin in einem expandierenden Verlag beschäftigt und mit Luke zusammen, der eine vielversprechende Karriere an der Börse vor sich hatte. Sie waren inzwischen seit acht Monaten fest liiert und hatten angefangen, über gemeinsame Zukunftspläne zu verhandeln, inbegriffen, daß sie im nächsten Jahr heiraten wollten.

Eine der Fragen, mit denen sie sich auseinandersetzten, war, ob sie mit Kindern warten oder möglichst schnell Kinder haben und ein Au-pair-Mädchen aufnehmen sollten, das sich um die Kinder kümmern würde, so daß Frances weiterhin berufstätig sein konnte.

Sie entschieden sich zu heiraten, möglichst schnell zwei Kinder zu haben und jemanden im Haushalt aufzunehmen, der sich in den nächsten Jahren um die Kinder kümmerte, so daß beide weiterhin ihre beruflichen Ziele verfolgen konnten. Und gegebenenfalls, sofern notwendig oder wünschenswert, würden sie dann neu verhandeln.

Lilith und Martin hatten seit neun Monaten eine Beziehung und einige Schwierigkeiten mit ihren Verhandlungen. Beide wollten eines Tages heiraten und eine Familie gründen. Aber jedesmal, wenn die Frage aufs Tapet kam, wann sie heiraten sollten und ob sie nach der Geburt des ersten Kindes ihren Beruf aufgeben würde, gerieten sie sich in die Haare.

Lilith wollte möglichst bald heiraten und hatte keine Lust, wenn erst ein Kind da wäre, weiterhin als Anwaltsgehilfin zu arbeiten. Sie brauchten aber ihr Einkommen, Kind oder nicht, bis er als Jurist einen weiterführenden Abschluß geschafft hatte.

Je mehr Lilith sich mit dieser Frage beschäftigte, desto fester wurde ihr Entschluß, daß sie nicht wollte, daß ihr Kind von jemand anderem erzogen wurde.

Ihre nicht verhandelbaren Punkte kollidierten: Kind jetzt versus jetzt benötigtes Geld. Mit dem Ergebnis, daß die Beziehung auseinanderging. Lilith kehrte sodann zu ihrem alten Freund Jeremy zurück, der immer noch auf sie wartete. Er war in einem Reisebüro beschäftigt, nicht so gebildet wie Martin, aber bereit und willens, jetzt zu heiraten und eine Familie zu gründen.

Für Stewart, einen Exporteur, war die Frage, eine Frau zu haben, die jederzeit verfügbar war, um mit ihm auf Auslandsreisen zu gehen, eine entscheidende Frage, um eine Bindung fürs Leben einzugehen. Und genau das hatte mit Sylvia, seiner Freundin, in den letzten anderthalb Jahren, seit sie eine feste Beziehung hatten, wunderbar funktioniert, insbesondere nachdem Sylvia ihren Job in der Brautmodenabteilung eines großen Kaufhauses verloren hatte.

Sie meinten es ernst miteinander, und entsprechend ernst gemeint waren ihre »Zukunftsgespräche« (Verhandlungen), die sie seit einigen Monaten führten. Das Problem war jedoch, daß Sylvia, so sehr sie ihre gemeinsamen Reisen auch genoß, nicht nur für Stewart dasein wollte; sie wollte auch ihrem eigenen Beruf nachgehen.

Beide wünschten sich, in ihrer Beziehung weiterzukommen, und wenn das nicht möglich war, würde man sie halt beenden. Sylvia fand für sich die Lösung – mit einem Ladenlokal, in dem sie ein Brautmodengeschäft eröffnen konnte. Sie hatte fünf Jahre hart gearbeitet und genügend Geld gespart, um sich diesen Traum zu erfüllen. Jetzt stand sie vor der Entscheidung, ob sie Stewart heiraten sollte, was allerdings an sein Bedürfnis gekoppelt war, daß sie stets für ihn verfügbar war.

Sylvia löste das Problem damit, daß sie sich eine Geschäftspartnerin suchte, die täglich präsent sein konnte und mit der Regelung einverstanden war, daß Sylvia im Prinzip kam und ging, wann sie wollte. So hatten Sylvia und Stewart ihre Differenzen am Ende erfolgreich ausgehandelt und eine Lösung gefunden, die beiden gerecht wurde.

Die Rollen ändern

Flexibilität im Rollenverhalten ist in dieser Phase angesagt. Die Individualität eines jeden »kommt« jetzt mehr »heraus« als in früheren Phasen der Beziehung. Es ist also die Zeit, in der Sie beginnen, über einen Wechsel der maskulinen und femininen Rollen zu verhandeln.

Sarah war seit jeher gerne Auto gefahren. Und es war ihr schwergefallen, während der ersten sieben Monate ihrer Beziehung im Wagen ihres Freundes Jed mit dem Beifahrersitz vorliebzunehmen, sie hatte es aber hingenommen.

Sie sprach mit mir über ihr Problem und hielt sich zunächst einmal an meinen Rat, sie sollte Jed ihre Gefühle mitteilen und sagen, wie nervös es sie machte, wenn er übertrieben schnell fuhr oder ein wenig leichtsinnig die Fahrspur wechselte. Woraufhin er denn auch sofort langsamer fuhr und vorsichtiger war. Was blieb, war, daß Sarah selbst fahren wollte. Und um das zu erreichen, wollte sie meine Strategie nutzen.

Nachdem er eingewilligt hatte, mit ihr über dieses Thema zu sprechen, sagte sie: »Jed, ich weiß deine Bereitschaft, auf meine Gefühle einzugehen, wenn ich nervös werde, zu schätzen, und ich weiß deine Bereitschaft zu schätzen, meinen Bedürfnissen Rechnung zu tragen. Ich möchte jedoch das ganze Fahren übernehmen. Was meinst du dazu?«

Jed war einverstanden, denn er wußte, wenn es ihr gutging, dann ging es auch ihm gut. Es war nicht notwendig für sein männliches Ego, die Kontrolle zu behalten. Er hatte kein Problem, der (feminine) Beifahrer zu sein.

Leo hatte seit sechs Monaten mit Ursula eine feste Beziehung. Leo wünschte sich nunmehr auch einen Rollentausch, wobei er in diesem Fall, was ihre gemeinsamen Unternehmungen anging, von der maskulinen in die feminine Rolle schlüpfen wollte.

Leo erklärte Ursula, es sei ihm wirklich lieber, wenn sie sagte, was sie bei ihren Treffen unternehmen und wo sie essen gehen sollten. Er war mehr als bereit, dabei alles zu bezahlen, er wollte aber, daß sie die Planung übernahm.

Anfänglich empfand sie diese Veränderung als ein wenig »unromantisch«, nach einigen Wochen stellte sie aber fest, daß ihr die »maskuline« Führungsrolle auf dieser Ebene durchaus gefiel. Unbenommen davon sagte Leo ihr, wenn er selbst einmal eine gute Idee hatte, und sie stellte sich gerne darauf ein. Sie operierten mit Flexibilität.

Paul und Michele waren seit sieben Monaten zusammen, als sie zu mir in meine Praxis kamen.

Zu Beginn ihrer Beziehung hatten beide sich von ihrer besten Seite gezeigt. Michele gab sich sehr sexy, war bewundernswert und fügte sich Paul bei den meisten Dingen. Und für Paul war es fast das Natürlichste, Michele zu verwöhnen und auf ihre Gefühle einzugehen. Beide waren aber starke, selbstbewußte Persönlichkeiten, beide manchmal männlich und manchmal weiblich, und nach sieben Monaten allmählich wieder zu ihren natürlichen Verhaltensmustern zurückgekehrt. Ihr Konflikt, als sie zu mir kamen, war, daß sie Schwierigkeiten hatten, einander ihre Ideen und Gefühle mitzuteilen.

Sie gerieten jedesmal aneinander, wenn er sagte, daß er etwas wollte, und sie sagte, daß sie etwas anderes wollte, oder wenn es beiden gleichzeitig schlechtging und jeder wollte, daß der andere jeweils auf seine Gefühle einging. Für mich war klar, daß sie in ihrer Beziehung keinen Schritt weiterkämen, geschweige denn, über eine gemeinsame Zukunft verhandeln könnten, solange sie es nicht gelernt hatten, wie man auf dem Wege der Kommunikation geschickt verhandeln und Kompromisse finden kann.

Bei ihrer ersten Lektion fragte ich zunächst einmal: »Wer möchte die männliche Energie und für die führende Rolle als Ideenlieferant verantwortlich sein, und wer möchte die weibliche Energie sein und diese Ideen mit ihren Gefühlen unterstützen?«

Eine lange Pause. Dann sagten beide, fast wie aus einem Munde, sie wollten die »männliche Energie« *und* die »weibliche Energie« sein.

»In dem Fall«, sagte ich, »sind Sie beide, letztlich geborene Singles und narzißtisch, was absolut in Ordnung ist bei Personen, die allein leben möchten, was aber bei Paaren nicht funktioniert, die ihr Leben miteinander teilen möchten.«

Ich sagte ihnen, die Energie sei der Wechselkurs, und diese Energie präsentiere sich entweder in aktiver Männlichkeit oder in passiver Weiblichkeit. Wenn eine Beziehung funktionieren soll, muß eine Person mit Gedanken führen, und die andere muß »folgen« bzw. mit Gefühlen »antworten«. Ich sagte ihnen, sie müßten immer bereit sein, den anderen ohne jedes Vorurteil ausreden zu lassen.

Paul und Michele einigten sich schließlich, daß er versuchsweise einmal zwei Wochen die Führung übernehmen und sie ihm folgen würde. Ich wollte ihnen die Chance geben, die Rollen in Harmonie kennenzulernen, um herauszufinden, wie und unter welchen Bedingungen sie sich darin wirklich wohl fühlen könnten.

Als erstes brachte ich ihnen mein »Tägliches Amigo-Gespräch« bei.

Das Tägliche Amigo-Gespräch ist eine wirksame Methode, sich täglich Luft zu machen und so zu verhindern, daß irgendwelche giftigen, unproduktiven und schädlichen Emotionen wie Ressentiments und Frust sich aufbauen. Sie verhindert im übrigen, daß Dinge einfach geleugnet werden, und trägt somit zum Erhalt des Friedens bei.

Demnach sollte Paul (als die männliche Energie) jeden Tag, ob in der persönlichen Begegnung oder am Telefon, zu Michele (der weiblichen Energie) sagen: »Wie findest du... (irgendein Thema, das augenblicklich von Interesse für sie war)?« Und wenn sie dann antwortete, sollte er ihr zuhören, ohne sie zu unterbrechen, ohne zu urteilen, belehrend zu sein oder eigene Vorschläge zu machen.

Nachdem Michele ihm von ihren wahren Gefühlen zu dem in Frage stehenden Punkt erzählt hatte, sollte er fragen: »Was kann ich tun, damit du das positiver sehen könntest und ein besseres Gefühl

gewinnst?« Michele würde ihm dann antworten, und er wür
Bestes tun, um ihren Gefühlen Rechnung zu tragen.

Michele (die weibliche Energie) sollte Paul (die männliche E
dann fragen: »Was meinst du dazu ... (irgendein Thema, das für ihn interessant war)?« Während Paul sprach, sollte Michele ihm zuhören, ohne ihn zu unterbrechen, zu urteilen, belehrend zu sein oder eigene Vorschläge zu machen.

Wenn Paul fertig war, sollte Michele ihn fragen: »Was kann ich tun, um deinen Vorstellungen entgegenzukommen?«

Paul würde ihr antworten, und sie würde ihr Bestes tun, ihm zu helfen.

In der zweiten Sitzung lernten Paul und Michele dann, wie sie mit ihrer zweiten Priorität umgehen konnten: seine Gefühle und ihre Gedanken.

Hier muß einer die Initiative ergreifen und dem anderen signalisieren, daß die Rollen nunmehr getauscht werden, und er muß die Zustimmung des anderen einholen, daß er bereit ist zuzuhören. Damit wird dann umgeschaltet, aber diszipliniert, ohne Chaos oder Verwirrung.

Paul lernte, wie er ihr seine Gefühle mitteilen konnte – er brauchte nur zu sagen: »Michele, ich hatte einen schlechten Tag heute«, oder »Ich schleppe einige negative Gefühle mit mir herum, über die ich gerne mit dir sprechen möchte. Wie ist es, könntest du mir zuhören?«

Egal, ob Michele sich bereit erklärte, ihm sofort zuzuhören oder lieber zu einem späteren, günstigeren Zeitpunkt, so hatte Paul ihr jedenfalls seine Gefühlslage und seinen Wunsch signalisiert und ihre Zustimmung bekommen, daß er sprechen konnte.

Indem er zuerst Micheles Zustimmung einholte, ehe er seinen Ballast bei ihr ablud, würdigte er ihre Gefühle und räumte ihnen Vorrang vor seinen eigenen ein, so daß sie sich im Ergebnis respektiert fühlte.

Paul gestand, daß er sich oft von Michele herausgefordert fühlte, wenn sie ihm einfach sagte, was sie von ihm »wollte«. Ich erinnerte Michele daran, daß sie zuerst Pauls Zustimmung einzuholen hatte, ehe sie mit ihren Ideen, Meinungen oder Vorschlägen über ihn herfiel. Sie mußte ihn fragen, ob er ihr zuhören wollte.

Wenn sie die Führungsrolle übernehmen oder Gedanken oder Wünsche äußern wollte, sollte sie sagen: »Ich habe eine Idee (einen Vorschlag, eine Meinung, einen Wunsch). Wärst du bereit, mir jetzt zuzuhören oder lieber später?«

Indem sie ihn um Erlaubnis bat, ihm von ihren Ideen zu erzählen, respektierte sie ihn als den Führer, was ihm wiederum das Gefühl gab, daß sie auf ihn einging.

Wenn Paul bei diesen Verhandlungen jedoch mit »Nein« antwortete und sagte: »Ich bin weder jetzt noch später bereit, dir zuzuhören«, dann wäre das eine rote Fahne, die Michele signalisieren würde, daß es an der Zeit war, darüber nachzudenken, ihn zu verlassen. Das passierte in ihrem Fall jedoch nicht.

Nachdem Michele versuchsweise zwei Wochen lang die männliche Energie gewesen war, verhandelten sie ihre Rollenverteilung aufs neue, und sie entschied sich für die weibliche Energie. Sie hatte erkannt, daß sie nur bedingt die Führungsverantwortung übernehmen wollte, zumindest nicht viel Verantwortung, nur hie und da ein wenig.

Nach einigen Wochen Übung wußten Paul und Michele, wie sie problemlos täglich miteinander kommunizieren und ihren Gedanken und Gefühlen Luft machen konnten. Was ihrer Intimität soweit förderlich war, daß sie nun auch alle »Knackpunkte« in ihrer Beziehung zur Sprache bringen konnten. All jene Punkte, über die Paare sich verständigen müssen, um in ihrer Beziehung weiterzukommen. Indem Dinge verhandelt werden, ehe die Probleme da sind, wird eine Menge Streß ausgeschaltet.

Zusammenleben

Eine der großen Fragen, mit denen Sie sich in dieser Phase beschäftigen, ist: »Sollen wir vor der Ehe zusammenleben?«

Meine Warnung ist: »Tun Sie es nicht.« Wenn Sie mit ihm zusammenziehen, geben Sie ihm Ihr sinnliches, sexuelles Selbst, ohne daß er Ihnen dafür den Status einer Verlobung oder Ehe geben muß. Er macht dabei einen besseren Deal als Sie.

Es gibt nun einmal viele »Schmarotzer«, jene Männer, die wegen allem, was Sie an Köstlichem und Gutem zu bieten haben – Sex, hausfrauliche Qualitäten, Kameradschaft –, mit Ihnen zusammenleben, sich aber hartnäckig weigern, Ihnen einen Ring auf den Finger zu stecken, weil die Wahrheit nun einmal die ist, daß das, was die meisten Männer heiraten möchten, Ihre Tugend ist. Auch wenn ein Mann, ehe Sie mit ihm zusammenziehen, vielleicht über die Zukunft spricht, sollten Sie im Vorfeld klären, was er wirklich meint.

Was heißt zusammenleben? Es heißt, daß Sie dieselbe Anschrift teilen. Es heißt nicht, »bei dem anderen schlafen«. Das hat *nichts* mit Zusammenleben zu tun. Es ist in dieser Phase Ihrer Beziehung ganz natürlich, daß Sie wechselweise, mal in Ihrer, mal in seiner Wohnung zusammen übernachten. Solange Sie (oder er) jedoch eine »Fluchtmöglichkeit« haben, wohin Sie sich zurückziehen können, »leben« Sie nicht »zusammen«, Sie besuchen sich nur.

Mein Rat ist, nicht mit einem Mann zusammenzuleben, ehe Sie nicht einen Ring am Finger haben – sei es ein Verlobungs- oder ein Ehering –, oder zumindest, ehe Sie beide nicht verbindlich erklärt haben, daß Sie sich verloben und heiraten wollen.

Aber dennoch sollten Sie sich Zeit lassen mit dem Einziehen und *vorher* bestimmte Punkte klären, um schmerzlichen Erfahrungen vorzubeugen.

Zum Beispiel verlangen die meisten maskulinen Männer, die das Sagen haben möchten, daß ihre Frauen sich ihren Wünschen im Bereich der »Logistik« unterordnen. So hat er in »Ihrer Wohnung« vielleicht das ungute Gefühl, nicht wirklich die Kontrolle zu haben, so daß es angemessen ist, in »seine« oder eine neue Wohnung zu ziehen, die dann »unsere« ist.

Da Michele und Paul übereingekommen waren, daß Paul hauptsächlich die männliche Energie sein sollte, beschlossen sie, daß sie zu ihm in seine Wohnung ziehen sollte, die zufällig auch größer war.

Als Schauspielerin verfügte Michele über eine große Garderobe, um für jedes mögliche Engagement etwas Passendes zu haben. Als sie zusammenziehen wollten, war die Kleiderschrankfrage zweifellos ein Knackpunkt. Paul, der wußte, wie sensibel Michele war, wenn es um ihre Garderobe ging, wollte ihre Gefühle nicht mit nüchterner Logik verletzen, indem er etwa gesagt hätte: »Wirf das ganze alte Zeug weg. Wir haben einfach keinen Platz dafür.« Stattdessen sagte er: »Wir haben nicht sehr viel Platz für Kleiderschränke. Was wäre dir am liebsten, wenn wir irgendwo Raum finden, wo wir deine Sachen unterbringen, oder für einen Teil deiner Garderobe einige Kisten anschaffen, die wir dann in einem Extrazimmer unterbringen und die du dann quasi wie einen Schrank nutzen kannst?«

Indem er so auf sie einging, zeigte er, daß ihm Micheles Gefühle wichtig waren, und gleichzeitig überließ er es Michele, die Platzfrage mit ihren Sachen zu regeln, so daß sie sich nicht bevormundet fühlte, was unweigerlich Ressentiments erzeugt hätte. Michele entschied sich am Ende, ein kleines Gästezimmer als zusätzlichen Schrank zu benutzen.

Als der Partner mit der maskulinen Energie in der Beziehung wußte Paul, daß er mit Michele immer besser fahren würde, wenn er auf ihre Gefühle einging, statt bei so sensiblen Fragen wie kostbare Kleidung auf ihre Logik zu setzen.

Und jenseits solcher Dinge reagieren wir Frauen auch verärgert auf Männer, die wenig Einfühlungsvermögen in Situationen zeigen, in denen wir sehr emotional sind.

»Ich fürchte mich, so allein zu sein«, sagte Michele eines abends am Telefon zu Paul, als er einmal verreist war. »Ist doch alles in Ordnung. Der Hund ist bei dir. Geh schlafen, und morgen früh rufe ich dich wieder an«, sagte Paul – rational einleuchtend, aber Micheles Gefühle völlig außer acht lassend.

Als sie in der darauffolgenden Woche zu mir in die Therapie kamen, sagte ich, der Situation wäre vielleicht besser gedient gewesen, wenn er etwa gesagt hätte: »Ich weiß, daß du dich fürchtest, Liebes. Wie kann ich dir helfen?«

Michele hätte dann wohl gesagt: »Es ist schon okay, ich wollte nur hören, daß du um mich besorgt bist. Ich komme schon zurecht. Wir sprechen uns dann morgen wieder.«

Den Frauen in meinen Vorträgen und Seminaren stelle ich immer die Frage: »Wie viele von Ihnen würden für einen Mann sterben, der sagen könnte: ›Liebes, ich verstehe nicht ganz, was du sagen willst. Könntest du etwas mehr über deine Gefühle sagen?‹« Wenn Sie einen Mann finden, der das sagt, sagen Sie ihm, was Sie empfinden.

Einer femininen Frau ist es lieber, wenn ein Mann sagt: »Das möchte ich, was meinst du gefühlsmäßig dazu?«, statt: »Möchtest du das?« oder: »Hättest du was dagegen?« oder: »Könnten wir das machen?«

Ein Mann, der sich so verhält, mag sein Verhalten zwar damit verteidigen, daß er sagt, er möchte höflich sein, ich glaube jedoch, daß ein Mann, der nicht den Mut hat zu sagen, was er möchte, der nicht den Mut hat, das Risiko der Ablehnung einzugehen und mit der Beziehung weiterzugehen, in Wirklichkeit kein Führer sein will. Er wird Sie zunächst dahingehend manipulieren, daß Sie die Führung übernehmen, um Ihnen dann vorzuwerfen, es getan zu haben. Lassen Sie sich also nicht in irgend etwas hineinziehen, es sei denn, Sie möchten Ihre Rolle ändern.

Geld

Geld ist eine Frage, mit der Sie sich auseinandersetzen müssen, ehe Sie zusammenziehen, nicht nachher, weil Geld, genau wie Sex, ein Feld für potentielle Machtspiele ist. Sie müssen sich auf ein System verständigen, mit dem beide einverstanden sind, sonst wird alles in die Brüche gehen, entweder durch Machtspielchen oder verdeckte Manipulationen.

Es ist nun an der Zeit, die »Bücher offenzulegen«, das heißt, daß Sie sich offen über Ihre Vermögenslage mit allen Einkünften und Verbindlichkeiten austauschen. Auch wenn Ihnen das Thema vielleicht nicht behagt oder Sie sich widerwillig damit beschäftigen, weil Sie fürchten, er könnte Sie für neugierig halten, so müssen Sie dennoch über diese Dinge sprechen. Lassen Sie nicht zu, daß nur der Sex das treibende Element in der Beziehung ist.

Sie müssen wissen, ob er jemals in einen Bankrott verwickelt war und wie seine gegenwärtige Finanzlage ist, weil mit der Eheschließung auch die Verbindlichkeiten geteilt werden. Als Ehepartner sind Sie auch Geschäftspartner, und so muß klar sein, was jeder von Ihnen mit an den Tisch bringt.

In der Regel wird Ihr maskuliner Mann diese Punkte zur Sprache bringen, indem er sich nach Ihren Schulden, Ihrer Miete, Abzahlungen für Ihr Auto usw. erkundigt. Vielleicht bietet er sogar an, um unbelastet in die Zukunft zu gehen, diese Dinge – falls notwendig und Sie sie nicht sofort bezahlen können – noch vor einer Heirat abzubezahlen. Ebenso können Sie dieses Thema zur Sprache bringen, indem Sie Ihre Finanzsituation offenlegen und ihn um Vorschläge bitten, wie Dinge am besten zu regeln wären mit Blick auf Ihre gemeinsame Zukunft als Paar.

Wenn er nicht darüber sprechen möchte, können Sie davon ausgehen, daß etwas nicht in Ordnung ist. Wobei Sie natürlich bereits während der zweiten Phase, der Mängel-Phase, einen gewissen Eindruck von seiner Finanzlage gewonnen haben dürften, wenn er Sie etwa zum Essen einlud, mit seiner Kreditkarte zahlen wollte, die dann verstohlen zurückgebracht wurde, und er etwas vor sich hinbrummelte wie: »Meine Sekretärin hat den Scheck nicht rechtzeitig hingeschickt.«

Aber das war damals, und das hier ist heute. Und heute sind Sie in der dritten Phase, in der Verhandelbaren Phase, so daß Sie vielleicht sagen sollten: »Schatz, darf ich dir eine Frage stellen zu deinen Vorstellungen, wie wir die Geldfrage handhaben würden, wenn wir zusammenlebten (verlobt oder verheiratet)?«

Wenn er mit einem glatten Nein antwortet und nicht einmal die Aussicht auf ein künftiges Gespräch offenläßt, blockiert er jede Diskussion, und damit geht es um ein tieferes Problem als nur um Geld. Denn das heißt, daß er über diesen Punkt nicht verhandeln möchte.

Auf die Frage: »Aus welchem Grund möchtest du nicht mit mir über Geld sprechen? Es müßte ja nicht jetzt sein, es könnte auch irgendwann sein«, können Sie alle möglichen Antworten bekommen. Vielleicht ist er nur verlegen, weil er sein Konto überzogen hat (was Sie wissen müssen). Oder er möchte ein Geheimnis daraus machen und hat nicht vor, über »sein« Geld zu verhandeln. Oder er meint es mit einer gemeinsamen Zukunft nicht unbedingt so ernst wie Sie. Und diesen Punkt sollten Sie besser klären, ehe Sie eine Menge Geld mit ihm ausgeben.

Was immer der Grund sein mag, fest steht, daß Reden und Verhandeln in dieser Phase Ihrer Beziehung den erfolgreichen Verlauf der vierten Phase, der Bindungsphase, sichert. Schweigen, Geheimnistuerei, Gedankenlesen, Erwartungen und Mutmaßungen sind Dinge, die ein Scheitern vorprogrammieren. Solange die Fragen, die Ihnen wichtig sind, nicht diskutiert werden, sollten Sie nicht davon ausgehen, daß Ihre Beziehung unwiderruflich auf eine Ehe hinausläuft.

Stu, von Beruf Pilot, hatte aus erster Ehe zwei Kinder. Cassy, eine Schmuckdesignerin, mit der er inzwischen eine feste Beziehung hatte, freute sich, wenn Stus Kinder zu Besuch waren. Für sie war jedoch noch die Frage zu klären, ob er bereit wäre, mit ihr noch weitere Kinder zu haben.

Nachdem sie etwa acht Monate zusammen waren, hatten sie angefangen, vom Heiraten zu sprechen, so daß Cassy sich ermutigt fühlte, ihn eines Tages zu fragen: »Stu, wie denkst du darüber, wenn wir zwei Kinder hätten, wenn wir verheiratet sind?«

Stu wurde zunächst einmal sehr still, dann sagte er: »Ich muß darüber nachdenken, Cassy. Vier Kinder wären eine Menge Verantwortung für mich.«

Cassy hielt sich nun eine Woche lang zurück, dann fragte sie neuerlich: »Stu, du erinnerst dich, ich hatte dich gefragt, wie du darüber denkst, Kinder zu haben? Hast du dir schon irgendeine Meinung dazu gebildet?«

Dann hielt sie den Atem an. Es ging um eine *große* Frage für sie.

Und sie wußte, ein Nein als Antwort würde sie nicht akz
können. In dem Fall würde sie ihn verlassen müssen, selbst w
sich ihm noch so verbunden fühlte.

»Cassy«, sagte Stu, »ich weiß, du wünschst dir eigene Kinder,
du verdienst sie. Der einzige Weg, den ich mir vorstellen könnte, ..., daß du bereit wärst, entweder noch einige Jahre damit zu warten, bis ich euch alle versorgen könnte, oder daß du, wenn die Kinder da sind, weiterhin Teilzeit arbeitest. Was hältst du davon?«

Cassy war erleichtert. Alles, was sie brauchte, war ein prinzipielles Ja zu eigenen Kindern. Eine Lösung zur Sicherung ihres finanziellen Auskommens zu finden, war der einfachere Teil der Frage. Und sofort fing sie an, alle Möglichkeiten durchzuspielen, wie sie zu Hause Geld verdienen konnte, während sie bei den Kindern war.

Stu und Cassy umarmten sich, und Cassy fing vor Glück an zu weinen. Sie hatten erfolgreich eine Verhandlung durchgestanden und steuerten nunmehr fest auf eine lebenslange Bindung zu.

Wenn Sie beide berufstätig sind und in etwa gleich viel verdienen, können Sie sich die im Haushalt anfallenden Kosten entweder 50:50 teilen oder sich auf eine prozentuale Beteiligung einigen und jedem das, was von seinem Gehalt übrigbleibt, zur freien Verfügung und/oder auf separaten Konten belassen. Oder Sie können alles in einen gemeinsamen Topf werfen, jedem sein »Taschengeld« zugestehen und gemeinsam einen »Notgroschen« abzweigen.

Sie können sich darauf verständigen, daß Sie beide die Rechnungen bezahlen, oder daß Sie sie bezahlen oder er, oder daß Sie sich monatsweise abwechseln. Solange Sie eine Formel haben, mit der jeder gut zurechtkommt, wird es funktionieren. Keine Formel zu haben, heißt, daß einer von Ihnen versuchen wird oder daß Sie beide versuchen werden, Geld als Kontrollinstrument zu nutzen.

Es gibt eine Regel, die ich unterstütze, nämlich, daß die Person, die den größten Geldanteil mitbringt, die maskuline (»Tue Gutes, damit du dich gut fühlst«) Person, ob Mann oder Frau, in jedem Fall das Recht hat zu bestimmen, ob sie ihr Geld selbst kontrolliert, die Kontrolle dem Ehepartner oder einem Profi, etwa dem Steuerberater, überläßt. Ehe bedeutet nicht automatisch eine Wende in der finanziellen Situation. Das Geld, das jeder verdient, ist solange sein eigenes, bis es in den ehelichen Gemeinschaftstopf geworfen wird. Und ob es geworfen wird, muß eine freie, freiwillige und gute geschäftliche Entscheidung sein.

In der Vergangenheit haben die Frauen es blind den Ehemännern überlassen, mit dem Geld umzugehen, das sie verdienten oder erbten; das war für sie der »richtige« Weg. Natürlich haben auch Männer das Recht zu bestimmen, wer ihr Geld in der Ehe kontrolliert und wie. Sie müssen beide aushandeln, wer von Ihnen für die Finanzen, Spareinlagen, Haushaltsposten, Zuteilung des Taschengeldes etc. zuständig ist. Es spielt keine Rolle, wer die Schecks ausstellt, solange eine Person dafür verantwortlich ist.

Ein Unternehmen kann nicht zwei Präsidenten haben. In den meisten Ehen ist der Mann derjenige, der das meiste Geld einbringt, und so ist es in der Regel der Mann, der entscheidet, wie das Geld ausgegeben wird, vorausgesetzt, daß seine Frau sich bei dieser Regelung wohl fühlt. Wenn Sie nach Ihrem Ideal die Vizepräsidentin oder die »weibliche« Energie sein möchten, dann ist Ihr Mann derjenige, der die Finanzen strukturiert. Sie sind mit einem Mann zusammen, den Sie respektieren. Als weibliche Energie konkurrieren Sie weder mit ihm, noch erwarten Sie von ihm, daß er der überaus großzügige Papa ist, zu dem Sie sagen: »Wenn du mich liebtest, würdest du mich tun lassen, was ich will.« Das ist unreif und unverantwortlich.

Probleme können sich natürlich ergeben, wenn sich die Gleichung verschiebt, wenn zum Beispiel Kinder kommen und einer von Ihnen aufhört zu arbeiten, oder wenn Sie zwar beide arbeiten, die Ausgaben aber steigen und andere Prioritäten in der Ausgabenpolitik gesetzt werden müssen. Wenn Sie jedoch ein Verhandlungssystem entwickelt haben, wird es Ihnen möglich sein, diesen Problemen erfolgreich zu begegnen.

Frauen mit weiblicher Energie sage ich oft, daß es ihrem Mann so gutgeht, wie es ihm beruflich geht. Wenn er seine Arbeitsstelle verliert oder wenn diese wackelt oder wenn sein Geld veruntreut wird, so wird er in den Grundfesten seines Egos erschüttert.

Michele und Paul einigten sich auf eine finanzielle Regelung für ihre Zukunft. Sie kamen überein, sobald sie verlobt sind und zusammenziehen, jeweils 75 Prozent ihres Nettoeinkommens zur Deckung der laufenden Kosten in einen gemeinsamen Topf zu werfen und jedem die restlichen 25 Prozent zur freien Verfügung zu überlassen.

Da Paul derzeit mehr als Michele verdiente, würde er zwar mehr für persönliche Ausgaben übrigbehalten, aber Michele fühlte sich dennoch gut bei dieser Regelung, da sie so prozentual einen gerechten Beitrag leistete. Nicht zuletzt war aufgrund ihrer beruflichen Situation schon absehbar, daß sich das Bild im nächsten Jahr bereits umkehren konnte, wo sie dann diejenige sein würde, die mehr verdiente.

Aber selbst, wenn dem nicht so sein sollte, wußte sie, daß sie in jedem Fall mehr Zeit als Paul haben würde, sich um die Bücher und die Konten zu kümmern, so daß sie damit einverstanden war, die Rolle des »Buchhaltungschefs« zu übernehmen.

Privatvermögen

Zu den wichtigen Fragen, die während der Verhandlungsphase diskutiert werden müssen, gehört, wie Sie mit dem Kapital umgehen, das jeder von Ihnen in die Beziehung mitbringt.

Wenn er sehr viel Geld hat und Sie nicht, heißt das, daß er Sie mit diesem Geld unterstützen sollte? Und was ist, wenn Sie dieses Geld haben, sei es, weil Sie geerbt haben und eine erfolgreiche berufstätige Frau sind, die seit langem auf eigenen Füßen steht, auch ehe sie diesen wundervollen Mann kennenlernte? Sie besitzen vielleicht ein beachtliches Aktienpaket, Immobilien, Kunstwerke, Autos, Möbel.

Heißt das, daß Sie die Reise nach Paris bezahlen, die Sie sich leisten können, er aber nicht? Oder daß Sie Ihr Geld und Ihr Vermögen in einen gemeinsamen Topf werfen und ein gemeinsames Konto einrichten, zu dem beide Zugang haben?

Nun, Sie können das tun, wenn Sie es möchten. Ich habe jedoch festgestellt, daß ein Mann oder eine Frau, die hart für ihre persönliche Absicherung gearbeitet haben oder deren Vermögen in einer früheren Beziehung schon einmal »geteilt« wurde, oft vor oder nach der Eheschließung eine formale Vereinbarung brauchen, um die Frage, was mit ihrem Kapital geschieht, wirklich entspannt sehen zu können. Wobei allerdings das Problem besteht, daß die Beziehung in Gefahr gerät, wenn diese Vereinbarung als Schlachtfeld gesehen wird.

Was tun? Bei meiner Arbeit mit Klienten, die entweder Geld in die Ehe mitbringen oder jemanden heiraten, der Geld hat, habe ich festgestellt, daß die voreheliche Vereinbarung die wichtigste Verhandlung ist, die positiv sein kann, wenn beide Parteien begreifen, daß es dabei um Sicherheit, nicht um Geiz geht.

Wenn Ihr Mann eine voreheliche Vereinbarung verlangt, so rate ich Ihnen, sie ihm zu geben. Von einem Mann, der schon einmal verheiratet war oder eine langjährige Beziehung hinter sich hat, zu verlangen, sich neuerlich verwundbar zu machen, ist ein derart großes Risiko, daß er Sie vielleicht nicht heiratet, wenn Sie nicht bereit sind, sich darauf einzulassen.

Als Michele und Paul über ihre Geldangelegenheiten sprachen, war Paul derjenige, der die Idee einer vorehelichen Vereinbarung zur Sprache brachte. Er hatte eine große Summe geerbt.

Michele sprach mit mir über seinen Vorschlag, eine Gütertrennung zu vereinbaren. Sie fragte, ob irgend etwas dahinterstecken könnte, daß er sein Vermögen nicht mit ihr teilen wollte.

Pauls Ängste, sich neuerlich in diesem Bereich verwundbar zu machen, waren aufgrund der Verluste, die er in der Vergangenheit einstecken mußte, aus meiner Sicht gerechtfertigt. Und das sagte ich ihr. Realistisch betrachtet ist es zudem nun einmal auch eine Tatsache, daß das Leben in einer Beziehung eine Frage von Wochen, Monaten oder einigen Jahren sein kann. Es geht in der Regel nicht wirklich um »ein Leben lang«.

Mit anderen Worten: Die Liebe stirbt manchmal. Und diese voreheliche Vereinbarung hat keine Auswirkungen auf Ihr gemeinsames Glück. Sie wird nur im Falle einer unglücklichen Beziehung wirksam, bei der es dann darum geht, sie fair zu beenden.

Ich riet Michele jedoch, wenn die Vertragsunterzeichnung anstehe, sollte sie, statt sich mit Paul zu streiten, mit dem Dokument zu ihrem Anwalt gehen, um sich abzusichern, ob sie dabei fair wegkommt.

Sofern sie sich prinzipiell gegen eine Vereinbarung auflehnte, würde Paul absehbarerweise wohl ihre Integrität und wahren Motive in Frage stellen. Mit dem Ergebnis, daß sich die Situation zuspitzen und er ihr im Zweifel unterstellen würde, sie habe es auf eine Scheidung mit »Gewinn« abgesehen.

Michele ging mit Pauls Vereinbarung zu ihrem Anwalt, der im übrigen nur einen bedenkenswerten Punkt hatte. Er meinte, sie solle Paul fragen, ob er bereit sei, einen Passus aufzunehmen, wonach diese Vereinbarung, sofern die Ehe gut geht, nach fünf Jahren außer Kraft gesetzt wird.

Paul war damit einverstanden, und Micheles Ängste lösten sich in Nichts auf. Sie hatten einen gesunden und produktiven Kompromiß gefunden, bei dem sich beide wohl fühlten.

Platz, Wartungs- und Hausarbeiten

Sofern Sie und Ihr Partner nicht das »perfekte Duo« sind, das es, nebenbei bemerkt, nicht gibt, müssen Sie über Dinge wie Platz, Wartungs- und Hausarbeiten sprechen, ehe jemand seine Koffer auspackt oder packt. Sie müssen sicher sein, wie diese Dinge geregelt werden, um spätere Probleme zu vermeiden.

Mit privatem Platz meine ich Räume, Schränke und Schubladen. Wartungsarbeiten beziehen sich etwa auf sanitäre Einrichtungen und Heizung. Zu den Hausarbeiten gehören der Abwasch, die Wäsche, Wagenpflege – und all die Dinge, die im einzelnen zu regeln sind. Wer bleibt zu Hause, wenn jemand kommen muß, um das Telefon zu reparieren? Wer erledigt das Einkaufen? Kochen? Putzen?

Viele Frauen – und Männer – machen den Fehler zu unterstellen, die Hausarbeit werde nach geschlechtsspezifischen Kriterien verteilt. Es gibt jedoch keine geschlechtsspezifischen Aufgaben, es gibt nur physische Grenzen, die durch Größe, Gewicht und Geschicklichkeit gesetzt werden.

Manche Männer lieben es, das Einkaufen zu übernehmen, sei es, weil sie es gerne tun und gerne kochen, oder weil sie so die Möglichkeit haben, die Ausgaben zu kontrollieren. Vielleicht nutzen sie auch die Gelegenheit, um ihrer Vorliebe für Feilschen und Handeln Genüge zu tun. Demgegenüber fehlt manchen Frauen jede Geduld fürs Einkaufen. So daß die Arbeitsteilung alles in allem eine Frage der Verhandlung ist. Wenn Sie es besser können oder es wichtiger für Sie ist, dann übernehmen Sie diese Aufgabe.

Manche Männer lieben die Hausarbeit, und manche Frauen lieben es zu werken. Deshalb schlage ich Ihnen vor, daß Sie sich mit Ihrem Mann zusammensetzen, eine Liste über alle anfallenden Arbeiten erstellen und entscheiden, wie diese Aufgaben gerecht zwischen Ihnen delegiert werden. Offene Verhandlungen, bei denen niemand mit Widerwillen »nachgeben« muß, sind der erste Schritt zu einem friedlichen Zusammenleben.

Was ich Ihnen nahelege ist, daß Sie eine Agenda erstellen (über Zeit, Platz, Geld und Spiel) und mit Ihrem Mann jeden Punkt durchgehen und so lange verhandeln, bis ein guter Vertrag dabei herauskommt. Und diese Vereinbarung muß regelmäßig, je nach Bedarf, immer wieder neu verhandelt werden.

Gwen und Steve gingen völlig unbedarft an ihre Beziehung, nichtsahnend, welche Schwierigkeiten daraus erwachsen könnten, bis sie ihre bitteren Erfahrungen aus erster Hand machten.

»Ziehst du mit mir zusammen?« fragte Steve eines Abends, nachdem sie etwa seit sechs Monaten zusammen waren. Sie waren sich nach einem Ehemaligentreffen der Kenosha-High-School wiederbegegnet und hatten festgestellt, daß sie jetzt beide in Los Angeles lebten, sie als Flugbegleiterin und er als Sozius einer großen Anwaltspraxis.

Sie verabredeten sich und waren überrascht, wie gerne sie zusammen waren und wie sehr sie die gemeinsamen Stunden genossen. Was sie verband, waren die gemeinsamen Erinnerungen und Erfahrungen in ihrer Heimatstadt, und daß sie feststellten, daß sie immer besser zueinander paßten und immer tiefere Gefühle füreinander entwickelten.

Dann kam der Zeitpunkt, als der Mietvertrag für Steves Wohnung auslief, und er und Gwen sprachen darüber, ob er bei ihr einziehen sollte. Was logisch erschien, zumal sie bereits ernsthaft über Verlobung und darüber gesprochen hatten, dann zusammenzuziehen und eventuell eine Eigentumswohnung oder ein Haus zu kaufen.

Er zog ein, und damit begannen dann auch die Probleme. Sie war ordentlich, und er war schlampig. Steve ließ seine Kleidung auf dem Stuhl im Schlafzimmer liegen, die Gwen dann ordentlich wegräumte, um sich anschließend als die große Märtyrerin zu präsentieren, bis er, von Schuldgefühlen übermannt, sich zusammenriß und sich ihren Wünschen fügte – das heißt bis es das nächste Mal soweit war. Gwen wurde wütend, daß er sich nicht einmal ihr zu Gefallen ändern wollte.

Wann immer sie Krach hatten, zog Gwen aus dem gemeinsamen Schlafzimmer aus und in »ihr« Zimmer, so daß Steve sich verstoßen fühlte, bis es ihm mit Turteln schließlich gelang, sie wieder in ihr »gemeinsames« Zimmer zurückzulocken. Wenn ihm das nicht gelang, stürmte er aus der Wohnung und geradewegs in die nächste Bar, wo er der netten Bardame sein Herz über seine ganzen Probleme ausschütten konnte.

Hinzu kam, daß sie es inzwischen haßte, wieviel Zeit er vor seinem Computer verbrachte, und sie fühlte sich von ihm verstoßen. So fühlten sich beide von dem jeweils anderen verstoßen, wobei jeder vehement bestritt, das von seiner Seite aus zu tun.

Außerdem gab es das Geldproblem. Gwen hatte keine Lust, für den anvisierten Hauskauf Geld zu sparen. Sie wollte ihr Geld für sich und ihre Bedürfnisse behalten und ihn das Haus kaufen lassen. Steve war jedoch nicht von gestern und bestand auf einer gerechten Teilung der Kosten.

Diese Reibungen hatten natürlich Auswirkungen auf ihr Sexualleben.

So daß sie sich summa summarum alsbald fragten, ob sie mit ihrem

Zusammenziehen das Richtige getan hatten. Sie kamen ni klar und hatten Angst vor einer gemeinsamen Zukunfts Durch eine Freundin hörten sie von mir, machten einen Ter kamen zu mir in meine Praxis.

Ändern, nicht ausklammern

An diesem Punkt hatten Gwen und Steve begriffen, daß das wirkliche Leben in ihre ansonsten romantische Beziehung Einzug hielt. Natürlich hätte jeder von ihnen seine sieben Sachen packen und seiner Wege gehen können, ich drängte sie aber, wie ich jeden dränge, der der Realität begegnet oder mit ihr zu kämpfen hat, bei der Stange zu bleiben und durchzuhalten.

Solange noch ein Stückchen Liebe übrig ist, glaube ich nicht an Scheidung – weder an die legale noch an die emotionale. Liebe ist so schwer zu finden, daß, wenn Sie auch nur ein wenig davon bekommen, Sie sie hegen und pflegen sollten bis zum bitteren Ende.

Bereits an früherer Stelle habe ich gesagt, daß ich der Meinung bin, wenn Sie jemanden finden, der zu 51 Prozent oder etwas mehr Ihren Erwartungen entspricht, daß Sie bei ihm bleiben sollten. Das heißt, wenn Sie mehr an ihm mögen als Sie nicht mögen, bleiben Sie bei ihm. Denn wenn Sie es nicht tun und weitersuchen, ob Sie vielleicht eine bessere Partie finden, dann kann es sehr gut sein, daß Sie bei jemandem landen, der Ihre Erwartungen nur zu 49 Prozent oder noch weniger erfüllt.

Treiben Sie also keine Beziehung ab, die noch einen Wert hat. Bleiben Sie, solange Sie bleiben können. Sie werden wissen, wann der Zeitpunkt gekommen ist, ihn zu verlassen, weil Sie dann Ihrem Partner sowohl mit Mitgefühl als auch mit Gleichgültigkeit begegnen. Der Funke und jede Wut werden dann verschwunden sein.

Ich sage oft: »Bei der Frau, die ihn mit Wut verläßt, ist die Wiederholung der Erfahrung vorprogrammiert. Die Frau, die bis zum bitteren Ende, bis alle Lektionen gelernt sind, aushält, kommt in ihrem Geschick im Umgang mit Beziehungsfragen einen Schritt weiter.«

Gwen und Steve entschieden sich fürs Bleiben. Sie lernten, wie sie einen Pakt aushandeln konnten, der einerseits jedem von ihnen die Freiheit zugestand, er selbst zu sein, und andererseits die Verantwortlichkeiten der Beziehung zwischen ihnen aufteilte. Und sie mußten erkennen lernen, daß es Probleme und Krisen waren, die sie veranlaßt hatten, mit Verhandlungen zu beginnen. Mit der Konsequenz, daraus zu lernen, über Fragen zu sprechen, ehe sie zu Problemen wurden.

Da Steve bei *ihr* eingezogen war, verfügte Gwen über reichlich maskuline Macht, um das zu tun, was sie wollte. Was das Problem nach sich zog, daß Gwen nicht willens und bereit war, Dinge durchzusprechen. Statt dessen rannte sie weg und verkroch sich in ihrem Zimmer, so daß Steve außen vor stand, bis er die Tatsache, daß sie ihn sitzenließ, damit quittierte, daß er sie seinerseits sitzenließ.

Steve wollte die männliche Energie zu ihrer weiblichen Energie sein. Er löste das Problem schließlich damit, daß er nicht, wie gehabt, aus der Wohnung stürmte, sondern zu ihr in ihr »Refugium« ging, um die Sache auf den Punkt zu bringen und sich damit auseinanderzusetzen. Was schließlich dazu führte, daß beide übereinkamen, mindestens fünfzehn Minuten am Tag über die Dinge zu sprechen, die sie aneinander ablehnten und schätzten. Ich nenne das die »*Wir*-Zeit«, die der Anfang eines »Amigo-Gesprächssystems« sein könnte und dem einfachen Weglaufen, um allein zu sein (»*Ich*-Zeit«), vorzuziehen war. Nach ihren Verhandlungen konnte Gwen ihre maskuline Seite loslassen und sich Steves männlicher Energie unterwerfen.

Es gibt drei Möglichkeiten, wie Sie mit Ihrem Partner umgehen können: Sie können ihn mit Angst einschüchtern; Sie können ihn mit Schuldgefühlen manipulieren; oder Sie können in Liebe mit ihm verhandeln – eingedenk der Tatsache, daß Liebe akzeptieren heißt. Die Methode mit Schuld- und Angstgefühlen hatten Gwen und Steve zu genüge ausprobiert. Wenn Gwen sich in ihr Zimmer zurückzog, versuchte sie damit, Steve Schuldgefühle einzuflößen. Und wenn Steve aus der Wohnung stürmte, versuchte er, ihr Angst einzuflößen.

Indem sie ihre Beziehung mit Liebe und meiner Verhandlungsmethode neubewerteten, lernten sie es, sich auf ihre individuellen Bedürfnisse einzustellen.

Mit dem Ergebnis, daß Steve alsbald Gwens Maßstab der Haushaltsführung respektierte, Gwen seine Führung bei finanziellen Dingen respektierte und Steve Gwens Zuständigkeit für alle gemeinsamen Unternehmungen und die Inneneinrichtung respektierte. Und sie lernten es, im Bedarfsfall statt zu streiten, immer wieder neu zu verhandeln, um die einmal getroffenen Vereinbarungen den neuen Erfordernissen anzupassen.

Wenn ein Mann seine Wohnung nur als einen Ort betrachtet, wo er verwöhnt wird, wo er sich in Ruhe hinsetzen kann, wo er von seiner Frau »bemuttert« wird und er sich im übrigen nicht bemühen muß, mit ihr auszugehen oder Leute einzuladen, dann trocknet er seine Frau aus, denn sie muß sich gut fühlen, sie muß manchmal raus, und sie muß mit ihm zusammen etwas Spaß im Leben haben.

Es ist Aufgabe des maskulinen Mannes, für diesen Spaß zu sorgen, oder er riskiert, sie zu verlieren. Und es ist Aufgabe der femininen Frau, seine diesbezüglichen Bemühungen zu würdigen und mit ihrer Reaktion zu zeigen, daß sie sich darüber freut.

Zeit

In der ersten Leidenschaft der neuentflammten Liebe können Sie und er natürlich nicht genug voneinander kriegen. Sobald die Beziehung sich jedoch eingefahren hat und das wirkliche Leben sich im Alltag immer mehr durchsetzt, setzen sich bei Ihnen auch unterschiedliche Vorstellungen durch, wie Sie Ihre verfügbare Zeit verbringen möchten. Sie möchten manchmal mit Ihrem Partner zusammensein und manchmal nicht. Und das ist der Zeitpunkt, an dem beide darüber verhandeln und es lernen müssen, wie sie ihr vergangenes und derzeitiges Leben und Selbst integrieren.

Meiner Meinung nach sollten Sie mindestens einmal pro Woche als Paar etwas zusammen unternehmen, das ist wichtig, um die Romanze lebendig zu halten. Und Sie sollten sich mindestens zweimal im Monat mit Leuten treffen, die Sie beide interessant finden, so daß sich langsam ein Freundeskreis bildet, den Sie beide genießen.

Sie hatten Freunde, Verwandte, Hobbys und sportliche Interessen, ehe Sie Ihre neue Liebe entdeckten. Zu einer gesunden Beziehung gehört, daß sie sich in Ihr Privatleben einfügt und Sie nicht von allem anderen abhält. Um die Vergangenheit mit der Gegenwart zu verbinden, müssen Sie eine globale Vereinbarung aushandeln, welche Zeit Sie alleine und welche Zeit Sie zusammen verbringen.

Ben war abhängiger von seiner Freundin Lois, als es ihr lieb war. »Er erscheint so bedürftig und klammert«, sagte sie. »Es stößt mich einfach ab.«

»Sie ist zu unabhängig«, sagte Ben. »Ich möchte, daß wir uns mehr darauf konzentrieren, daß wir ein Paar sind, und nicht so sehr darauf, daß wir Individuen sind. Geht es nicht darum in einer Beziehung?«

»Nein«, antwortete ich. »Um ein gutes ›Wir‹ zu sein, müssen Sie beide auch allein als individuelles ›Ich‹ bestehen können. Vergessen Sie über das ›Wir‹ nicht, ›Ich‹ zu sein, oder Sie werden alles zerstören.

Spiel

Wenn Aaron und seine Freundin Tina spielten, hatten sie jede Menge Spaß. Aaron war Mitglied einer Rudermannschaft und nahm mit seinem Team, so oft er nur konnte, an Rennen teil. Darüber hinaus spielte er einmal in der Woche Golf. Tina war vernarrt in Tennisspielen und genoß es im übrigen, als Zuschauerin bei Aarons Ruderwettbewerben dabeizusein. Sie unterstützten gegenseitig ihre persönlichen Hobbys.

Und sie genossen auch die Zeit, die sie zusammen verbrachten, sie gingen gerne ins Theater oder Kino, mit einer besonderen Vorliebe für Vor-Premieren, die für sie beruflich interessant waren (beide sind Schauspieler). Sie waren auch gerne zusammen zu Hause oder auf Reisen. Aaron und Tina paßten in so vielen Bereichen gut zueinander, daß sie ihre Freizeit gütlich teilen konnten, um sie sowohl allein als auch gemeinsam zu verbringen.

Problematischer war die Sache hingegen für Diane und Joel, die in einer Beratungssitzung ihre anstehende Urlaubsplanung zur Sprache brachten. Joel wollte ihren zweiwöchigen Urlaub mit einer Fahrradtour durch Neuengland verbringen, während Diane auf Cape Cod ein Ferienhaus mieten und von dort aus kleinere Tagesausflüge mit dem Rad unternehmen wollte. Das Gemeinsame war, daß offensichtlich beide Lust hatten, ihren Urlaub in Neuengland und mit Radfahren zu verbringen. Der einzige Konflikt war die Frage, ob sie ein festes Quartier oder an jedem Abend womöglich ein anderes nahmen.

Für gewöhnlich oder zumindest, seit sie zu mir kamen, ordnete Diane, die die weibliche Energie in der Beziehung war, sich freiwillig Joel unter, respektierte sein Denken und gab ihm Vorrang vor ihrem eigenen. Die Urlaubsfrage schien für Diane jedoch eine »Gefühlsfrage« zu sein. Und sie glaubte, ihre Gefühle müßten gewürdigt werden und Vorrang vor seiner Logik haben. Beide waren wütend und nahe daran, ihre Urlaubspläne zu besiegeln – und vielleicht sogar ihre seit acht Monaten bestehende Beziehung.

Die Frage war, wie eine Situation erreicht werden konnte, aus der beide als Sieger statt als Sieger und Verlierer hervorgingen. Um das zu lösen, mußten wir wissen, was Joel dachte und warum.

Joels Logik sagte ihm, daß Abwechslung wichtiger war als Stabilität. »Ich möchte nicht an einem Ort festhängen«, sagte er. »Ich komme nicht so oft in diese Gegend, und ich möchte soviel davon sehen wie möglich.« Natürlich wollte er, daß Diane sich ihm unterordnete.

Und sie wollte das gleiche. Diane wollte einen bestimmten Teil Neuenglands kennenlernen und Zeit haben, um einfach zusammenzusein, sich zu entspannen und den Druck des Alltagslebens loszulassen. Die Frage war klar und die dahinterstehende Forderung gleichberechtigt: Er wollte respektiert werden; sie wollte, daß auf sie eingegangen wird.

Mein Rat: Einen bestmöglichen Kompromiß finden.

Joel willigte schließlich ein, bei dieser Reise einen Ort (das Ferienhaus) anzusteuern, schließlich machte es auch Spaß, sich im Urlaub zu fühlen und nicht ein Zehnkampftrainingsprogramm für Radfahrer absolvieren zu müssen. Und Diane versprach, ihre nächste Reise werde eine Radtour durch andere Teile Neuenglands sein. Sobald sie vom Gewinnenmüssen »abgekommen« waren, gab es auch keine Verlierer mehr.

Verhandlungen über Sex

Sex ist wie die Büchse der Pandora, die jede Beziehung blindlings beenden kann. Deshalb möchte ich in den nächsten Kapiteln ausführlich auf dieses Thema eingehen. Hier sei jedoch bereits soviel gesagt: Wenn der Zeitpunkt gekommen ist, um über sexuelle Fragen zu verhandeln, dann sollten Sie das im Sitzen oder Stehen tun, *nicht im Liegen*. Diese Frage ist zu sensibel, um sie zu behandeln, wenn Sie besonders intim miteinander sind. Der Schmerz würde sich im Zweifel nur verdichten.

Nebenbei bemerkt, sagen Sie Ihrem Mann nicht, mit wie vielen anderen Männern Sie bereits geschlafen haben und wie gut sie im Bett waren. Das einzige, was Sie aus der Vergangenheit »beichten« müssen, sind etwaige Geschlechts- oder andere Krankheiten, die gesundheitliche Folgen für den anderen haben könnten. Es ist nicht nur eine Frage der Moral, sondern möglicherweise auch der Strafgerichtsbarkeit, aus ansteckenden Krankheiten ein Geheimnis zu machen.

Als Fazit dieses Kapitels möchte ich Ihnen nahelegen, regelmäßig über die Punkte Zeit, Platz, Geld und Spiel zu sprechen (im ersten Jahr einmal monatlich; im zweiten Jahr alle zwei Monate; und danach mindestens alle drei Monate bis zum Tod oder zur Scheidung). Und dabei gilt, immer wieder neu zu verhandeln, sofern es notwendig erscheint.

15. Sex – und zwar großartiger Sex

Wir haben gerade die Ära der Instant-Befriedigung (die Achtziger) hinter uns gebracht, und die meisten von uns haben inzwischen (vielleicht ausgelöst durch AIDS) gemerkt, daß ein wirklicher Liebesakt befriedigender als unterschiedsloser Sex ist. Eine erfüllende und dauerhafte Befriedigung setzt voraus, daß wir von hohlen, polygamen Sexspielen zu befriedigenden, monogamen Liebesspielen übergehen.

Was gehört zu einem befriedigenden Liebesspiel? Dazu gehört, daß die Chemie stimmt, daß Sie zueinander passen, und daß Sie all die Dinge, die Sie bewegen, einander verbal mitteilen. Und schließlich auch die Übereinkunft, daß Sie sich zu Monogamie, Kontinuität und Beständigkeit verpflichten.

Wenn einer von Ihnen (oder beide) nur an leidenschaftlichem Sex, ohne die Verbindlichkeit einer festen Beziehung, interessiert ist, so müssen Sie sich beide dessen bewußt sein. In dem Falle können Sie übereinkommen, daß das, worauf Sie sich einlassen, nicht auf eine feste Beziehung mit Eheabsichten hinausläuft. Egal, welche individuellen Ziele Sie haben, Sie müssen darüber sprechen, ehe es zu Sex kommt und einer von Ihnen vielleicht verletzt wird.

Wenn Sie einander die Wahrheit sagen können, wird aus Sex ein »Liebesakt«, eine Zeit der Intimität, des Vertrauens, der gegenseitigen Fürsorge, und die Fallstricke einer seichten, anonymen Befriedigung werden vermieden. Die verbale Kommunikation schafft die Grundlagen für ein freies und erotisches Liebesleben, bei dem jeder den anderen als wirklichen Menschen und nicht nur als Projektion seiner Phantasien kennt.

Wenn Sie sich eine optimale sexuelle Erfahrung wünschen, sollten Sie sich als erstes mit folgenden Fragen auseinandersetzen:

1. Warum wünsche ich mir sexuelle Intimität mit dieser Person?
2. Werde ich mich durch diese Begegnung begehrenswert fühlen?
3. Was ist das langfristige Ziel dieser Begegnung?
4. Versuche ich, mich an Männern zu rächen?
5. Mag ich diesen Menschen, oder benutze ich ihn nur?
6. Ist es der Alkohol, die Pille, der Koks oder bin ich es, die Sex will?

Wer ist oben?

Nur in der Natur gilt, daß die Anatomie Schicksal ist. Denn die Natur verlangt, daß die männliche Samenzelle das weibliche Ei jagt, und daß nur eine Samenzelle nach einem langen, harten Kampf gegen alle Widrigkeiten durchkommt. Der Mensch hat jedoch die Wahl. Die einzige Voraussetzung für eine erfolgreiche sexuelle Vereinigung ist, daß zwei Menschen, ungeachtet ihres Geschlechtes, gegensätzlicher Energie sind. Der eine muß der leidenschaftliche, aktive, männliche Verfolger sein und der andere das zärtliche, empfangende, weibliche Pendant, das sich verfolgen läßt. Entscheidend ist also, daß jeder jenseits seiner individuellen sexuellen Befürfnisse seine prinzipiellen Vorlieben und Prioritäten kennt. Wenn Sie und Ihr Mann sich in Ihrem Stil zu ähnlich sind, werden Sie Probleme haben.

Wenn Sie zum Beispiel beide der leidenschaftliche, aktive, männliche Verfolger sind, werden Sie mit Sicherheit – wie Leslie und Mark – alsbald zu Ihrem Sex kommen, den anderen vorher aber möglicherweise nicht genügend kennen, um sagen zu können, ob Sie einen Partner gewählt haben, der im Leben zu Ihnen paßt. Und wenn Sie beide zärtlich, passiv und empfangend sind, wird das Bild umgekehrt nicht sehr viel glücklicher aussehen. Nur, daß Sie in dem Fall beide darauf warten, daß der jeweils andere den ersten Schritt tut.

Die Wahl Ihrer Hauptrolle bedeutet nicht, daß Sie sich ein Leben lang darauf festlegen. Später, wenn Sie ein festes Paar sind, können Sie, um der Würze willen, Abwechslung hineinbringen. Dabei können Sie vom männlichen Geben zum weiblichen Empfangen übergehen. Das ist absolut in Ordnung, solange Sie diese Änderungen mit Ihrem Partner aushandeln.

Zwei Dinge sind zu entscheiden, ehe Sie sich auf Sex einlassen: Erstens, ob Sie die männliche oder die weibliche Energie sind; zweitens, ob Sie nur Sex wollen, oder ob ein wirklicher Liebesakt Ihr Ziel ist. Wenn Sie an letzterem und nicht nur an Gelegenheitssex interessiert sind, müssen Sie als *erstes* herausfinden, ob Ihr Partner das gleiche möchte.

Sex ohne Liebe

Wenn Sie sich entschieden haben, die weibliche, empfangende Energie zu sein, müssen Sie aus Sicherheitsgründen die Kontrolle darüber haben, von wem Sie sich lieben lassen, so daß Sie sich sicher un fühlen können. Die empfangende Person hat das Vetorecht, als Recht, »nein« zu sagen, und damit *alle* sexuelle Macht. Sperm billig; Eier sind kostbar. Die feminine Empfangende muß »verwöhnt« werden, damit es zu einem großartigen Sex kommen kann.

Zu beachten ist der feine Unterschied, wonach es den meisten maskulinen Männern zunächst einmal um die sexuelle Entspannung durch die Ejakulation geht, die meisten femininen Frauen aber keinen Sex wollen, bei dem nicht auch gewisse emotionale Befürfnisse befriedigt werden.

Wenn eine Frau sich auf Sexualität ohne Liebe einläßt oder dazu gezwungen wird, sinkt ihr Selbstwertgefühl, mit dem Ergebnis, daß sie glaubt, sie sei für gute Männer nicht mehr liebenswert oder begehrenswert. Dieses mangelnde Selbstwertgefühl hat oft zur Folge, daß sie über noch mehr promiskuitive Kontakte zwanghaft nach Bestätigung sucht, in der Annahme, daß sie einen Mann halten kann, wenn sie ihm guten Sex »gibt«. Was nicht funktioniert.

Erinnern Sie sich an Leslie und Mark? Als Mark sich auch sexuell von ihr zurückzog, suchte Leslie eine Ersatzbefriedigung im Essen zu finden. Essen wurde ihr Liebesobjekt. Mark konnte demgegenüber die Körper von Frauen als Objekte benutzen, wenn er Streicheleinheiten brauchte. Ihr Beispiel bestätigt klassisch den Spruch, wonach »Männer Liebe geben, um Sex zu bekommen, und Frauen Sex geben, um diese Liebe zu behalten«.

Natürlich gibt es auch die »femininen« Männer, die Sex geben, um Liebe zu bekommen und zu behalten, und es gibt die »maskulinen« Frauen, die Liebe geben, um Sex zu bekommen. Und Sie?

Die zwei Arten der Sexualität

Ich unterscheide zwischen zwei Arten von Sexualität: dem maskulinen »Treppenhaus«-Sex und dem femininen »Rad«-Sex.

Der feminine »Rad«-Sex wird von »femininen« Frauen oder Männer bevorzugt, die generell eher beziehungsorientiert sind. Ihnen geht es in erster Linie nicht um die körperliche Befriedigung. Für die feminine Person ist es wichtig, daß der Geschlechtsakt auf einfühlsame und emotionale Weise unterstützt wird. Ihre Sexualität ist mit einem »Rad« vergleichbar, bei dem jede Bewegung Auswirkungen auf die sexuelle Erfahrung hat. Typisch für die Person, die die weibliche sexuelle Energie ist, ist, daß sie in höchstem Maße durch den emotionalen Austausch beeinflußt wird, der tagsüber stattfindet. Der Ton »seiner« Stimme am Telefon, ob er zu spät kam und warum, sein Gesichtsausdruck, ob er während des Essens im Restaurant gelangweilt erschien und möglichst schnell nach Hause wollte, um seinen Sex zu bekommen, all die Dinge, die zwischen beiden geschehen, *ehe* sie ins Bett kommen, haben Einfluß darauf, wie der feminine Mann oder die feminine Frau auf ihre Partnerin oder ihren Partner sexuell reagieren.

Im Gegensatz dazu wird der männliche Sexualtrieb kaum durch äußere Ereignisse beeinflußt, die tagsüber stattfinden. Wenn der Mann sich prinzipiell in der Beziehung respektiert fühlt, so gibt es kaum etwas, das im Tagesablauf so relevant wäre, daß es seinem Sexualtrieb in die Quere käme. Dieser Trieb steuert geradlinig auf sein Ziel zu, das da heißt, Orgasmus und Entspannung.

Patrice, eine Floristin, war eine sehr romantische und feminine Frau und in einer festen Beziehung mit Nick liiert, einem charismatischen und dynamischen Geschäftsmann, der während der ersten drei Monate ihrer Beziehung herrlich romantisch und pünktlich bei allen Verabredungen gewesen war und nie vergessen hatte anzurufen, wenn er sich verspätete, der ihr stets kleine Überraschungsgeschenke, Blumen und süße Karten mitgebracht hatte. Und er war immer sehr zärtlich gewesen.

Ab dem vierten Monat merkte Patrice jedoch, daß eine gewisse Laxheit sich in ihre Romanze einschlich. Nick verspätete sich oft und machte sich nur selten die Mühe, sie anzurufen, um sie zu informieren, daß sich an seinen Plänen etwas geändert hatte.

Patrice sagte Nick, daß sein Verhalten ihr nicht behagte. Aber jedesmal, wenn sie etwas sagte, tat er ihre Worte achselzuckend ab. Was dann damit erledigt war, daß er etwa sagte: »Okay, aber jetzt bin ich hier. Vergessen wir das Ganze also.«

Mit der Zeit wurden auch die kleinen Geschenke und Blumen weniger, bis es schließlich keine mehr gab, abgesehen von ihrem Geburtstag oder besonderen Festtagen. Der nächste Schritt war, daß er anfing, Kleinigkeiten zu kritisieren, die Patrice machte. Dessen ungeachtet, egal, wie der Tag zwischen ihnen verlief, wollte Nick jedesmal mit ihr schlafen, wenn sie sich sahen. All diese »Kleinigkeiten« beeinflußten Patrice aber so sehr, daß der Geschlechtsverkehr mit ihm sie schon bald kaltließ. So daß sie sich zunehmend als Objekt seiner sexuellen Entspannung und nicht mehr als die über alles geschätzte

Frau in seinem Leben fühlte. Über diese Gefühle wurde zwischen ihnen nicht gesprochen, und Patrice zog sich deprimiert über die Situation in sich zurück.

Als Patrice mir in einem Seminar von ihrem Problem erzählte, riet ich ihr, einen ruhigen, friedlichen Zeitpunkt abzuwarten und Nick zu fragen, ob er bereit sei, ihr zuzuhören, sie würde gerne über einige Gefühle sprechen, die sie seit geraumer Zeit quälen.

Wenn er zustimmte, riet ich ihr, ihm zu sagen, wie sehr sie jene kleinen Dinge liebte, mit denen er sie früher bedachte – seine Blumen, seine liebevollen Telefonanrufe, jene kleinen romantischen Gesten, die sie auch sexuell animiert hatten. Sie mußte ihm außerdem all die Dinge sagen, die er tat und sie sexuell erkalten ließen – seine Verspätungen, unbedachte Kritik, der Mangel an Komplimenten oder Anerkennung, seine oberflächliche Zuneigung ohne wirkliches Engagement. Sie mußte ihm sagen, daß eine negative Sache, die ihm vielleicht völlig unwichtig erschien, genügen konnte, um jede sexuelle Lust in ihr zu ersticken.

Ich legte ihr nahe, diese Dinge nicht als Befehl vorzutragen, sondern in einem Sinne, der verdeutlichte, daß es ihr um das Teilen von Gefühlen ging.

Patrice teilte Nick ihre Bedürfnisse und romantischen Wünsche mit, die für sie die Voraussetzung dafür waren, daß sie auf ihn anspringen konnte. Nick reagierte sehr einfühlsam und bedauerte sein dummes Verhalten, daß er so unbedacht und unwissend gewesen war.

Der penetrierende, kontrollierende, leidenschaftliche Geschlechtsverkehr ist typisch für die sehr männliche Energie. Der physisch, mental und emotional hingebungsvolle Liebesakt ist typisch für die sehr weibliche und zärtlichkeitsorientierte Energie.

Feminine, empfangende Frauen und Männer sind »geil« auf körperliche Liebe, nicht nur auf den Geschlechtsverkehr. Das heißt, sie initiieren keinen Geschlechtsverkehr, sie initiieren Zärtlichkeit. Und wenn sie tagsüber und im Bett in den Genuß eines zärtlichen Vorspiels kommen, springen sie an und geben das, was sie bekommen, mit leidenschaftlicher körperlicher Liebe zurück. »Ruckzuck rein und raus, danke, Ma'am«, ist etwas für maskuline Leute, egal, ob männlich oder weiblich. Langsam und unbeschwert ist etwas für feminine Leute, egal, ob männlich oder weiblich.

»Rad«-Sex befriedigt das Bedürfnis einer femininen Frau oder eines femininen Mannes, im Vorspiel verwöhnt zu werden. Dazu gehören Zärtlichkeiten, Berührungen, Gefühle, die langsam den Weg zum Geschlechtsverkehr bahnen und als Teil eines Kontinuums zusammenfließen. Ein Mann, der das »Rad«-Sex-Konzept verstanden hat und praktiziert, hilft nicht nur seiner empfangenden Frau, die sich so verwöhnt fühlt, er hat auch selbst mehr Spaß dabei, durch das größere Vergnügen, das er ihr bereitet.

Laurie war mit Ben befreundet, ein typischer Hoppla-jetzt-komme-ich-Vertreter, der glaubte, alle Regeln der Kunst zu beherrschen. Er liebte Laurie lehrbuchhaft, mit wohlplazierten mechanischen Berührungen, Griffen und Küssen, wohlplaziert in den vermeintlich erogenen Zonen der Frau.

Aus Bens Sicht war das alles so in Ordnung. So hatte er es seit jeher gemacht. Und er meinte es gut. Hatte aber eindeutig nicht die leiseste Ahnung, wie man eine Frau liebt und sie befriedigt. Was dazu führte, daß er am Ende ihrer Liebesübung seinen Orgasmus hatte, sie ihren aber nicht und Laurie jedesmal still, frustriert und verärgert übrigblieb.

Laurie wußte, was guter Sex mit einem Mann war, der es richtig machte. Sie liebte Ben und war überzeugt, daß er umgekehrt auch sie liebte. Aber allmählich machten sich Spannungen in ihrer Beziehung breit. Sie wünschte sich ein anderes Liebesleben. Aber wie konnte sie ihm das mitteilen, ohne ihn zu demütigen oder ihre beziehungsinterne Rolle als feminine Frau zu gefährden?

Sie mußte einen Weg der Kommunikation finden, der gewährleistete, daß er sie hören und daraus lernen konnte. Sie entschloß sich, ihn zu fragen, ob sie mit ihm über ihre sexuelle Beziehung sprechen könne; wann, ob jetzt oder später, sei ihm überlassen.

Ben stimmte nervös zu. Er fürchtete Kritik. Er wußte, daß sie sexuell nicht befriedigt wurde; er wußte aber auch, daß er keine bessere Methode kannte. Er hatte Bücher gelesen, wie man eine Frau richtig liebt, und sich an die Regeln gehalten, die aber bei Laurie nicht funktionierten.

»Ben, ich weiß, du liebst mich«, sagte Laurie, »und versuchst, alles schön für mich zu machen, und das weiß ich zu schätzen. Es gibt aber noch ein paar Dinge, die ich wirklich erotisch finde und die mich wirklich anturnen. Wärst du bereit, sie zu lernen?«

Ben war erleichtert, daß sie ihm sagen wollte, was ihr gefiel, statt ihm vorzuhalten, was er falsch machte. Und so krochen sie zusammen ins Bett und unter die Decken, wie Kinder zum Spielen. Sie zeigte ihm langsam, wie und wo sie gerne berührt werden wollte,

indem sie seine Hände führte. Dabei flüsterte sie ihm le
ins Ohr, die sie sich für ihren Körper wünschte – bis
nicht mehr aufhören konnte und sie auf der Stelle liebt

Aber dieses Mal war ihre Liebe ganz anders. Sie
Hände und seinen Körper dirigieren, und genau das wün
von ihr. Sie konnte ihre Wünsche aussprechen, denn er hatte ihr gesagt, daß sie es konnte. So war sie nicht in der Rolle der Mutter, die etwas von ihrem schlechten Jungen verlangte. Sie war eine Frau, deren Mann *wollte*, daß sie ihm zeigte, wie er ihr Liebhaber sein konnte. Und er war dennoch der Mann, der respektiert wurde, und sie die Frau, die verwöhnt wurde.

So konnte Ben entspannt an ihr Liebesspiel herangehen und war darauf bedacht, ihre kleinen besonders erogenen Zonen zu entdekken. Zum erstenmal in ihrer Beziehung konnte Laurie nun voller Wollust auf Ben reagieren. Und Ben wurde nicht nur mit Lauries Orgasmus und der Lust belohnt, die er in ihr weckte, sondern auch mit einem eigenen intensiveren Orgasmus, der in jeder Hinsicht alles bisher Dagewesene überbot, was er mit seinen mechanischen, linkischen und unbefriedigenden Operationen erreicht hatte.

Bei Jane und George, beide Musiker und Anfang Zwanzig, waren Georges sexuelle Hemmungen und seine Unerfahrenheit mit Frauen das Problem. Jane, eine starke, dynamische, maskuline Frau, liebte Georges zärtliche Berührungen. Sie liebte es, wenn er ihr Haar streichelte, sanft seine Hände über ihre Haut gleiten ließ, sie liebevoll mit Küssen bedeckte und sie zärtlich liebte; sie wünschte sich aber auch einen leidenschaftlicheren Sex.

Sie waren noch nicht lange zusammen und ihre sexuelle Beziehung damit relativ neu, und die Wahrheit war, daß George ihre Bedürfnisse nicht befriedigte. Er konnte nicht spontan und lustvoll ihren Körper genießen. Sie wußte, daß Leidenschaft in ihm steckte, denn bisweilen brach sie kurzzeitig während des Liebesaktes durch, um dann aber ebenso schnell wieder zu verschwinden.

Jane wollte, daß ihre Beziehung funktionierte, sie wollte aber auch guten Sex. Und sie fürchtete, George werde sich völlig verschließen, wenn sie etwas Negatives sagte und über ihr Problem sprach.

Sie kam ratsuchend zu mir. Ich schlug ihr vor, ihn mit direkten körperlichen Mitteln aufzulockern und seine natürliche Leidenschaft hervorzulocken. Es war an ihr, ihn zu der Art von Sexualität hinzuführen, die sie sich wünschte, da sie in ihrem Fall die männliche Verfolgerin war.

Sie lud ihn zu sich zum Essen ein und empfing ihn an der Tür in einem sinnlichen langen Kleid aus Seide (wohlgemerkt nicht in einer bedrohlich wirkenden erotischen Strapsaufmachung). Die Vorbereitungen für eine romantische Stimmung waren perfekt: gedämpftes Licht, Kerzen, sanfte Musik, ein Glas Wein, eine leichte Mahlzeit, die Aufforderung zu einem langsamen Tanz, ihn langsam zu entkleiden, ein gemeinsames Schaumbad mit dem Austausch endloser Zärtlichkeiten, gefolgt von einer erotischen Massage.

Während Jane ihn streichelte, sprach sie über einige ihrer sexuellen Phantasien. Sie ließ ihre ganze Sinnlichkeit spielen, bis er so stimuliert war, daß er nicht mehr anders konnte, als leidenschaftlich über sie herzufallen. Im Bett später wurde er dann so erregt durch die Erregung, die er bei ihr herbeiführen konnte, daß sie ihre erste wundervolle sexuelle Erfahrung von vielen hatten, die noch folgen sollten, bei der beide ihre volle Befriedigung fanden.

Wichtig ist, daß Sie Ihren maskulinen Mann wissen lassen, wie herrlich es ist, wenn er am Rad Ihrer Sinne dreht: durch Berühren, Schmecken, Riechen, Sehen und Hören – auf dem Weg zum Geschlechtsakt und Orgasmus. Sie werden allein dadurch eine größere Lust empfinden, daß Sie sich als Mensch gewürdigt und nicht als Objekt benutzt fühlen.

Ein anderer Weg, wie Ihr Mann Sie glücklich machen und lustvolle Begierde in Ihnen wecken kann, ist, daß er zärtlich mit Ihnen spricht. Was ich als »Liebesgeflüster« bezeichne. Sexpartner mit femininer Energie lieben Liebesgeflüster, weil sie sich über ihre Ohren verlieben, während Männer und Frauen mit maskuliner Energie sich über ihre Augen verlieben.

Äußerst wichtig ist die Art und Weise, wie Sie mit Ihrem Mann sprechen. Patrice sprach höflich und nicht vorwurfsvoll mit Nick über seine Fehler. Kritik kann für einen maskulinen Mann so schmerzlich sein, daß er nicht hören kann, was Sie ihm sagen möchten und oft defensiv reagiert oder einfach wegrennt.

Die feminine Laurie erhielt verbal die Erlaubnis, ihrem maskulinen Ben zu zeigen, wie sie Sex liebte. Dabei ging sie liebevoll auf Bens (feminine) Gefühle ein und gab sich nicht kritisch wie eine »Mama« als Autoritätsfigur.

Wenn Sie die weibliche Energie sind, die verwöhnt werden möchte, müssen Sie *Ihre* sexuellen Gefühle schützen, nicht *seine*. Nichts tun, wenn der Sex, so wie er praktiziert wird, Ihnen keine Freude macht, heißt, daß es auf ewig so bleibt. Damit ist nicht nur garantiert, daß Sie

sich benutzt fühlen, sondern auch, daß Ressentiments
Wut vorprogrammiert sind, die wohl alles andere als de
förderlich sind. Der beste Weg ist, es so wie Patrice un
machen – sich die Erlaubnis einzuholen, Ihre Gefühle mit

Wenn er nicht bereit ist zu sprechen, verlassen Sie ihn.
daß er zu egoistisch für eine Beziehung ist. Wenn er berei zuzuhören, verwenden Sie positive Aussagen (»Ich habe das Gefühl«, »Ich empfinde«), nicht negative Aussagen (»Du machst etwas falsch«) bei Ihrem Gespräch. Sagen Sie ihm vor allem, was Sie nicht möchten: unverbindlichen Sex, Polygamie, brutalen Sex und Sex à la »Ruckzuck rein und raus, danke, Ma'am«.

Wichtig ist, daß Sie wie ein freundliches menschliches Wesen und nicht emotional, verurteilend und hysterisch mit ihm sprechen. Er kann Sie nicht hören, wenn Sie sich irrational aufführen, und ebensowenig daraus lernen, selbst wenn er die Tatsache, daß Sie sich so verhalten, aus Liebe zu Ihnen akzeptiert.

Und vergessen Sie nicht: Die meisten maskulinen Männer ändern sich nicht, solange es nicht von ihnen verlangt wird. Als feminine Frau müssen Sie Ihrem Partner Ihre negativen Gefühle mitteilen, wenn es Ihrer sexuellen Beziehung an romantischer Würze fehlt.

Von der Vergangenheit eingeholt – sexuelle Probleme

Wir bringen alle »Ballast« aus der Vergangenheit in unsere sexuellen Beziehungen mit. Sei es, weil wir prüde erzogen, durch religiöse Erziehung gehemmt, einmal verlassen oder, was wohl meistenteils der Fall ist, von einem früheren Liebhaber einmal zurückgewiesen wurden und diese schmerzlichen Erinnerungen uns noch immer belasten. All diese Dinge setzen sich als abstruse Vorurteile in unserem Kopf fest, die sexuell schädigend sind und bewirken, daß wir künftigen Begegnungen argwöhnisch entgegensehen.

Das ist ein natürlicher, aber selbstzerstörerischer und vernichtender Prozeß. Wenn wir unsere Verletzungen und Enttäuschungen mit in das Bett des nächsten Mannes nehmen, ist absehbar, daß eine natürliche, gesunde Sexualität kaum eine Chance hat.

Im Zweifel müssen wir hart daran arbeiten, um uns von diesen Geistern im Schlafzimmer zu befreien und sexuelle Entscheidungen zu treffen, die unsere eigenen und nicht die einer anderen Person sind. Wenn es uns nicht gelingt, uns von falschen Vorstellungen freizumachen, werden die schädlichen Folgen sich in unserer neuen Beziehung zeigen, noch ehe es zu irgendwelchen sexuellen Avancen kommt.

Nachfolgend möchte ich sieben Trugschlüsse aufzeigen, denen Frauen gemeinhin aufsitzen, sowie einige neue Denkansätze, die Ihrer neuen Beziehung vielleicht zu einem guten Start verhelfen können.

Trugschluß 1
»Wenn ich einem Mann Sex gebe, bekomme ich von ihm dafür eine feste Beziehung zurück«

Falsch! Maskuline Männer »geben« keine feste Beziehung für frei verfügbaren Sex »zurück«. Maskuline Männer wissen, daß es keine kostenlosen Mahlzeiten gibt und daß das, was als »frei verfügbarer Sex« erscheint, in der Regel mit Haken verbunden ist – daß eine Frau sagt: »Heirate mich« oder »Ich bin schwanger« oder »Ich fühle mich benutzt«. Kein noch so cleverer Mann, der »mitnimmt«, was er bekommen kann, bekommt den Sex »frei« und kann einfach wegrennen, ohne zu bezahlen, und die Frau leidend zurücklassen.

Maskuline Männer »geben« Verbindlichkeit, wenn sie von ihnen verlangt wird, von Frauen, die keinen Mann »brauchen«, sondern einen Mann als Ergänzung ihres funktionierenden Lebens sehen. Und Sie sollten sich daran halten, keinen Sex »zurückzugeben«, ehe nicht fest ausgehandelt ist, was er Ihnen an Verbindlichkeit »zurückgibt«. Vorsicht also!

Und: Sofern Sie sich für die männliche Energie entschieden haben, üben Sie sich bitte in Integrität mit den Männern, auf die Sie es sexuell abgesehen haben. Sensible, feminine Männer »geben« starken, maskulinen Frauen Sex und Verbindlichkeit »zurück«, Frauen, die ihnen Sex, Geld und den Status geben. Die meisten Männer, ob feminin oder maskulin, vertrauen auf ihren Verstand und wissen damit, was für sie auf dem Spiel steht, wenn sich herausstellt, daß sie von einer skrupellosen Frau lediglich als »Sexmaschinen« benutzt wurden: Ihr Selbstwertgefühl wird gnadenlos untergraben.

Ebenso zahlen feminine Frauen ihren Preis, wenn ihnen bewußt wird, daß sie mißbraucht wurden: Sie empfinden sich nicht mehr als begehrenswert und liebenswert und flüchten oft zu Essen, Trinken, Drogen oder Gelegenheitssex, um ihren Schmerz zu maskieren.

Trugschluß 2
»Sexuelle Tugendhaftigkeit ist passé«

Falsch! Die Männer verlieben sich nicht in Ihre Vagina, und dabei spielt es keine Rolle, wie großartig Sie im Bett sind. Möglich, daß sie sexsüchtig werden, sie verlieben sich aber nicht, wozu, per Definition, Ihr ganzes Ich gehört – Seele, Körper und Geist.

Früher wurde Tugendhaftigkeit von Eltern, Kirchen und der Kultur gelehrt. Aber mit dem Aufkommen der Pille, dem Einfluß der sexuellen Revolution und der Frauenbewegung schienen diese Lehren überholt. Die Gesellschaft rebellierte gegen Tugendhaftigkeit. Spontaner Gelegenheitssex war »in«, man gab sich ihm hin, nur um das Ganze am nächsten Tag dann bitter zu bereuen.

Für mich ist Tugendhaftigkeit ein Synonym für persönliche Integrität, ein Zeichen, wie ehrlich wir gegenüber uns selbst sind. Ein Mann oder eine Frau, die ehrlich sagen: »Ich habe kein Interesse an einer festen Beziehung. Ich möchte nur etwas Spaß haben«, haben nach meinem Dafürhalten Integrität, sie lassen aber (und darin mag der feine Unterschied liegen) eine gewisse geistige Tugendhaftigkeit vermissen.

Demjenigen (ob Mann oder Frau), der den anderen zu Sex verführt und die Möglichkeit einer festen Beziehung in Aussicht stellt, um seinen Sex zu bekommen, fehlt es jedoch sowohl an Integrität als auch an Tugendhaftigkeit. Diese Personen sind gefährlich. Sie »benutzen« sexuell gutgläubige Männer oder Frauen, die dann, nachdem sie sich auf diesem Wege die Finger verbrannt haben, ihrerseits zu Zynikern werden und fortan andere benutzen.

Ihre Intuition wird Ihnen sagen, wer Sie nur »benutzen« will. Ignorieren Sie diese kleine Stimme in Ihrem Innern nicht, die Ihnen sagt: »Hier stimmt etwas nicht. Ich fühle, daß hier nicht alles in Ordnung ist.« Mein Rat ist: Lassen Sie sich entweder eine feste Beziehung geben, oder machen Sie, daß Sie wegkommen.

Trugschluß 3
»Unverbindlicher Sex ist ein guter Weg, um jemanden kennenzulernen«

Falsch! Mit unverbindlichem Sex werden lediglich Erwartungsängste gemindert. Die Erwartungen, die an die mögliche bevorstehende Romanze, Vereinigung und Erfüllung geknüpft werden, können mit derart schlimmen Ängsten verbunden sein, daß das Ziel, »sie zu überwinden«, erst einmal wichtiger ist als die Intimität, die nur langsam und sorgsam aufgebaut werden kann.

Ist Sex die Blüte oder die Wurzel einer Beziehung? Meines Erachtens ist Sex die Blüte, nicht die Wurzel. Wurzeln muß eine Beziehung in der Kompatibilität, Kommunikation und Freundschaft. Eine Beziehung, die aus dem Sex heraus wächst, kann sich zu einer suchtartigen Beziehung zwischen Personen entwickeln, die im Grunde überhaupt nicht zueinander passen, die nicht miteinander reden können und sich nicht freundschaftlich gesinnt sind, denen es einzig um Sex, nicht um Intimität geht. Wenn Sex demgegenüber die Blüte einer Beziehung ist, die in wahrer erotischer Liebe wurzelt, dann hat diese Beziehung die besten Chancen, die Höhen und Tiefen des Lebens zu überdauern.

Trugschluß 4
»Alles, worauf ich bei Sex achten muß, ist, daß ich mich im medizinischen Sinne schütze«

Es stimmt natürlich, daß Sie sich als erstes zu Ihrer eigenen Sicherheit im medizinischen Sinne schützen müssen; damit ist es aber nicht getan. In einer Beziehung müssen sensible Frauen und Männer sich beim Sex auch emotional schützen, indem sie sich darauf stützen können, daß der andere weiß, wer sie sind, und hört, was sie wollen.

Gang und gäbe ist es, daß Frauen, die sich auf unverbindlichen Sex nicht einlassen möchten, sich damit konfrontiert sehen, daß der Mann versucht, sie entweder mit Verführungskünsten (»Ich werde mich *schon noch* auf eine feste Beziehung mit dir einlassen, wenn auch heute noch nicht!«) oder auf dem Wege der Einschüchterung (»Du bist nicht fair zu mir« oder »Du solltest glücklich sein, daß du mich hast«) zu Sex zu überreden. Die Geisel einer kontrollierenden Person zu sein, kann ebenso gefährlich wie ungeschützter Sex sein. Die Zeit und Energie, die man braucht, um sich aus einer solchen Beziehung zurückziehen und die Wunden zu heilen, können ebenso destruktiv wie viele sexuell übertragene Krankheiten sein. AIDS kann den Körper töten, aber eine Depression genauso. Wenn Sie einen AIDS-Test machen lassen und sich die Zeit nehmen, einander kennenzulernen, erweisen Sie sich und Ihrer Sicherheit den besten Dienst.

Trugschluß 5
»Ich kann die Sexprobleme meines Partners ›lösen‹«

Sexprobleme sind, genau wie finanzielle Probleme, ein sicheres Zeichen von innerem Chaos. Es ist vermessen und anmaßend davon auszugehen, Sie könnten die sexuellen Probleme einer anderen Person »lösen«. Sie können mit Ihrem Partner an seinen Problemen arbeiten (oder mit einem Klienten oder einer Klientin, sofern Sie Therapeutin sind), Sie können sie aber nicht lösen.

Jeder von uns muß seine eigenen Probleme identifizieren und sich in die Pflicht nehmen, sie zu lösen, wobei wir gegebenenfalls natürlich auch die Hilfe einer Therapie, die Hilfe von Ratgebern oder von Gruppensitzungen in Anspruch nehmen können. Es gibt aber keine Lösung, die von außen kommt. Sie muß immer von innen kommen. Personen, die von sexuellen Störungen betroffen sind, möchten oft glauben, daß ihre Probleme von außen »gelöst« werden können. Und dann gibt es natürlich bedürftige Personen, die es oft brauchen, gebraucht zu werden. Und das unselige Spiel nimmt seinen Lauf, wenn zwei aus diesen Kategorien sich treffen – einer, der glaubt, er könne als Lehrer oder Lehrerin die Probleme des anderen lösen, und einer, der vom anderen die Lösung seiner Probleme erwartet.

Wenn Sie sich auf eine sexuell gestörte Person einlassen möchten, tun Sie es, »hoffen« Sie aber nicht auf eine Änderung. Wenn nicht, trennen Sie sich baldmöglichst von ihr, auf einfühlsame Weise. Finden Sie sich nicht mit sexuellen Fehlfunktionen ab, oder Sie stehen am Ende selbst mit einer sexuellen Funktionsstörung da. Vermessene Problemlöser und tyrannische Opfer haben sich irgendwie gegenseitig verdient. Seien Sie vorsichtig, auf was Sie sich einlassen.

Wenn Sie als Sexualtherapeutin arbeiten möchten, besorgen Sie sich eine Zulassungsbescheinigung. Wenn Sie eine gute Ehe haben möchten, besorgen Sie sich einen guten Liebhaber. Das Leben ist zu lang, um auf Dauer sexuell frustriert und unbefriedigt zu bleiben.

Trugschluß 6
»Sobald ich eine feste Beziehung habe, brauche ich mich nicht mehr an meinen bisherigen sexuellen Stil zu halten«

Falsch! Wenn jemand mitten in der Beziehung (ohne Verhandlung) seinen bisherigen sexuellen Stil ändert, kann dies von der anderen

Person als sehr bedrohlich empfunden werden. Die meisten Frauen empfinden es zum Beispiel als abstoßend, wenn ihr bisher offensiver maskuliner Mann im Bett plötzlich passiv wird. Von diesem Problem sind aber nicht nur Frauen betroffen. Sexuelle Aversionen und Impotenz werden heutzutage zunehmend ein Problem für Männer. Sie empfinden narzißtische Frauen als sexuell abstoßend, Frauen, die sowohl wegen ihrer Ideen respektiert als auch auf der Gefühlsebene verwöhnt werden möchten. Sie möchten nicht der Drohn der Bienenkönigin sein, so daß sie sexuell dichtmachen, das ist dann ihr Weg, sie nicht mit sexuellem Vergnügen zu verwöhnen.

Manche Männer möchten führen, andere nicht. Den wachsenden Rechten der Frau stehen die Rechte der Männer gegenüber, selbst zu bestimmen, mit wem sie Sex haben möchten oder nicht.

Trugschluß 7
»Maskuline Männer mögen Frauen, die sich gleichberechtigt mit ihnen die Verantwortung teilen und genauso wie sie die Initiative zu Sex ergreifen«

Falsch! Die meisten maskulinen Männer mögen es nicht, wenn Frauen sich mit ihnen diese Verantwortung teilen und genauso wie sie die Initiative zu Sex ergreifen. Sie möchten die sexuellen Aggressoren sein, und sie möchten, daß ihre femininen Frauen entsprechend darauf eingehen und ihnen zurückgeben.

Heißt das, wenn Sie eine feminine Frau sind, daß Sie nicht die Initiative zu Sex ergreifen können, wenn Ihnen danach ist? Möglicherweise, da eine Paarbeziehung voraussetzt, daß Sie, was Ihre Rechte und Freiheiten als Individuum angeht, bestimmte Kompromisse zugunsten Ihrer Beziehung eingehen.

In einer gesunden Beziehung ist es den meisten Männern und Frauen jedoch möglich, sich, so wie es »recht und billig« ist, die sexuelle Initiative zu teilen und ihre individuellen Präferenzen auszuhandeln. Die Herausforderung für das Liebespaar besteht darin, einfühlsam und ehrlich über sexuelle Vorlieben zu sprechen und auf die Gefühle des anderen einzugehen.

Wenn Sie eine feminine Frau sind und auch gerne die Initiative zu Sex ergreifen möchten, könnten Sie zu Ihrem Partner, mit dem Sie in einer festen Beziehung leben, sagen: »Fred, wenn ich dich sehe, überkommt mich manchmal die Lust, dich auf der Stelle zu lieben. Würdest du es als abstoßend empfinden, wenn ich dann einfach auf dich zukäme?«

Narzißtische Männer und Frauen, die sowohl ihre sexuellen Wünsche respektiert als auch ihre sensiblen Gefühle gewürdigt wissen möchten, lassen in diesem Punkt natürlich nicht mit sich handeln, weil sie sich herausgefordert fühlen, wenn ihre Partnerin oder ihr Partner versucht, ihre bzw. seine eigenen sexuellen Wünsche anzumelden. Das Ergebnis ist ein Konkurrenzkampf. Der in der Form ausgetragen wird, daß diese Männer und Frauen sich mit Einschüchterungsversuchen und/oder Verführungskünsten durchzusetzen versuchen und ihrem Partner oder ihrer Partnerin vorwerfen, mit seiner bzw. ihrer Negativität (nein zu sagen) und seinem bzw. ihrem Egoismus die Beziehung zu zerstören.

Am Ende steht allzuoft, daß die sensiblen Männer und Frauen, die sich nicht streiten möchten, sich ergeben und ihre eigenen sexuellen Bedürfnisse denen des narzißtischen Partners oder der narzißtischen Partnerin unterordnen – in der Hoffnung, daß diese Strukturen sich schon eines Tages ändern werden. Und das tun sie nicht.

Sie oder Ihr Partner haben sexuell Schaden genommen? Eine Methode, wie Sie dem Problem begegnen können

Sexualität ist das bindende Element in einer Beziehung. Ihre letzte sinnliche/sexuelle Erfahrung ist zugleich die Basis für Ihre nächste Erfahrung.

Gute Erinnerungen an die letzte sexuelle Begegnung sind eine gute Basis für die nächste Begegnung. Negative Erinnerungen führen demgegenüber, insbesondere bei Männern, oft zu sexuellen Aversionen und damit in eine Sackgasse, wobei die Liebe oft auf der Strecke bleibt.

Robin, eine Kosmetikerin, sprach nach einem Seminar mit mir über ihren Freund John, einen Bauarbeiter, der einige Jahre älter als sie war und mit dem sie dabei war, eine solide Beziehung aufzubauen. Ihr einziges Problem war, wie sie sagte, ihr Sexleben, das sich aus unerklärlichen Gründen verschlechtert hatte.

John hatte auf dem Bau lange und harte Arbeitstage. Und wenn er sie am Abend besuchte, liebte er sie mechanisch, völlig anders als am Anfang ihrer Beziehung, als ihr Sex großartig war.

Robin hatte einige Versuche unternommen, mit ihm über ihre sexuelle Unzufriedenheit zu sprechen, die John aber jedesmal damit abgewehrt hatte, daß er sagte: »Robin, schau, ich arbeite wie ein Verrückter. Ich bin müde. Ich bin ausgelaugt. Ich habe Probleme mit diesem Job. Was erwartest du? Ich bin einfach erschöpft!«

Robin fragte mich, was sie tun sollte. Ich schlug ihr meine Methode des sinnlichen Fokussierens vor, die sich bei Paaren als sehr hilfreich erwiesen hat, um die Kunst des Liebens zu entwickeln.

Sinnliches Fokussieren

1. Nehmen Sie sich mindestens zwei Stunden Zeit, in denen jede Störung ausgeschaltet ist, die Sie zu Hause oder in einem Hotel zu zweit in der Badewanne verbringen.
2. Stellen Sie die Haustürklingel, Ihr Telefon und Ihren Pieper ab.
3. *Sprechen Sie* während dieser zwei Stunden *kein einziges Wort*. Sie verständigen sich nur mit der Körpersprache. Reden ist eine intellektuelle Aktivität der linken Hirnhemisphäre. Körperliche Liebe ist eine nonverbale Aktivität der rechten Hirnhemisphäre.
4. Die Person mit der »männlichen« Energie sorgt für: Eßbares, das mit den Fingern gegessen werden kann, womit Sie sich gegenseitig füttern können;
   Sinnliche Instrumentalmusik auf Band oder CD;
   Kerzen und Düfte;
   Schreibpapier und Stifte;
   Puder oder Öl.

Füttern, waschen, trocknen, ölen, pudern, massieren Sie sich gegenseitig, lieben Sie sich oder auch nicht, abhängig von dem »männlichen« Wunsch und der »weiblichen« Bereitschaft, und legen Sie sich schlafen, oder ruhen Sie einfach nur aus. Vom Anfang der Begegnung bis zum Ende wird *nicht gesprochen*. Verwenden Sie Kerzen (jedes elektrische Licht ausschalten), Musik und aromatische Düfte oder Räucherkerzen. Signalisieren Sie sich körperlich Ihre Lust und wie wohl Sie sich fühlen, aber nicht verbal.

Nach dem Bad und der Massage schreiben Sie einander einen Brief über die Erfahrung, Sie tauschen die Briefe aus und schreiben anschließend eine Antwort zurück. Tauschen Sie Ihre Antworten aus, dann sprechen Sie.

Diese Übung wird Ihre Lust steigern oder Ihre Angst vor Intimität intensivieren. Wenn Ihre Angst auch nach einigen Badesitzungen nicht beschwichtigt werden konnte, sollten Sie therapeutische Hilfe suchen. Stellen Sie bei der Wahl des Therapeuten sicher, daß es sich um einen ausgebildeten Sexualtherapeuten handelt.

Dieses nonverbale, sinnliche Fokussieren zielt darauf ab, die chemische Verbindung zwischen den Körpern wiederherzustellen. Körper »vergessen« einander und verlieren die Verbindung, wenn diese Ebene vernachlässigt wird. Workaholics und zerstreute Männer und Frauen vergessen es oft, einander zu schmecken, zu berühren, zu riechen, zu sehen und zu hören, so daß die Erinnerung an dieses Vergnügen mit der Zeit verblaßt.

Als Robin John von dieser Übung erzählte, lachte er zuerst nervös über die Idee, sich auf dieses sexuelle Spiel einzulassen, gab schließlich aber nach und sträubte sich nach ihrem ersten romantischen Abend nie mehr dagegen.

John liebte die Entspannung, die das warme Bad seinem müden Körper gab, und auch, daß er nicht sprechen mußte. Und Robin liebte das gegenseitige langsame Waschen, Abtrocknen und Massieren.

So fanden Robin und John einen neuen Weg, sich zu lieben, in einer Weise, die beider Bedürfnisse befriedigte. Und am Ende war John sogar derjenige, der seinerseits diese besonderen Stunden initiierte, und damit war endgültig der Punkt erreicht, an dem ihr Sexualleben wieder in voller Leidenschaft erblühte.

Sie mögen sich bei dieser Übung anfänglich etwas unbeholfen vorkommen, und vielleicht hat das Ganze etwas Künstliches für Sie, bis Sie es wirklich genießen können. Das Ziel ist dann erreicht, wenn Sie die Erfahrung so sehr genießen, daß Sie sie um Ihrer selbst willen machen möchten und nicht nur, weil es eine hilfreiche Methode ist.

Sexuelle Funktionsstörungen des Mannes

Die vorgenannte Übung ist auch hilfreich, wenn Ihr Mann Probleme mit vorzeitiger Ejakulation oder Impotenz hat. Sexuelle Fehlfunktionen können körperliche oder psychologische Ursachen haben. Ich möchte an dieser Stelle nur auf den psychologischen Bereich eingehen, da der medizinische nicht in meine Kompetenz als Ehe- und Familienberaterin fällt.

Ejakulationskontrolle

Während manche Männer ihren Orgasmus kontrollieren und damit länger durchhalten und für sich und ihre Partnerin so die sexuelle Lust intensivieren können, ist dies anderen nicht möglich, weil sie psychologisch bedingt die Ejakulation nicht hinauszögern oder sie nicht bis zum Orgasmus steigern können. Diese Männer haben keine Erektionsprobleme. Sie können ihrer Partnerin jede Lust geben, sich selbst aber nicht genügend gehenlassen, um zum Orgasmus zu kommen. Nach Auffassung von Psychologen ist dieses durchaus weitverbreitete Problem auf Ängste vor Verwundbarkeit und Verbindlichkeit zurückzuführen.

Wenn Ihr Partner offenbar unfähig ist, zum Orgasmus zu kommen, können Sie ihm sehr helfen, indem Sie ihn in einer von Akzeptanz und bedingungsloser Liebe getragenen Haltung lieben. Kritik, Nörgeln oder Forderungen führen nur zu einer Vertiefung der Furcht und zu mehr Ängsten. Ein Mann, der der Geber ist, wird nur dann keine Schwierigkeiten haben, wenn er mit einer femininen Frau zusammen ist, die vorbehaltlos und vorurteilsfrei empfangen kann.

Die Ejakulationskontrolle ist vor allem für denjenigen eine sehr erstrebenswerte Technik, der beim Liebesakt »potent bleiben« möchte. Die Chinesen geben Männern den Rat, einer Frau zu hundert Orgasmen zu verhelfen, ehe sie selbst die Entspannung suchen. Ein vielleicht nicht sehr realistisches Ideal, aber die Absicht, die dahintersteckt, ist mehr als begrüßenswert. Auch beim Tantra hat die Sinnlichkeit Vorrang vor der sexuellen Befriedigung. Die Seele, nicht der Körper, ist der Sitz von gutem Sex. Mit Selbstdisziplin und Kontrolle zur Förderung der sexuellen Intimität wird aus Sex ein Liebesakt.

Impotenz

Im Rahmen meiner Arbeit mit Männern habe ich festgestellt, daß Impotenz eine oftmals auf Ängste zurückzuführende Funktionsstörung ist.

Für einen maskulinen rechtshändigen Mann kann die moderne selbstverwirklichte Frau manchmal etwas zuviel sein. In der einen Minute ist sie selbstbewußt/aggressiv, in der nächsten passiv. Wenn das weibliche Verhalten jeder Logik oder Vorhersehbarkeit entbehrt, kann der Mann – genau wie der Pawlowsche Hund – am Ende seine Potenz verlieren. Und Depressionen bei Männern ähneln oft passiv-aggressivem Verhalten. Was »sie« dann wiederum zu dem Kommentar veranlaßt: »Er könnte, wenn er nur wollte.«

In Wahrheit hat er aus Selbstschutzgründen dichtgemacht. »Ob die Maschine noch funktioniert«, prüft er dann manchmal bei weniger bedrohlichen Frauen, um festzustellen, daß er nicht bei allen Frauen impotent ist, nur bei der Frau, die ihm angst macht.

Ich gebe Frauen stets den Rat, sich bei der Sexualität für einen Stil zu entscheiden, entweder den aktiv-selbstbehauptenden oder den passiv-empfangenden, und dabei zu bleiben, um ihren Mann nicht in die Impotenz zu »treiben«.

Und was ist, wenn Sie Ihren sexuellen Stil ändern möchten? Wie können Sie ihn ändern, ohne daß er impotent wird? Der beste Weg, eine negative Reaktion auf seiten des Mannes oder der Frau zu vermeiden, ist zu *sprechen.*

Aber auch hier muß auf ein Problem hingewiesen werden, daß fortschrittliche Menschen gemeinhin dadurch haben, daß sie ausgehend von beiden Hirnhemisphären sprechen. Das heißt, sie sprechen sowohl über ihre Gedanken als auch über ihre Gefühle, was zwangsläufig zu Verwirrung führt.

Eine Frau muß also ihren Stil wählen, entweder den männlichen, mit dem sie sagt: »Ich denke, ich möchte, meine Meinung ist, bitte respektiere mich, und ich werde dich dafür verwöhnen, daß du das tust«, oder den weiblichen, mit dem sie sagt: »Ich fühle mich gut, verwirrt, erstickt, vernachlässigt, bitte verwöhne mich, und ich werde dich dafür respektieren, daß du es tust.«

Entscheidend ist, egal, um welches sexuelle Thema es geht – AIDS-Test, Empfängnisverhütung, Funktionsstörungen, Phantasien –, daß Sie von der Seite aus sprechen, die Sie für sich in der Beziehung gewählt haben.

Wenn Sie sich für die weibliche entschieden haben, sagen Sie: »Ich würde mich wirklich über eine deiner Massagen *freuen.*« Wenn Sie sich für die männliche entschieden haben, sagen Sie: »Ich *denke,* es würde immensen Spaß machen, uns in der Badewanne zu lieben.« Auf diese Weise kann der andere Sie »hören«, und er »weiß«, wo Sie stehen, und kann entsprechend darauf reagieren und sagen: »Das hört sich auch für mich gut an«, wenn er die weibliche Energie ist, oder: »Das kann ich gerne für dich tun, Liebes«, wenn er die männliche Energie ist.

Vorzeitige Ejakulation

Das Problem »vorzeitiger Ejakulation« kann mitunter darauf zurückzuführen sein, daß ein Mann egoistisch und gleichgültig gegenüber dem Bedürfnis ist, zärtlich geliebt zu werden. Ich bezeichne diese Krankheit als »Zärtlichkeitsdefekt beim Liebesakt«.

Gelegentlich können die Ursachen vorzeitiger Ejakulation aber auch direkt auf die Handlungen der Frau zurückzuführen sein. Wenn sie sich zum Beispiel hyperkritisch gibt und sagt: »Berühr mich nicht so«, oder »Bring mir meine Frisur nicht durcheinander«, oder »Ich hoffe, du kannst dich dieses Mal zurückhalten, bis ich befriedigt bin«. In dem Falle ist er viel zu angespannt, um den Liebesakt zu genießen, und wird zusehen, daß er so schnell wie möglich zu seinem Orgasmus kommt. Eine wirklich gute sexuelle Erfahrung muß sich für beide, den Mann und die Frau, auf ihre Beziehung, auf Vertrauen, Hingabe und ihre Lust stützen.

Wenn Ihr Mann soweit erregt wird, daß er schnell ejakuliert, schlage ich Ihnen vor, daß Sie sich *nochmals* um Ihres Vergnügens willen *lieben*. Mit Kreativität können Probleme ausgeschaltet werden.

Zwischen Liebenden gibt es so etwas wie eine »schlechte Technik« nicht. Eine »schlechte Technik« ist nur, wenn man Sex um des Sexes willen hat.

Sexuelle Funktionsstörungen der Frau

Feminine Frauen müssen, so meine Überzeugung, umworben, verwöhnt, umhegt werden und Zärtlichkeit erfahren, ehe sie sich voll öffnen können. Das setzt voraus, daß Ihr maskuliner Mann die sexuelle Führung übernimmt und eine Atmosphäre schafft, die von Zärtlichkeit und liebevollem Eingehen auf Ihre Gefühle getragen ist. Wenn Ihnen diese Zärtlichkeit vorenthalten wird, können sexuelle Funktionsstörungen das Ergebnis sein, die sich oftmals in Form mangelnder Lubrikation (Absonderung der Vaginalschleimhäute) oder in der Unfähigkeit, zum Orgasmus zu kommen, äußern.

Und das ist nach meinem Dafürhalten der unbewußte Weg der Frauen zu sagen: »Ich werde es dir weder leicht noch angenehm machen. Ich behalte die Kontrolle, um mich gegen deine Gefühllosigkeit verteidigen zu können, statt dir meinen Körper hinzugeben.«

Männer wie Frauen können frigide reagieren, wenn ihr Partner oder ihre Partnerin nicht zärtlich auf ihre Gefühle eingeht, wobei es dann keine Rolle spielt, wie technisch versiert er oder sie ist. Ganz gleich, für welche Energie Sie sich in der Beziehung entscheiden, Priorität muß Ihre Bereitschaft haben, auf die Bedürfnisse Ihres Partners einzugehen, oder *der Sex bleibt auf der Strecke*.

16. Wie verhindern Sie, daß eine sexuelle Beziehung sich in eine zwanghaft abhängige Beziehung verkehrt?

Dr. James Prescott, ehemals am National Institute of Mental Health beschäftigt, führte weitreichende Forschungen mit Kindern im Alter von unter zwei Jahren durch, im Rahmen derer er nachwies, daß Kinder, denen ein liebevoller Körperkontakt vorenthalten wurde, sich zu Erwachsenen entwickelten, die Angst vor Körperkontakt und damit vor Intimität hatten. Ein Mangel an gesunder Zärtlichkeit in frühen Jahren kann dazu führen, daß Sie als Erwachsener Angst vor Intimität und sexuelle Probleme unterschiedlichster Schattierung haben.

Der Mensch braucht Liebe, um zu überleben. Um sich als kleines Mädchen sicher fühlen zu können und um aufgeschlossen zu sein, brauchten Sie das Gefühl, daß Sie bedingungslos um Ihrer selbst willen akzeptiert wurden.

Im Alter von drei Jahren entschieden Sie, ob man auf Liebe vertrauen kann. Wenn Sie sich nicht sehr geliebt fühlten, sind Sie wahrscheinlich unfähig, sich in einer befriedigenden Weise körperlich und/oder emotional an eine Person zu binden. Wenn Sie nicht glauben, daß Sie anderen wirklich wichtig sind, suchen Sie wahrscheinlich nach Ersatzbefriedigungen in Essen, Trinken, Drogen, anonymem Sex, Geld, Macht und Prestige. Die sofortige Befriedigung erscheint Ihnen als das Richtige, während langfristige Beziehungen gefährlich erscheinen.

Viele Männer und Frauen, die aufgrund einer mangelnden liebevollen Erziehung in jungen Jahren an einer Liebesphobie leiden, verwechseln zwanghaft abhängige Beziehungen, die mit einem hohen Schmerzniveau verbunden sind, mit Liebe. In diesem Fall ist es hilfreich, eine Therapie und Selbsthilfegruppen wie die der *Erwachsenen Kinder von Alkoholikern* oder von Co-Abhängigen in Anspruch zu nehmen, die helfen können, den fehlenden Wachstumsprozeß vom

Kleinkind zum reifen Erwachsenen zu vollenden, der sich seinen Ängsten, zurückgewiesen und verlassen zu werden, stellen kann. (Adressen der Erwachsenen Kinder von Alkoholikern (ACA-Gruppen) werden über das Hauptbüro der Anonymen Alkoholiker in München und Adressen für Selbsthilfegruppen Co-Abhängiger über das Zentralbüro der Al Anon-Familiengruppen in Essen vermittelt.)

Die meisten von uns hatten oder haben sich sicherlich mit irgendwelchen Schädigungen auseinanderzusetzen. Es gibt aber negative Beziehungen, die selbst die Gesündesten unter uns überfordern können. Oder auch die Beispiele, wonach wir nichtsahnend in solche Beziehungen geraten, und bis wir wissen, was los ist, sind sie wie Treibsand. Wir geraten immer tiefer hinein, und ehe wir uns umsehen (oder der Wunsch wach wird, herauszukommen), stecken wir fest. Und anders als bei einer Phobie oder dem Problem eines schweren Kindheitstraumas, wo wir Abhilfe suchen würden, bleiben wir in diesen Beziehungen, weil uns als Mädchen beigebracht wurde, zu glauben, wir könnten Probleme lösen und Dinge verändern, oder daß wir keine Wahl haben (wer würde uns sonst lieben?), oder daß wir einen Mann mit der Macht unserer Liebe oder durch unser Beispiel ändern könnten. An diesem Punkt waren wir alle schon einmal. Und der beste Weg, mit diesen entsetzlichen Erfahrungen umzugehen, ist, sie als Vehikel zum Wachstum zu nutzen.

Haben Sie schon einmal zwanghaft und damit neurotisch reagiert, als eine Beziehung anfing schiefzugehen? Die meisten von uns haben es. Es beginnt mit einem panikartigen Gefühl, das Sie zu impulsiven und zwanghaften Verhaltensweisen treibt, die immer schlimmer werden und schließlich den Punkt erreichen, an dem Ihre Beziehung langsam zu einer abhängigen Beziehung degeneriert. Ihre Angst vor dem »Nichts« ist stärker als Ihre Frustration und Abneigung, und so klammern Sie sich aus einer Abhängigkeit heraus an diese Beziehung.

Wie wissen Sie, ob Sie in einer zwanghaft abhängigen Beziehung leben? Ein Zeichen der Abhängigkeit ist die Kehrseite der chemischen Anziehung, die Sie ursprünglich zusammenführte. Wenn die Beziehung zwischen zwei Menschen auseinandergeht, leidet eine Person (oder beide), wie nachgewiesen wurde, unter einem körperlichen, chemischen Entzug, der als »Liebeskrankheit« bekannt ist.

Dabei handelt es sich in letzter Instanz um eine chemische Reaktion, die auf Trennungsängste zurückzuführen ist. Eine unsichere Frau empfindet Veränderungen als lebensbedrohlich, und das sind sie manchmal.

Waren Sie jemals so besessen von einem Mann, daß Sie bei ihm anriefen, nur um seine Stimme auf seinem Anrufbeantworter zu hören? Oder haben Sie verstohlen in seinen Kreditkartenabrechnungen geschnüffelt, um zu sehen, wofür, oder konkreter, für wen er sein Geld ausgibt? Es sind zwanghafte Verhaltensweisen, die sich so weit steigern können, daß am Ende mit Fäusten gegen Türen getrommelt wird, Autoscheiben eingeschlagen werden, mit Selbstmord gedroht wird oder die tiefgreifende emotionale Verzweiflung steht, die klinisch als Depression bezeichnet wird – und alles im Namen der »Liebe«.

Aber ist es Liebe? Sie erinnern sich, daß eine feminine Frau sich nicht in dem Sinne »verliebt«, sie teilt lediglich die Liebe, die sie für sich empfindet, mit einem Mann. Wenn sie sich nun also »verliebt«, so steht nichts anderes dahinter, als daß sie in eine zwanghafte Abhängigkeit fällt. Und das Besessensein von einem Mann, der nicht verfügbar ist, ist zumindest eine »sichere« Methode, vor der Liebe eines verfügbaren Mannes bewahrt zu bleiben. Wir sind besetzt von diesem »Lover«, der uns im »Kopf herumgeistert«, von Phantasien, mit denen wir eine Perfektion in ihn hineinprojizieren, die völlig an der Realität vorbei- und auf Kosten der Realität gehen. Wenn Sie in einer derartigen Obsession stecken und herauskommen möchten, dürfen Sie ihn mindestens zwei Jahre lang weder schmecken, berühren, riechen, sehen noch hören. Und Sie müssen anfangen, sich mit anderen Männern zu verabreden, um die Erinnerung zu trüben.

»Ichbezogen« ist weiblich. »Selbstlos« ist männlich. Jeder von uns steht es frei, sich für eine dieser beiden Qualitäten zu entscheiden. Wir laufen jedoch Gefahr, in zwanghaft abhängige Verhaltensweisen zu geraten, wenn wir uns für unsere zweite Natur entscheiden; die Rede ist von Frauen mit femininer Energie, die sich maskulin verhalten und dem nachlaufen, was sie wollen.

Denken Sie nach, und seien Sie vorsichtig, ehe Sie von den Früchten kosten, die abhängig machen können. Einmal ist schon zuviel, und tausend Bisse sind für den abhängigen Körper dann nicht mehr genug.

Abhängige Frauen

Eine Frau, die als Kind nicht geliebt und gewürdigt wurde, insbesondere von ihrem Vater, und sich verzweifelt danach sehnt, kann sich später zu einer abhängigen Persönlichkeit entwickeln, die Wege und Möglichkeiten findet, diese Liebesleere in ihrem Innern zu füllen. Das Bestreben, diese Leere zu füllen, wird zur treibenden Kraft im Leben des gestörten Mädchens. Ein Grund mehr also, warum eine Frau vor allem darauf achten muß, was sie »nicht will«, statt was sie »will«.

Die gestörte Frau mit maskuliner Energie läuft Geld, Macht, Prestige und ihrer Unabhängigkeit hinterher und benutzt Männer, insbesondere solche, die verheiratet und nicht verfügbar sind, um ihr Bedürfnis zu befriedigen, normal zu erscheinen und sich normal zu fühlen, auch in sexueller Hinsicht. In der Realität ist sie jedoch selten in der Lage, sich auch spirituell einer sexuellen Liebe wirklich hinzugeben, weil der Verlust der Unabhängigkeit, der unweigerlich mit der Hingabe an einen Mann verbunden ist, zuviel für ihr verängstigtes inneres Kind ist, das sich dann schutzlos und wehrlos fühlte. Dieses innere Kind braucht die totale Kontrolle über sie selbst und andere, insbesondere über Männer, zu denen sie sich sexuell hingezogen fühlt.

Maggie, groß, blond und eine erfolgreiche Immobilienmaklerin, war eine solche Frau. Durch ihren cleveren, offensiven Umgangsstil mit Kunden bekam sie, was sie sich am meisten wünschte – das Geld für ihre Unabhängigkeit.

Maggie hatte nie geheiratet, war aber mit vielen Männern zusammen gewesen. Das Problem war, daß sie jedesmal, wenn einer den Versuch unternahm, sie in einer festen Beziehung zu binden, einen Streit vom Zaun brach und die Beziehung ohne Wenn und Aber und Zurückblicken beendete.

Maggie war glücklich, daß sie bei diesen Trennungen nicht soviel litt wie andere Frauen. Sie vermutete selbst, daß es irgend etwas mit ihrem Vater zu tun hatte. Mit dem sie die Vorstellung verband, daß sie sein besonderes kleines Mädchen war, obwohl er sie fast nie beachtet hatte, in Wirklichkeit sogar grausam und gleichgültig gewesen war und sie mißhandelt hatte, und zwar bis zu dem Tag, an dem er nach einem entsetzlichen Streit mit ihrer Mutter seine Koffer packte und sie für immer verließ. Maggie war damals elf. Sie sah ihn nie wieder, noch hörte sie jemals wieder etwas von ihm.

Maggie entwickelte sich zu einem sehr hübschen Mädchen, und viele Jungen waren hinter ihr her. Als sie mit fünfzehn ihre erste sexuelle Erfahrung machte, hörte sie auf, an ihren Vater zu denken, und versuchte, nie mehr zurückzublicken. Aber nach etlichen Jahren, in denen sie nie eine feste Beziehung eingegangen war, wurde ihr bewußt, daß sie sehr viel vermißte.

Als sie Kenneth kennenlernte, einen verheirateten Immobilienmakler, in dessen Unternehmen sie zu arbeiten anfing, hatte sie den Gedanken an eine Heirat schon so gut wie aufgegeben. Kenneth und Maggie waren ein sehr erfolgreiches Gespann und machten eine Menge Geld. Sie arbeiteten etwa acht Monate zusammen, als Kenneth begann, Maggie mit Blumen, Geschenken und Einladungen zu ausgedehnten Essen zu verführen. Obwohl er verheiratet war, gelang es ihm schließlich, ihre Abwehr zu brechen.

Ihr Liebesleben war von Anfang an aus beider Sicht großartig. Maggie fühlte sich sicher, wohlaufgehoben, offen und völlig ungehemmt und damit völlig anders als im Umgang mit alleinstehenden Männern, denen sie verschlossen und mit einer Abwehrhaltung gegenübertrat, und die ihr dann manchmal vorwarfen, sie sei frigide.

Ihre Affäre dauerte drei Jahre. Eine Zeit, in der sie, nebenbei, ein echtes Finanzteam wurden. Der Anfang vom Ende war, daß Kenneth nun davon sprach, er wolle seine Frau verlassen und Maggie heiraten. Maggie erstarrte. Sie hatte das Gefühl zu ersticken, fühlte sich mit einem Mal kontrolliert und begann, wie von einer magischen Kraft gezogen, sich von Kenneth zurückzuziehen.

Sie sah Kenneth plötzlich mit völlig anderen Augen. Alles, was er machte, war mit einem Mal irgendwie negativ, was sie ihm mit wachsendem Sarkasmus verdeutlichte. Ihre Streitereien und Reibereien dauerten sechs Monate, bis Kenneth, der seine Familie inzwischen verlassen hatte, nach Hause zurückkehrte und sich weigerte, noch anders als nüchtern und sachlich und rein geschäftlich mit Maggie zu verkehren. Er bat sie schließlich, aus seinem Unternehmen auszuscheiden, was sie denn auch tat.

Nachdem die Trennung vollzogen war, wollte sie ihn jedoch zurückhaben. In ihrer Not kam sie in mein Seminar, wo sie die traurige Geschichte von der »Amazone« hörte, die in ihrem unabhängigen Kopf gefangen ist und unfähig ist, sich gegenüber einem verfügbaren Mann sexuell zu öffnen. Sie liebt es, mit vielen Männern zusammenzusein – oder mit einem, solange er nicht verfügbar ist, wie Kenneth es war.

Ich arbeitete mit ihr und half ihr zu erkennen, daß der Verlust ihres Vaters in ihrer Kindheit tiefe Wunden in ihr hinterlassen hatte. Maggie begann, ein Tagebuch zu führen, aus dem sie anderen in ihrer Selbsthilfegruppe vorlas. Sie mußte dieses Tagebuch führen. Denn sie brauchte es, daß andere ihren Schmerz hörten und in ihr das verletzte Mädchen erkannten, das versuchte, alte Wunden zu heilen. Sie mußte den schmerzlichen Verlust ihres Vaters nochmals erfahren, jene Höllenqualen, die sie so sorgfältig in den Tiefen ihrer Seele versteckt hatte.

Es war notwendig für Maggie, daß sie zunächst einmal allein und ohne jede Männerbeziehung lebte, bis sie sich auch bei einem liebevollen verfügbaren Mann sicher fühlen konnte. Nach zwei Jahren Gruppentherapie und Einzelberatung war sie soweit – als sie dann Ted, einen geschiedenen Mann mit einem Kind, kennenlernte und heiratete.

Ich begegnete Maggie kürzlich, sie war hochschwanger und sehr glücklich. Ihre Wunde war offenbar geheilt, und das Leben war für sie zum erstenmal gut.

Es gibt ein Sprichwort, das besagt: »Es ist nie zu spät für eine glückliche Kindheit.«

Vaterlose Mädchen, die nie liebevoll verwöhnt wurden, haben das Problem, mit den Grenzen in einer Beziehung umzugehen. Genau wie bei Maggie sind die Mauern, die die Amazone errichtet, zu hoch und zu dick.

Im Gegensatz dazu gibt es bei Karen diese Mauern überhaupt nicht, oder sie sind zu dünn, um sie davor zu schützen, benutzt und mißbraucht zu werden.

Als Karen zum erstenmal in mein Büro kam, sah ich eine zierliche dunkelhaarige Frau, die trotz ihres perfekten Make-ups die Prellung auf einer Wange nicht verbergen konnte.

»Bitte, helfen Sie mir. Ich halte es nicht mehr aus«, sagte sie, und ihre Augen füllten sich mit Tränen. Wir begannen zu reden, und dabei kristallisierte sich eine Geschichte heraus, die keineswegs ungewöhnlich ist, hier aber als Gegenbeispiel zu Maggies Geschichte dienen soll.

Karen war wirklich der Liebling ihres Papas gewesen. Ihr Papa war Franzose, klein und einfühlsam; Karens Mama Frida war Schwedin und eine große, starke Frau.

Karens Beziehung mit ihrem Vater baute auf Märchen erzählen und Lieder singen und Spaziergängen im Park auf, bei denen er ihr von den Pflanzen und Vögeln erzählte. Ihrem Papa ging es jedoch nie gut, und er starb, als Karen sechs Jahre alt war. Mit seinem Tod verlor sie ihren einzigen Seelengefährten.

Karen war ungewöhnlich fügsam. Sie war leicht zu manipulieren und haßte es, sich selbst zu behaupten. Zu groß war die panische Angst, die sie davor hatte, ausgeschimpft oder verlassen oder zurückgewiesen zu werden. Nachdem ihr geliebter Papa gestorben war, war niemand mehr auf ihrer Seite.

Als sie die High-School beendet hatte, nahm sie eine Arbeit als Kellnerin in einem Restaurant auf. Sie verabredete sich gelegentlich, blieb im allgemeinen aber sehr viel zu Hause. Frida war als Köchin im gleichen Restaurant beschäftigt. Sie behielt Karen im Auge, wohlwissend, daß sie eine leichte Beute für jeden Mann war, der sie zu allen möglichen Dingen überreden konnte. Dann erschien eines Tages Mike auf der Bildfläche, ein großer, kräftiger Mann und zehn Jahre älter als Karen. Mike war ein begeisterter Sportfan und Besitzer eines Friseurgeschäfts. Er trank Bier und lachte viel und aß in dem Restaurant, in dem Karen und ihre Mutter arbeiteten.

Ein besseres Gespann als Karen und Mike hätten in Wirklichkeit Frida und Mike abgegeben. Sie waren sich sehr ähnlich, aber Mike wollte Karen. Und Frida wollte Mike in der Familie haben, so oder so. Karen fand ihn weder besonders anziehend noch abstoßend. Dennoch heiratete sie ihn schließlich.

Abgesehen von einer anderen Adresse hatte sich für Karen jedoch ansonsten damit im Prinzip nichts geändert. Sie gehorchte Mike, erfüllte sexuell ihre »Pflicht« und sorgte für ihn. Die Schwierigkeiten begannen, als sie fünf Jahre verheiratet waren. Mike hatte es finanziell zu etwas gebracht und einen zweiten Friseursalon gekauft, aber auch angefangen, zuviel zu trinken und sich mit Karen zu streiten, und zwar so unkontrolliert, daß er sich manchmal vergaß und sie schlug.

Karen hatte Angst, Mike zu verlassen. Sie behielt ihren Schmerz für sich, vertraute auf Gott und die Kirche und ihre Gebete. Bis er eines Nachts volltrunken nach Hause kam und sie wüst beschimpfte. »Du bist nichts als eine mickrige, langweilige Maus«, lallte er. »Ich würde lieber jede andere als dich bumsen.«

Aus den Tiefen ihrer Seele stieg der geballte Zorn auf, und Karen explodierte. Sie knallte Türen, tobte, machte sich Luft und schrie den in vielen Jahren aufgestauten Schmerz aus sich heraus – bis Mike ihr mit dem Handrücken ins Gesicht schlug und zur Tür hinaus stampfte.

Hilfesuchend stieß Karen am nächsten Tag auf meine Nummer im Telefonbuch und kam zu mir. Sie redete und weinte an diesem Tag und fing an jenem Abend mit ihrem Tagebuch an. Sie schloß sich einer Co-Abhängigen-Selbsthilfegruppe an, besuchte meine Seminare, ließ sich scheiden und zog wieder bei Frida ein.

Es brauchte seine Zeit, und die Wunden mußten erst heilen, ehe sie schließlich soweit war, daß sie in ein selbst angemietetes kleines Haus ziehen, ihre Berufstätigkeit wiederaufnehmen und eine Stelle in einem anderen Restaurant annehmen konnte. Sie mied Männer wie die Pest in den nächsten Jahren, war schließlich aber zu einer Person gewachsen, die für sich selbst sprechen und eintreten und ihre Grenzen ziehen konnte.

Karen lernte schlußendlich einen netten Mann kennen. Sie sind inzwischen glücklich verheiratet und kamen vor ihrer Eheschließung zu einem Beratungsgespräch zu mir.

Kleine Jungen, die sich als Männer geben

Wie in Kapitel 3 in Zusammenhang mit dem Geben angesprochen, sind Frauen gut beraten, sich vor kleinen Jungen in acht zu nehmen, die sich als Männer geben.

Das ist ein Problem, über das die Frauen mit am meisten klagen, die in meine Workshops kommen. Ebenso begegne ich in der Therapie immer wieder Frauen, die bei einem Mann landen, der anfänglich maskulin erscheint, sich dann in Wirklichkeit aber als ein »Peter Pan« entpuppt, der in seiner Kindheit nie genug Liebe bekam und so auf der emotionalen Ebene nie erwachsen wurde. Er ist ein Nehmer, der auf seine »Mama« wartet.

Für kleine Jungen sind Frauen, andere Kinder und Tiere gemeinhin Quellen der Befriedigung, bis sie erwachsen werden. Als Männer entwickeln sie sich dann zu Gebern, Beschützern und Verwöhnern, die Frauen, Kinder und Tiere als Empfänger ihrer Großzügigkeit betrachten.

Peter Pans erreichen dieses Stadium jedoch nie. Sie entwickeln sich statt dessen zu opportunistischen Schürzenjägern, die es auf bedürftige, abhängige Karrierefrauen mit maskuliner Energie abgesehen haben. Denn diese Männer arbeiten selbst nicht gerne.

Oft kann eine Frau nicht erkennen, ob der Mann, mit dem sie zusammen ist, ein wirklicher Mann oder ein »kleiner Junge« ist, weil Peter Pan sich zunächst großzügig verhält und gibt und auf ihre Gefühle eingeht. Er weiß, er muß in Vorlage gehen, um sie dahin zu bekommen, daß sie aus sich herausgeht.

Nach vier bis acht Wochen endet dann jedoch die Großzügigkeit, und fortan sind Sie mit Ihrem Portemonnaie an der Reihe. Sie kaufen seine Kleidung, leihen ihm Geld, lassen ihn in Ihrer Wohnung leben und bezahlen im Grunde für seine »Liebe« (die in Wirklichkeit nicht über den Sex hinausgeht).

Männer, die dynamische Frauen anziehen, kennen ihren Job und wissen, daß sie sinnlich und sexuell orientiert sein müssen, während die Rolle der Frau darin besteht, daß sie finanzielle Stabilität und einen gewissen Status mitbringen muß, den sie respektieren können.

Manche älteren, reichen oder polygamen maskulinen Frauen mögen Peter Pans. Sie sind lustig und unterhaltsam. Das einzige Problem für Sie ist nur, was Sie machen, wenn er dann irgendwann eine andere »große Mama« mit noch mehr Geld findet und die noch weniger Ansprüche an ihn stellt als Sie.

Aber selbst wenn das nicht der Fall ist, kann die Beziehung mit einem solchen Mann zu einem Alptraum werden. Denn wenn seine generöse Phase vorbei ist, macht er in der Regel dicht, wird passiv-aggressiv und provoziert Sie oftmals bewußt, so daß Sie ihn anbetteln, Ihnen das zu geben, was Sie sich wünschen. Kleine Jungen lieben verrückte Frauen. Und er sieht kein Problem darin, wenn er Sie verrückt macht. Obwohl Sie vielleicht absolut geistig gesund waren, als Sie ihn kennenlernten, wird er sie mit seiner bewährten Masche dazu bringen, daß Sie verrückt werden, die darin besteht, daß er Sie wegstößt, um Sie dann wieder eng an sich heranzuziehen, und das in kürzester Abfolge.

Was tun Sie nun, wenn Sie feststellen, daß Sie in einer derartigen Beziehung stecken? Sie können schreien, essen, trinken, Drogen nehmen oder wie besessen arbeiten. Sie können aber auch sagen, wozu ich Ihnen rate: »Ich weiß wirklich zu schätzen, was für ein großartiger Kerl du bist. Aber ich fühle mich nicht mehr sehr wohl hier. So daß ich fürs Wochenende wohl erstmal verschwinde oder vielleicht auch für immer.«

Als Joan, Inhaberin einer Boutique, eine Versicherung für Ihren Neuwagen brauchte, lernte sie Carl, einen Versicherungsagenten, groß und gutaussehend, kennen.

»Ich liebe dich«, sagte er ihr schon bald, nachdem sie sich das erstemal begegnet waren. »Und ich werde dich immer lieben.« Joan glaubte ihm und ließ sich von der Glückswelle dieses Versprechens für ein ganzes Leben hinwegspülen.

Es war eine schöne Zeit, die sie zunächst miteinander verbrachten, sie lachten viel und hatten großartigen Sex. Carl war großzügig und fürsorglich und verkörperte alles, was Joan sich bei einem Mann wünschte. Sie lebte einen Traum, von dem sie hoffte, er würde nie enden.

Aber als aus den Wochen Monate wurden, änderten sich die Dinge allmählich. »Mein Herz, ich bin diese Woche etwas knapp«, sagte er mehr als nur einmal, »kannst du mir etwas leihen? Ich gebe es dir nächste Woche zurück.« Joan gab ihm das Geld, die besagte nächste Woche kam jedoch nie.

An einem Samstag erschien er mit all seinen Sachen bei ihr an der Tür. »Meine Vermieterin ist ein Miststück«, erklärte er. »Ist es in Ordnung, Liebes, wenn ich einige Tage bei dir einziehe?«

Joan sah sich außerstande, seine Bitte abzuschlagen. So blieb Carl denn einige Wochen bei ihr, in denen er Joans Gutmütigkeit und gelegentlich auch das Kleingeld zu nutzen wußte, das sie auf ihrer Kommode liegenließ.

Dann flatterte ihr eines Tages die Telefonrechnung ins Haus – zweihundertachtundneunzig Dollar, die abgesehen von rund fünfzig Dollar auf Carls Kosten gingen.

Als Joan ihn damit konfrontierte, tat er unbekümmert, packte achselzuckend und leicht verärgert schnell seine Sachen und ignorierte ihre Tränen ebenso wie ihre Forderung, die Kosten zu erstatten. Er kniff sie leicht in die Nase, ehe er ihr einen letzten Kuß gab und sich mit den Worten verabschiedete: »Hat Spaß gemacht, Süße. Bis irgendwann dann.« Und weg war er.

Joan war am Boden zerstört und kam in eines meiner Seminare, um herauszufinden, was schiefgelaufen war. Ich sagte ihr, sie müsse es lernen, ihre eigenen Bedürfnisse zu erkennen und ihnen Vorrang vor denen eines Mannes zu geben. Sie mußte für sich entscheiden, ob sie ihr Geld gegen die sexuellen Günste eines Mannes eintauschen wollte. Und wenn nicht, dann mußte sie es lernen, »Benutzer« zu erkennen und ihnen baldigst den Laufpaß zu geben.

Die Bindungsphase

(9–12 Monate)

17. Die Vorstufe zur Ehe

Sie sind jetzt dabei, sich fest zu binden. Hinter Ihnen liegen die drei Vorbereitunsphasen. Vor Ihnen liegen Ihre Verlobung und Heirat. Sind Sie bereit zu springen?

Die Bindungsphase beschließt das erste Jahr. Wie ein neuer Frühling bringt diese Phase neues Leben in die Beziehung und schafft die Grundlage für Dauerhaftigkeit.

Nach neun Monaten dürften Sie soweit alle seine Gesichter gesehen haben. In der Perfekten Phase schwebten Sie über den Wolken und gerieten in der Mängel-Phase in Verzweiflung. Aber Sie haben allen Unbilden getrotzt. In der Verhandlungsphase wurden alle Knackpunkte verhandelt, und Sie haben den besten Handel abgeschlossen, den Sie mit diesem Mann machen konnten. Und jetzt müssen Sie entscheiden, ob Sie ihn behalten möchten.

Dies ist die Zeit, in der Sie beide Ihren zuvor ausgehandelten Verpflichtungen nachkommen müssen. Es ist eine delikate Zeit, in der Ihre Diplomatie, Ihr Durchsetzungsvermögen und Ihre Integrität gefordert sind. Mehr als je zuvor müssen Sie sich über Ihre Absichten und die Absichten des Mannes im klaren sein, den Sie lieben.

Das wirkliche Leben ist kein Liebesroman

Er hat Ihnen gesagt, er möchte Sie heiraten, und Sie glauben ihm. Sie kommen als Paar gut miteinander zurecht. Sie haben nein zu dem Vorschlag gesagt, mit ihm zusammenzuleben, haben aber die meiste Zeit in seiner Wohnung oder er in Ihrer verbracht. Nun geht es allmählich darum, das, was Sie in puncto Geld, Platz, Zeit und spielerischem Umgang miteinander ausgehandelt haben, in die Tat umzusetzen, und das wird Ihnen unweigerlich in manchen Punkten noch so manches Mal schwerfallen. Ich möchte Sie auf die Fallen vorbereiten, die diese delikate Periode bereithält, und Sie mit einigen Überlebensstrategien ausrüsten. Sie haben zwar die Hoffnung, daß in dieser Phase alles so glatt wie in einem Liebesroman verläuft, das Leben hält in Wahrheit aber wesentlich mehr Überraschungen und Tücken als jeder nur denkbare Roman bereit. Was mit ein Grund dafür ist, daß ich diese Phase gelegentlich auch als das typische »Scheitern nach neun Monaten« bezeichne.

Wie Sie erreichen, daß er Ihnen einen Heiratsantrag macht

Ich dränge Sie, nie eine Heirat zu »verlangen«. Eine Frau sollte einem Mann im Zweifel lieber den Laufpaß geben, als von ihm zu verlangen, sie zu heiraten. Ich habe in meinem Büro verheiratete Männer erlebt, die fünf, zehn, zwanzig Jahre nach ihrer Eheschließung sagten: »Es war in Wirklichkeit nicht meine Entscheidung, sie zu heiraten. Sie wurde schwanger und drohte mir, und so habe ich sie unter Druck geheiratet. Das verübele ich ihr immer noch, und ich fühle mich noch immer nicht wirklich gebunden. Und das ist der Grund, warum ich sie nicht so behandele, wie sie behandelt werden möchte.«

Sie müssen ihn seine eigene Entscheidung treffen lassen. Kein Zwang. Statt zu nörgeln, machen Sie lieber einen Spaziergang. Wenn er Sie genügend möchte, wird er mit Ihnen verhandeln. Verführen Sie ihn weder mit Geld noch mit sexueller Großzügigkeit, und versuchen Sie nicht, ihn aus Wut heraus mit Verordnungen einzuschüchtern.

Wie oft kommt es vor, daß eine Frau bereit ist, über eine feste Bindung (Ehe) zu verhandeln, und feststellt, daß ihr Mann noch nicht soweit ist. Wie kann eine feminine Frau also die Situation »manipulieren«, um Bewegung in die Sache zu bringen – oder vielleicht auch an den Punkt zu kommen, an dem sie sich sagt, es ist besser, ihn zu verlassen. Leicht ist es nicht. Um einen Mann zu bekommen, ist, wie gesagt, oft die Geduld einer »Heiligen« erforderlich. Ein guter Mann ist schwer zu fangen, und eine Frau kann nicht alles offen tun bei dem Versuch, ihn zu fangen.

Angenommen, Sie haben eine großartige feste Beziehung, aber nie von ihm konkret die Worte gehört: »Willst du mich heiraten?« Viele Frauen kommen in meine Seminare und fragen: »Wie, bitte, schaffe ich es, daß dieser Antrag über seine Lippen kommt? Ich habe eine solche Angst.«

Wenn Sie seit sechs und mehr Monaten zusammen sind, gehe ich davon aus, daß Sie zumindest vage schon einmal über die Zukunft gesprochen haben. Bei einem solchen Anlaß könnten Sie spiel sagen: »Es ist wichtig für mich, mit Fünfunddreißig ve zu sein, und ich möchte zwei Kinder haben, bis ich vierzig bi

Wenn er darauf nicht direkt reagiert und Sie fragt, ob Sie ih ten möchten, obwohl das doch ganz *offensichtlich* das ist, wo Sie hinaus möchten, müssen Sie aktiv werden. Aber warten Sie, bis Sie mit Ihrer Geduld fast am Ende sind. Auf einer Skala von 1 bis 10 wäre das bei 8. Dann ist die Zeit reif, daß Sie etwas sagen müssen, denn wenn Sie länger warten, verlieren Sie Ihre Ruhe und schaden damit Ihrer Beziehung oder zerstören sie sogar.

Legen Sie sich auf ein bestimmtes Datum fest, das ihm eine Schonfrist von nicht länger als acht Wochen gibt. Wenn er bis zu diesem Tag nicht von sich aus spontan von einer festen Bindung gesprochen hat, sagen Sie einfach: »Ich liebe dich. Ich bin so gerne mit dir zusammen. Aber ich brauche eine wirklich feste Bindung in meinem Leben. Ich habe die Zeit genossen, die wir zusammen waren, aber es genügt mir nicht, einfach so zusammenzusein, wenn wir nicht auch über eine Heirat sprechen können.«

Wenn er zu diesem Zeitpunkt auf Ihre Forderung nach Eheplänen nicht eingehen kann, nicht eingeht oder eingehen will, müssen Sie bereit sein, sich von ihm zu trennen.

Denken Sie an Tiefseefischen. Um an den Fisch heranzukommen, müssen Sie ihn *ins Boot* bekommen. Es genügt nicht, ihn an der Angel zu haben, denn die Distanz zwischen Angelhaken und Boot (Ehe) ist noch ein langer Weg. Und auf diesem Stück zwischen Wasser und Boot ist die Gefahr am größten, ihn wieder zu verlieren. Sie müssen Geduld haben, und die können Sie nur aufbringen, wenn Sie in Ihrer Liebe zu sich selbst wirklich verankert sind. Maskuline Männer sind eher logisch orientiert, ein Schritt kommt nach dem anderen; das heißt, daß sie wesentlich langsamer sind als Frauen, die oft von ihren Gefühlen und nicht ihrer Logik ausgehend, Gefahren wegrationalisieren.

Was tun, wenn er sich festgelegt hat, sich aber Zeit läßt?

Vielleicht hat er seiner Familie noch nichts von Ihren Heiratsplänen gesagt und Sie gebeten, ebenfalls zu schweigen, bis er die (Verlobungs- oder Ehe-)Ringe besorgt hat. Tage, Wochen, sogar Monate verstreichen, es ist zwar immer mal wieder vom Kauf der »Ringe« die Rede, es *geschieht aber nichts.* Oder: Sie sprechen vielleicht vom Heiraten, faktisch sind seine Kumpel ihm aber immer noch sehr wichtig oder sogar wichtiger als Sie.

Oder: Obwohl Sie offiziell seine Freundin sind, verhält er sich plötzlich wieder wie ein Junggeselle auf Freiersfüßen. Dabei hat sich äußerlich vielleicht nichts geändert, außer daß das Gespräch über die anvisierte Verlobung allmählich nahezu verebbt ist. Und wenn Sie ihn nach Ihrer gemeinsamen Zukunft fragen, reagiert er vielleicht kurz angebunden und fertigt Sie mit den Worten ab: »Setz mich nicht unter Druck. Wir verloben uns schon noch, aber noch bin ich nicht soweit.«

Ein kalter Schauer durchzieht Ihr Rückgrat. Was sollen Sie tun?

Erstens: *Keine Panik.* Ich sage Ihnen, wie Sie mit dem Mann umzugehen haben, der sich scheinbar davor drücken will, den zwischen Ihnen ausgehandelten Deal in die Praxis umzusetzen. Und ich helfe Ihnen auch, die Wahrheit zu erkennen, ob er es mit seiner Verbindlichkeit ernst meint oder nicht.

Zweitens: *Nicht nörgeln.* Bewahren Sie die Ruhe, bis Sie bereit sind, das Risiko einzugehen, daß der ganze Deal auffliegt. Und das heißt, daß Sie dann bereit sein müssen zu gehen.

Drittens: *Legen Sie sich auf ein Datum fest* (das Sie für sich behalten), an dem Sie bereit sind, es in Ihrer Beziehung zu einer Krise kommen zu lassen.

Viertens: *Kein Sex, egal wie.* Das entspricht der Art von »Ultimatum«, das unter der Klausel Zahlungsziel in jedem Vertrag enthalten ist. Sie sagen ihm, es behage Ihnen nicht, mit ihm ins Bett zu gehen, solange er sich nicht absprachegemäß in die Pflicht nehme. Mit anderen Worten: Es gibt weder Freibier noch Freundinnen gratis.

Fünftens: *Ruhe bewahren.* Reagieren Sie nicht, wenn er in irgendeiner Form negativ auf Ihr »Ultimatum« reagiert. Legen Sie Ihre Position dar, dann schweigen Sie. Verhalten Sie sich wie eine Dame, und das heißt Geduld bewahren. Streiten Sie nicht mit ihm.

Jackie, eine Stadtplanerin, war in Dean verliebt, einen begabten Bildhauer. Ihre Beziehung dauerte schon länger als ein Jahr, aber, wie Jackie mir später gestand, hatte sie sich irgendwie nie wirklich sicher darin gefühlt.

Dean sprach zwar von ihrer Verlobung, aber jedesmal, wenn es darum ging, die Ringe einzukaufen, fand er einen anderen Gr[illegible] warum er den verabredeten Termin nicht einhalten konnte. Und es war im übrigen ein Dauerproblem, einen Termin zu finden, der beiden paßte. So daß Jackie schließlich den Vorschlag machte, Dean sollte die Ringe alleine aussuchen und sie damit überraschen.

Die Zeit verging, und Dean machte noch immer keine Anstalten, ihr einen Verlobungsring zu kaufen. Jackie bekam allmählich das Gefühl, daß er versuchte, dem ganzen Thema Heirat auszuweichen. Sie wurde das leidige Gefühl nicht los, benutzt und von ihm als sichere Nummer angesehen zu werden. Sie fürchtete, er könnte seine Meinung hinsichtlich ihrer gemeinsamen Zukunft geändert haben.

Was dazu führte, wie sie alsbald feststellte, daß sie überaus gereizt reagierte. Mit dem Ergebnis, daß sie anfingen, sich viel zu streiten, zunächst über kleine Dinge, dann über größere Dinge, bis Jackie ihn eines Tages anschrie: »Ich glaube nicht einmal mehr, daß du diese Beziehung überhaupt noch willst.« Und Dean, gleichermaßen verärgert, zurückbrüllte: »Kann sein, daß ich sie nicht will«, und zur Tür hinausstürmte.

Jackie litt sehr, als sie zu mir kam. Es war nicht leicht für sie zu akzeptieren, daß sie dem Mann, den sie liebte, mit dem sie gemeinsame Träume und Pläne und die Investition in eine Beziehung geteilt hatte, vielleicht Lebewohl sagen mußte. Ich sagte ihr aber, daß sie als erstes einmal die Tatsache erkennen und respektieren müsse, daß Dean ein Recht habe, sein Leben so zu leben, wie es ihm gefällt. Sie könne ihn nicht nach ihrem Gutdünken zu etwas zwingen. Aber selbst, wenn er sie wirklich liebte und vorhatte, sie zu heiraten, seien solche Wutausbrüche, mit denen sie versuchte, ihn unter Druck zu setzen, endlich Fakten zu schaffen, allenfalls dazu angetan, ihn von sich wegzutreiben, vielleicht sogar für immer.

»Dean tut, was Dean tun kann«, erklärte ich ihr. »Sie können das nur akzeptieren oder ablehnen, aber nicht etwas erzwingen oder naiv darauf hoffen, er werde sich eines Tages in den Märchenprinzen Ihrer Träume verwandeln. Wenn er heute ein Frosch ist, so wird er auch ein Frosch bleiben.«

Sie hielt sich an meinen Rat, wie sie in dieser Situation Rahmenbedingungen abstecken konnte, die für sie akzeptabel waren. Sie rief ihn an und fragte ihn, ob er bereit sei, mit ihr über ihre Beziehung zu sprechen. Ich hatte ihr geraten, einen angenehmen Ort für das Treffen und einen Zeitpunkt zu wählen, an dem sie ungestört sein würden – und zu sagen: »Ich möchte mit dir über unsere Beziehung sprechen.

Würde es dir jetzt passen oder lieber später?« Wenn er sagen würde: »Später«, so mußte sie bis dahin warten. Er war jedoch einverstanden mit dem Zeitpunkt, den sie für das Treffen vorschlug, und war sehr angetan von ihrer femininen Energie, als sie sich dann begegneten.

»Ich respektiere deine Entscheidung«, sagte sie, »wie sie auch sein mag. Ich fühle mich jedoch sehr unwohl bei diesem Tanz. Und ich finde, es ist das beste, wenn wir keinen Sex mehr haben, bis du eine Entscheidung treffen konntest.«

Dean war zunächst ungehalten und warf ihr vor, sie versuche, ihn mit Ultimaten zu erpressen und benutze Sex als Strafe. Wenn sie ihm Sex vorenthalte, meinte er, liebe sie ihn offensichtlich nicht.

»Wenn du mich wirklich lieben würdest«, sagte er, »würdest du die Dinge ihren natürlichen Lauf nehmen lassen und mich nicht unter Druck setzen.«

Sich an meine Warnung erinnernd, sich nicht mit ihm zu streiten, erwiderte Jackie einfach: »Es tut mir leid, aber bis du zu einer Entscheidung gelangt bist, fühle ich mich mit einer ›No Sex‹-Regelung wohler.«

Selbst als er weiter stichelte, weigerte sie sich, in diese Falle zu gehen, sich mit ihm zu streiten. Ich hatte ihr anschaulich erklärt, da er logischer bleiben konnte, würde er bei einem Streit, der auf rationaler Ebene ausgetragen wurde, wahrscheinlich als Sieger hervorgehen, mit dem Ergebnis, daß sie am Ende vielleicht nachgab, sich auf Sex einließ und damit alles verdarb.

Als Dean sie an jenem Abend verließ, war er wütend. Und Jackie konnte nicht schlafen. Sie hätte ihn am liebsten angerufen und einiges zurückgenommen, damit alles wieder gut war. Statt dessen hielt sie sich jedoch an meinen Rat, wartete passiv ab und nahm keinerlei Verbindung mit ihm auf.

Zwei Wochen, nachdem sie ihm das Ultimatum gestellt hatte, rief Dean sie an und bat um ein Wiedersehen. Er führte sie in ein teures neues Restaurant aus. Alles, was er beim Essen vorzuschlagen hatte, war jedoch, sie sollten weitermachen wie vorher und alles der Zukunft überlassen. Jackie sagte, es tue ihr leid, aber sie sei nicht bereit, sich darauf einzulassen – obgleich sie sich alles andere als wohl dabei fühlte, als sie das sagte. Dean war eingeschnappt, während sie über ihrem Nachtisch saßen. Er unternahm nochmals einen Versuch, sie zu überreden, ihre Meinung zu ändern. Aber Jackie blieb dabei.

Nach diesem Treffen gingen sie noch einige Male zusammen aus. Dean sagte ihr immer wieder, wie sehr er sie liebte und mit ihr zusammensein wollte, er unternahm aber nie einen konkreten Schritt, indem er etwa einen Verlobungsring gekauft oder einen Hochzeitstermin festgelegt hätte. Und Jackie blieb bei ihrem Standpunkt.

Jackie sagte mir, sie sei selbst zwiespältig bei dem, was sie tue. Ich erklärte ihr, sie müsse sich zunächst einmal selbst lieben, sich selbst schützen und fest daran glauben, daß sie die Beziehung verdient hatte, die die richtige für sie war. Das heißt, daß sie sich an den richtigen Mann binden und für den richtigen Mann empfänglich sein muß. Wobei ich sie allerdings daran erinnerte, daß diese Bindung im Rahmen der Beziehung und nicht personenbezogen zu sehen ist. Wie auch immer, Dean war ein Puzzleteilchen, das nicht passen wollte. Aber alles, was sie tun konnte, war, die Fäden, die sie bei diesem Handel in der Hand hielt, nicht loszulassen. Wenn er bei dem Ganzen für seinen Teil nicht geradestand, dann war es in ihrem eigenen Interesse, *ihrer Wege zu gehen*.

Jedesmal, wenn Jackie Dean sah und er versuchte, sie einzuschüchtern oder zum Sex zu verführen, blieb sie standfest und quittierte seine Bemühungen mit einem Lächeln, obwohl sie innerlich litt.

Dann hörte sie mit einem Mal überhaupt nichts mehr von ihm, und nachdem sie acht Wochen gewartet hatte, begann sie ernsthaft, sich wieder mit anderen Männern zu verabreden. So hatte sie nach Dean zwei weitere Beziehungen, die jeweils nach sechs bis zehn Monaten in die Brüche gingen. Ich sagte ihr, sie solle sich nicht entmutigen lassen, der Richtige werde schon noch kommen. Zum Glück behielt ich recht. Ihre Beziehung mit Albert, einem erfolgreichen Cutter, überdauerte alle vier Phasen und hielt auch weit über das erste Jahr hinaus. Und als sie schließlich heirateten, fühlte Jackie sich in dieser Ehe extrem gut aufgehoben und war zuversichtlich, daß sie mit den erlernten Verhandlungstechniken allen künftigen Problemen gewachsen und so hinreichend gerüstet war, um dazu beizutragen, daß ihre Ehe Bestand hatte.

Ein wirklich maskuliner Mann, der es ernst meint, möchte, wenn es um Ihre Verlobung oder Heirat geht, großzügig und verantwortlich sein, Ihre Reputation beschützen und auf Ihre Gefühle eingehen. Demgegenüber hat ein egoistischer Mann es auf Freifahrscheine abgesehen. Bei einem normalen Mann kann es aber auch notwendig sein, ihm bewußt zu machen, daß er angefangen hat, sich egoistisch zu verhalten. Wenn Sie standfest bei Ihrer Position bleiben, wird er standfest in seinen Handlungen bleiben. Und diese Konfrontation wird ihm bewußt machen, daß *Sie sich selbst mehr als ihn lieben*.

Wichtig ist, daß Sie keine alten Ressentiments und Themen aus früheren Gesprächen und der Verhandlungsphase mit sich herumschleppen, die nie befriedigend zwischen Ihnen geklärt wurden. Wenn Sie die Kommunikationsfertigkeiten, die Sie lernen sollten, nicht hinreichend beherrscht haben und statt dessen, wenn es darauf ankam, geschwiegen oder sich auf die Zunge gebissen haben, statt im Klartext zu sagen, was Sie nicht mochten und wobei Sie sich nicht wohl fühlten, so besteht die Gefahr, daß Sie jetzt bei der Gelegenheit aufgestaute alte Wut und Ressentiments herauslassen. Sie müssen Ihre eigenen Motive gründlich neu bewerten, ehe Sie ihn als bindungsunfähigen Mann abschreiben.

Jackie lernte, daß sie Dean weder mit Einschränkungen, Drohungen noch Nörgeln dazu bringen konnte, so zu leben, wie »sie es wollte«. Sie konnte ihm nur mitteilen, womit sie unter keinen Umständen leben wollte.

Rhoda und Joe waren ein festes Paar, und sie wollten »irgendwann« in naher Zukunft heiraten.

Rhoda war sehr in Joe verliebt und überzeugt, daß er das gleiche für sie empfand. Es gab allerdings bestimmte Dinge, an denen sie Anstoß nahm, die sich auch entgegen ihrer anfänglichen Überzeugung im Laufe der Zeit nicht änderten. Da gab es zum Beispiel Joes Ex-Frau, die ständig anrief und seinen Rat suchte, egal, ob es um geschäftliche Fragen, um den Klempner oder um Immobilienprobleme ging. Und Joe hing stundenlang am Telefon, um seiner Ex-Frau bei der Lösung ihrer Probleme zu helfen statt sie daran zu erinnern, daß er nicht mehr ihr Ehemann war.

Ein anderer Punkt, der sie allmählich bedrückte, war die Tatsache, daß Joe die Frage der Wohnungssuche immer wieder aufschob. Er hatte zwar immer eine einleuchtende Entschuldigung parat, dennoch bereitete ihr dieser Punkt zunehmend Unbehagen.

Das gleiche galt für ihren Hochzeitstermin. Er zögerte es ständig weiter hinaus, ein Datum festzulegen. Als erstes meinte er, er müsse zuerst mit seinen Eltern sprechen, und die waren im Ausland. Als nächstes wollte er abwarten, bis seine anstehende Beförderung durchgekommen sei. Dann gab es irgendeine andere Entschuldigung. Rhoda war allmählich beunruhigt, obwohl sie gegenüber Joe nichts sagte.

Ihre Mutter schlug ihr vor, sich an mich zu wenden und mit mir zu sprechen, wogegen Rhoda sich anfänglich sträubte, weil ihr das wie ein Verrat an Joe vorkam. Sie kam schließlich aber doch, und ich beschwichtigte ihre Bedenken, indem ich sie darauf hinwies, daß s[ie] letztlich aus Liebe und aus Respekt vor Joe und ihrer Beziehung zu mir kam.

Ich sagte ihr, sie dürfe nicht vergessen, daß Ehe für einen maskulinen Mann (oder eine Frau) gleichbedeutend mit der Übernahme zahlreicher Verantwortlichkeiten und für eine feminine Frau (oder einen Mann) gleichbedeutend mit einem großen Verlust ihrer Unabhängigkeit ist. Und diese Dinge nehme niemand auf die leichte Schulter, so daß ein Hinauszögern möglicherweise nur eine einstweilige Defensivmaßnahme und nicht in jedem Fall gleichbedeutend mit einer Weigerung zu heiraten ist.

Was sie tun mußte, war, Joe klare Rahmenbedingungen vorzugeben, um zu erreichen, daß er sich tatsächlich in die Pflicht nahm.

»Joe«, sagte sie bei ihrer nächsten Begegnung mit ihm, »du weißt, wie sehr ich dich liebe und wie gerne ich mit dir zusammen bin und mit dir unsere Zukunft plane. Aber deine Beziehung mit deiner Ex-Frau, dein Hinauszögern, was unsere Wohnungssuche angeht, und alle anderen Dinge, die mit unserer Verlobung und Heirat zusammenhängen, machen mir zu schaffen. Und weil das so ist, fände ich es besser, wenn wir einstweilen Freunde sind, bis du mit allen Dingen mit dir im reinen bist. Ich respektiere, daß du natürlich das Recht hast zu tun, was du möchtest, was unser Heiraten oder auch Nichtheiraten angeht. Aber bis du für dich entschieden hast, was du machen möchtest und es dann auch machst, würde ich mich unwohl fühlen, wenn wir weiterhin Sex haben oder zusammen schlafen. Ich hätte dabei das Gefühl, ich investiere etwas in einen wackligen Deal.«

Ich sagte Rhoda, wenn Joe positiv darauf reagierte, daß sie sich dann, aber nur dann wieder sexuell mit ihm einlassen könnte. Für den Fall, daß er eine weiter Variante seiner Verzögerungstaktik parat hatte, müsse sie jedoch diese Technik wiederholen.

Rhoda war natürlich besorgt, er könnte ihr »Ultimatum« ablehnen und die Beziehung beenden. Aber sie hatte keine Wahl und konnte nichts anderes tun, erklärte ich ihr, als notfalls acht Wochen zu warten, ob er sich eventuell meldete. Sie durfte ihn weder anrufen noch anderweitig versuchen, Kontakt mit ihm aufzunehmen, und ebensowenig durfte sie eine ernsthafte Beziehung mit jemand anderem eingehen, um unnötige Komplikationen für den Fall zu vermeiden, daß er zurückkam.

Anders als Dean, als Jackie ihm ihr Ultimatum stellte, weigerte Joe sich jedoch nicht, darauf einzugehen. Er wußte es vielmehr zu schätzen, daß Rhoda sein Recht, selbst zu entscheiden, respektierte. So hatte er das Gefühl, daß, welche Wahl er auch immer traf, es in jedem Fall *seine* war. Für einen maskulinen Mann, der es ernst meint, ist die Tatsache, daß Sie sein Selbstbestimmungsrecht über seine eigene Zukunft respektieren, ein dicker Pluspunkt. Und wenn er es nicht ernst meint, ist er sowieso nicht Ihr Mann.

Es ist besser, sich damit abzufinden, daß Ihre Beziehung in die Kategorie derer fällt, die nach einer neunmonatigen Frist scheitern, als sich jetzt daran zu klammern und das Drama des Scheiterns noch ein oder zwei Jahre hinauszuzögern. Unter dem Strich müßten Sie die Beziehung sogar als Erfolg betrachten, wenn Sie den ganzen Prozeß dann hinter sich haben und dieser Mann seine wahren Seiten gezeigt und Sie davor bewahrt hat, des weiteren unnütze Zeit zu verschwenden, in der Sie Ausschau nach »dem Richtigen« hätten halten können. Etwas Schmerz jetzt ist wesentlich besser als ein jahrelanger Schmerz später.

In diesem Fall, als Rhoda sich überzeugend in ihrer Integrität präsentierte, war es sogar so, daß Joe dadurch an Selbstvertrauen und an Vertrauen in die Beziehung gewann. Nach einigen Wochen brach er nicht nur ebenso höflich wie bestimmt die Weitschweifigkeiten mit seiner Ex-Frau ab, er legte auch einen Hochzeitstermin fest und informierte seine Familie über diese Entscheidung.

Wenn eine Frau sich genötigt sieht, aktiv etwas zu unternehmen, wie es bei Rhoda und Jackie der Fall war, kann ihr die Tatsache ein Trost sein, daß ihr Mann, wenn er zurückkommt, verantwortlich weiß, was er tut – und das bestärkt ihn in seiner Männlichkeit. Merke: Einen Mann einzuschüchtern oder zu verführen, daß er zurückkommt, ist keine gut ausgehandelte Grundlage für eine maskuline/feminine Bindung.

Und Ihre Bindungsängste?

Wenn Sie mit einem Mann zusammen sind, der sich schwertut, sich in die Pflicht zu nehmen, erforschen Sie sich selbst, und fragen Sie sich, ob Ihre Gereiztheit und Ressentiments nicht vielleicht das Ergebnis Ihrer eigenen Widerstände sind, sich zu binden. Dahinter steckt vielleicht Ihr Weg, die Beziehung zu sabotieren.

Vielleicht möchten Sie Ihre Unabhängigkeit nicht aufgeben. Da nun die praktische Umsetzung der Verhandlungsphase näherrückt, möchten Sie aus einer Art Torschlußpanik heraus das Ganze vielleicht lieber beenden, als »cool« zu bleiben und ihm den Raum und die Zeit zu lassen, den bzw. die er braucht, um mit sich ins reine zu kommen.

Männer sind nicht die einzigen, die Bindungsängste haben. Viele Frauen haben diese Ängste genauso, aber statt sie zuzugeben, gehen sie über ihr eigenes Unvermögen hinweg, sich auf eine dauerhafte Beziehung einzulassen, und geben vermeintlich bindungsunfähigen Männern die Schuld an der ganzen Misere.

Die zehn Monate, die Charlene, eine Werbefachfrau, mit Miles, Besitzer eines Sportartikelgeschäfts, verbrachte, waren für sie eine ausgesprochen schöne und aufregende Zeit. Sie war sich ihrer Liebe zu ihm sicher und fühlte sich bei ihm geborgen und von ihm geliebt. Sie sprachen sehr viel »über die Zukunft«, über Kinder, ihr trautes Heim, Urlaub und darüber, wie sie leben wollten. Er unterstützte sie in ihren beruflichen Ambitionen und war rundweg ein reifer und solider Mann. Er hatte feste Vorstellungen von der Zukunft und wußte, was er sich für sein Leben wünschte. Er war ein Mann, der sich in die Pflicht nahm.

Als sie die Bindungsphase erreichten, wurde es Charlene mit einem Mal mulmig. Das Leben erschien plötzlich so eng begrenzt, vorhersehbar und öde. Aus ihren Phantasien von einer idealen Beziehung, über die sie in der Frühphase ihrer Beziehung gesprochen hatten, waren inzwischen konkrete Pläne geworden, und Charlene merkte, daß es Miles ernst war mit dem Heiraten.

Ohne überhaupt genau zu wissen, was sie tat, zog Charlene sich peu à peu immer mehr von Miles zurück. Und zögerte die Festlegung eines Heiratstermins immer weiter hinaus. Es war eine Sache für sie zu sagen: »Wenn wir eines Tages verheiratet sind...«, aber eine völlig andere, ein Datum auf dem Kalender anzukreuzen. Etwas machte ihr zu schaffen, aber sie wußte nicht, was es war.

Eines Tages, als Charlene bis in den Abend hinein mit Tom, einem verheirateten Werbefernsehproduzenten, mit dem sie schon einmal zusammengearbeitet hatte, noch eine Werbekampagne durchgehen mußte, merkte sie plötzlich, wie sie ja zu seinem Vorschlag sagte, noch etwas zusammen trinken zu gehen, und ja zu seiner Einladung zum Essen und ja dazu, später dann in seinem Hotel noch zusammen ins Bett zu gehen.

Charlene fand Tom spannend. Er war in der ganzen Welt herumgereist, um seine Werbefilme zu drehen, und war intelligent und kreativ. Es war der Anfang einer heimlichen Affäre – obwohl Charlene sich über sich selbst ärgerte und beschämt fühlte, weil sie im Grunde an eine monogame Beziehung glaubte. Sie wußte auch, daß sie Miles liebte, respektierte und schätzte, aber da war etwas in ihr, das nicht zuließ, daß sie Tom aufgab, obwohl klar war, daß die Geschichte mit ihm keine Zukunft hatte.

Miles entdeckte schließlich die Affäre und stellte sie tief getroffen zur Rede. »Warum?« fragte er.

»Ich weiß es nicht«, war die einzige Antwort, die sie ihm geben konnte.

Miles hatte von meinem Ansatz gehört, wie man mit derartigen Beziehungsproblemen umgeht, und kam ratsuchend zu mir. Er sagte mir, Charlene sei ebenfalls bereit, zu mir in die Beratung zu kommen, und ich erklärte mich mit einem gemeinsamen Treffen einverstanden, um einen letzten Versuch zu unternehmen, ihre Beziehung zu retten.

Bei dem Gespräch räumte Charlene ein, daß sie Angst hatte, sich verbindlich auf ein langweiliges Leben mit »Mr. Sicher« festzulegen. »Alles ist so vorhersehbar«, sagte sie. »Bei Tom weiß ich zumindest nie, was als nächstes kommt.«

»Nun, Sie wissen zumindest, was nicht kommt«, sagte ich. »Da er bereits verheiratet ist und seine Frau nicht verlassen möchte, wissen Sie, daß Sie Tom nicht heiraten werden.«

Charlene schwieg eine Weile. »Vielleicht ist es das, was ich möchte«, sagte sie dann.

In unseren Gesprächen kam heraus, daß Charlene im Laufe der Jahre viele Beziehungen gehabt hatte. Sie hatten immer so lange gehalten, bis es mit einer Bindung ernst wurde, und waren dann jeweils auseinandergegangen, weil Charlene an diesem Punkt nicht weiter konnte. Im Laufe unserer Sitzungen erkannte sie ihre mangelnde Bindungsfähigkeit. Ich sagte ihr, sie müsse für sich entscheiden, ob sie single bleiben und weiterhin serienweise Romanzen mit aufregenden Junggesellen haben wollte, oder ob sie einen Mann wie Miles wollte, der es ernst meinte, und die Ehe vorzog.

Eine verbindliche Beziehung ist nicht mit so vielen Ängsten verbunden wie eine unverbindliche Beziehung. Das Aufregende ist jeweils das Jagen und Fangen. Was Charlene machte, war nichts anderes, als daß sie sich im Überschwang der Lust fangen ließ, die weder die Kosten der Bindung noch die Belohnungen einer verbindlichen Beziehung kennt.

Leidenschaft und Lust sind verführerisch, beides sind
des Körpers. Ich wollte, daß sie diesen Unterschied klar v
ihre eigenen Ziele sorgfältig analysierte, ehe sie ihre Wah

Charlene entschied sich dafür, die Affäre zu beenden u
hung mit Miles fortzusetzen. Und nachdem sich ihre Ein... einer Bindung geändert hatte, machte ihr auch das Zusammensein mit Miles wieder Spaß. Hätte sie den anderen Weg gewählt, so wäre das nicht nur in Ordnung, sondern ihr gutes Recht gewesen, solange sie wußte, nach was sie in ihrem Leben suchte.

Alte »Bindungen« sind zäh

(Den Weg für eine neue Liebe freimachen)

Manchmal kann der Anruf eines »Ex« aus alten Tagen den Schmerz und die unerfüllten Sehnsüchte einer nicht bewältigten Vergangenheit aufrühren und Sie in Ihrer derzeitigen Beziehung völlig verunsichern.

Gregs Anruf löste bei Patricia, einer lebenslustigen Tennislehrerin, blitzartig einen Stich aus, der ihr durch Mark und Bein fuhr, ganz so wie es immer gewesen war, wenn sie von ihm hörte, nur daß sie jetzt in einer festen Beziehung mit Howard lebte, einem warmherzigen und liebenswerten Geschäftsmann. »Hi, hier ist Greg. Ich würde dich diese Woche gerne zum Mittagessen einladen.«

Greg, ein Rechtsanwalt, der sich auf Adoptionen spezialisiert hatte, war die Liebe ihres Lebens gewesen, bis er sie vor fast zwei Jahren wegen einer anderen Frau und mit kaum einem Abschiedswort verlassen hatte. Patricia litt fast ein Jahr, nachdem er sie fallengelassen hatte, und kam in dieser Zeit hilfesuchend zu mir. Sie hatte inzwischen ihr Selbstwertgefühl wiedergefunden und konnte Greg jetzt aus einer anderen Perspektive sehen. Außerdem sprachen Patricia und Howard seit geraumer Zeit von Verlobung und Heirat. Nach all dem Leid der Vergangenheit war sie dabei, ein neues Leben zu beginnen, ein Leben, das von Glück erfüllt war. Dieses Treffen mit Greg war wichtig für sie, und sie hoffte, damit könnte endgültig der Schlußstrich gezogen werden.

Aber als sie jetzt Gregs Stimme hörte, war plötzlich alles wieder da, was ihr sagte, wie sehr sie ihn wollte. Und sie stimmte bereitwillig zu, sich am nächsten Tag zum Mittagessen mit ihm zu treffen.

Während sie im Restaurant saß und auf Greg wartete (der sich wie immer verspätete), stellte sie sich in ihrer Phantasie vor, Greg werde sie anflehen, Howard zu verlassen, und sie dann gegen ihren Willen mit zurück in seine Wohnung schleppen und sie wie von Sinnen leidenschaftlich lieben, wie in ihren alten Tagen. Dann fühlte sie sich mit einemmal schuldig, daß sie an Sex mit Greg dachte, und schaltete schnell zurück, um sich zu sagen, daß ihre Beziehung mit Howard unantastbar war.

Und plötzlich war er da, Greg, der Mann, den sie so lange geliebt hatte. Patricia bemerkte, wie nervös er war, als er sie kurz umarmte, ihr einen freundschaftlichen Kuß gab und am Tisch Platz nahm.

Er ließ sich kaum Zeit, ihr zu sagen, wie schön sie aussah, und einen Drink zu bestellen, ehe er gleich zur Sache kam.

»Ist diese Geschichte mit Howard ernst?« fragte er. »Du weißt, wie schön es mit uns beiden zusammen war. Wir sollten es noch mal versuchen. Ich habe nie mehr eine Frau gefunden wie dich.«

Patricia sagte eine Weile gar nichts. Früher, nachdem Greg sie verlassen hatte und sie so am Boden zerstört gewesen war, hätte sie jedes Bißchen genommen, das sie von ihm hätte bekommen können. Tage und Nächte lang hatte sie sich der Phantasie hingegeben, er komme zurück und flehe sie an, ihn zurückzunehmen. Aber diese Tage der quälerischen Selbstbescheidung waren vorbei.

»Greg«, sagte sie dann, »als du mich verlassen hast, war ich am Boden zerstört. Ich brauchte fast ein Jahr, um darüber hinwegzukommen, und die Narben waren sehr tief. Ich möchte das nicht noch mal erleben und mich einem solchen Schmerz nie mehr aussetzen. Howard ist wirklich ein guter Mann. Ich liebe ihn, und wir haben vor zu heiraten. Ich weiß es zu schätzen, daß du mich fragst, aber ich meine es ernst mit meiner Beziehung mit Howard.

Patricia schlug sich tapfer und kehrte zu Howard zurück statt sich von dem »Lover, der ihr im Kopf herumgeisterte«, aus der Bahn werfen zu lassen. Sie können sich in solchen Situationen damit retten, daß Sie sich bemühen, Mitgefühl für Ihren Ex-Lover zu entwickeln und Ihre Position damit zum Ausdruck bringen, daß Sie sagen: »Ich freue mich, daß du beruflich so erfolgreich bist«, oder »Ich freue mich, daß du jemanden gefunden hast, den du liebst.« So können Sie sich selbst den Rücken freimachen und endgültig den Schlußstrich für eine neue feste Beziehung mit jemand anderem ziehen.

Frühestens nach einem Jahr heiraten

Natürlich ist nicht jeder bindungsfähig, und nicht jeder bekommt am Ende kalte Füße oder wird von Phantasien aus der Vergangenheit eingeholt. Denkbar ist ebenso, daß Sie und er völlig übereinstimmen und sich nichts mehr wünschen, als zu heiraten und sich damit auf ein gemeinsames Leben festzulegen. Das ist herrlich, solange Sie ein Jahr warten mit Ihrer Heirat und wirklich wissen, mit wem Sie zusammen sind.

Niemand kann eine zweite Person wirklich kennen, ehe nicht mindestens vier Jahreszeiten verstrichen sind. Jemand, der im Sommer ausgesprochen lebenslustig ist, kann sich in der Kaltwetterperiode völlig verändern. Was nicht zuletzt auf neurologische Ursachen zurückzuführen sein kann. Durchaus weitverbreitet ist das Syndrom der Saisonalen Affekt-Störung (SAD), wonach eine reduzierte Lichtmenge Einfluß auf die Gehirnchemie nehmen und eine Depression hervorrufen kann, mit der Sie beide sich dann auseinandersetzen müssen.

Alisha, eine Designerin, kannte Jim nur drei Monate, als sie ihn heiratete. Es war eine sehr stürmische und leidenschaftliche Romanze und Liebe auf den ersten Blick. Jim war ein wohlhabender Geschäftsmann und lud sie in teure Restaurants ein und überschüttete sie mit Geschenken. Als er ihr einen Heiratsantrag machte, nahm Alisha ihn spontan an, und sie fuhren nach Monterey, um sich vom dortigen Friedensrichter trauen zu lassen. Umrahmt war das Ganze von einem Bilderbuchszenario mit einem herrlichen Sonnenuntergang am Ozean.

Und damit änderten die Dinge sich auch schon fast sofort. Nach der Hochzeit stellte Alisha fest, daß Jim ausgesprochen geizig mit seinem Geld umging und hochverschuldet war. Und er fand, sie sei eine kleine verwöhnte und verhätschelte Prinzessin, die nichts als Forderungen stellte und ihn nach dem Bild ihres Vaters, einem Industriellen, ummodeln wollte. Sie fingen an, sich zu streiten, bis die Auseinandersetzungen alsbald so weit eskalierten, daß sie sich haßten. Ein relativ kurzer Prozeß, der mit einem erbittert geführten Scheidungsprozeß endete.

Sich Hals über Kopf ein Leben lang zu binden, ist ein mehr als waghalsiges Spiel mit Ihrer Zukunft. Sie würden mit Sicherheit kein Haus kaufen, ohne sich zunächst den Zustand des Hauses, Installationen, Dach usw. und die Eigentümerfrage genau anzusehen. Sie müssen sich selbst genug lieben und sich die Zeit nehmen, Ihren zukünftigen Partner kennenzulernen – und er Sie. Bringen Sie die vier Phasen hinter sich, dann können Sie als starkes, vereintes Paar heiraten.

Einen Rollentausch verhandeln

In der Perfekten Phase Ihrer Beziehung mußten Sie sich, trotz der Tatsache, daß Sie ein komplexer »bisexueller« Mensch sind, für eine Rolle entscheiden, damit Ihre Beziehung überhaupt Aussicht auf Erfolg hatte. Sie mußten wählen, ob Sie die großzügige, beschützende und verwöhnende »männliche« Energie oder die empfangende, reagierende und verfügbare »weibliche« Energie sein wollten. In der Verhandlungsphase lernten Sie dann, wie Sie gewisse Änderungen in Ihrer neuen Rolle verhandeln konnten. Änderungen, die es Ihnen beiden ermöglichten, in beiderseitigem Einverständnis jeweils in den Bereichen die Verantwortung zu übernehmen, die Ihrer Natur entsprachen, oder solche dem anderen zu übertragen, die Ihnen nicht behagten.

Jetzt sind Sie in der Bindungsphase angelangt. Sie haben beide Ihre Energie*präferenzen* abgesteckt und kommen gut damit zurecht. Was einst ein Liebeswerben war, ist jetzt in einer festen Beziehung verankert, und Sie denken darüber nach, das Ganze mit Brief und Siegel zu legalisieren. Es steht Ihnen jetzt frei, wie Sie Ihre maskuline und feminine Energie zum Ausdruck bringen. In dieser Zeit ist ein »Wechsel« ganz natürlich und dürfte kein Problem sein. Ein Prinzip, das in den früheren Phasen Ihrer Beziehung galt, gilt jedoch auch jetzt: Daß in der Paarbeziehung jeder Energietypus nur einmal vorkommen darf. Das heißt, wenn Sie vorrangig feminin sind, derzeit aber maskulin sein möchten, so muß Ihr Partner Sie ergänzen und zur femininen Energie wechseln – beziehungsweise umgekehrt. Ansonsten kommt es zu Kollisionen, die die Beziehung vielleicht nicht aushält, insbesondere in diesem delikaten ersten Jahr.

Bei diesem Rollentausch gibt es weder Tabus noch Parameter, wenn die Beziehung älter wird. Alles ist gegebenenfalls verhandelbar. Die einzige Voraussetzung, die erfüllt sein muß, ist, daß ein Rollentausch auf dem Wege der Kommunikation angezeigt wird. »Ich habe eine Idee. Möchtest du sie hören?« Oder: »Mich quälen einige Gefühle. Wärst du bereit, mir zuzuhören?«

Am Anfang einer Beziehung ist die Rollenverteilung sehr k
Einer ist vorrangig die männliche Energie, der andere vorrangig die weibliche Energie. Im Laufe der Zeit verschmelzen beide jedoch in ihrer Kompatibilität und der Kommunikation ihrer Gedanken und Gefühle miteinander. Derjenige, der die Brötchen verdient, kann sich ebensogut für die weibliche Energie entscheiden, wie die »Kleine« in Wirklichkeit in ihrer männlichen Energie aufblühen kann. Die Kommunikation, nicht die Aufgabenverteilung, ist maßgebend, wer die männliche Energie und wer die weibliche Energie stellt.

Das Schöne an der Bindungsphase ist, daß Sie beide mal in die maskuline und beide mal in die feminine Rolle schlüpfen. Es gibt eine Person, die hauptsächlich führt, und die andere folgt, am Ende wird dann aber auch diejenige, die folgt, gelegentlich führen, und die bisher führende wird ihr folgen. So wird es abwechselnd Zeiten geben, in denen jeder einmal verwöhnt und respektiert wird.

Das funktioniert aber nur, wenn Sie verbal miteinander kommunizieren und verhandeln können, und das ist für mich die höchste Form der Liebe. Sie erinnern sich doch, daß nach Auffassung C. G. Jungs in jedem intelligenten Mann auch eine einfühlsame Frau steckt und in jeder einfühlsamen Frau auch ein intelligenter Mann. Und diesen Komplexitäten muß in jeder intimen Beziehung Rechnung getragen werden.

Und wie? Ganz einfach. Sie müssen Ihrem Partner nur signalisieren, daß Sie die Energierollen »tauschen« möchten.

Wenn sie hauptsächlich die männliche Energie (der Verfolger) sind, und Sie möchten über Ihre negativen Gefühle sprechen, so können Sie beispielsweise sagen: »Es gibt einige Gefühle, die mich belasten, über die ich gerne mit dir sprechen möchte. Wärst du bereit, mir zuzuhören?«

Indem Sie das sagen, wechseln Sie von der männlichen zur weiblichen Energie. Und damit übernimmt Ihr Partner die Rolle der männlichen Energie, die gibt und liebevoll auf Ihre Gefühle eingeht.

Wenn Sie bisher die weibliche Energie (die »Verfolgte«) waren, steht es Ihnen sowieso jederzeit frei, ihm Ihre negativen Gefühle und Einwände mitzuteilen. Sofern Sie nun aber in die Rolle der männlichen Energie schlüpfen möchten, können Sie die Rollen tauschen, indem Sie zum Beispiel sagen: »Ich habe eine Idee (einen Vorschlag, Wunsch, eine Meinung), über die ich gerne mit dir sprechen möchte. Wärst du bereit, mir zuzuhören?« Mit Flexibilität haben Sie beide die Möglichkeit, sich Ihre Gedanken, Wünsche, Gefühle und Einwände mitzuteilen. Was Sie lernen müssen, ist, die Energien zwischen Respekt und Verwöhnen fließen zu lassen. Wobei Sie sich nur immer vor Augen halten müssen, daß es nur zwei Throne gibt, einen für den König, einen für die Königin, und daß auf jedem nur immer für eine Person Platz ist.

Verhandeln und neu verhandeln

In der Verhandlungsphase lernten Sie, wie Sie aufeinander zugehen und Ihre Vorlieben und Abneigungen geschickt und diplomatisch zum Ausdruck bringen können. Mit diesen Techniken erreichten Sie erfolgreich die Bindungsphase. Aber auch nachdem Sie Ihre Bindung mit einer Verlobung oder Heirat besiegelt haben, müssen Sie an diesen Verhandlungstechniken festhalten und sie zum natürlichen Bestandteil Ihrer Beziehung machen. Verlobung und Heirat sind nicht das Endziel, als vielmehr der Beginn Ihrer festen Beziehung. Und damit diese Beziehung Bestand hat, bleiben diese Verhandlungstechniken zeit Ihres Lebens ein Muß. Alles ist verhandelbar und wird immer wieder neu verhandelt, weil nichts im Leben konstant ist, nicht einmal bei den erfolgreichsten Menschen.

Das ist etwas, was ich in Hollywood immer wieder erlebe. Im letzten Jahr war Betty eine Kellnerin / Schauspielerin, die hoffte, in der Woche hundert Dollar an Trinkgeldern zu kassieren. In diesem Jahr verdient sie achttausend Dollar die Woche mit einer Fernsehserie. Die Frage ist nicht, wer heute der Hauptverdiener ist. *Die Frage der männlichen und weiblichen Energie hängt nicht von der Höhe des Verdienstes ab, sondern davon, wie und von wem die Frage der Finanzen geregelt wird.*

Angenommen, Betty war vor ihrem Erfolg die »weibliche« Energie. Nun könnte sie zu der Entscheidung gelangen, daß sie jetzt die männliche Energie sein will und sich entsprechend behaupten möchte. Sie kann aber auch bei der weiblichen Energie bleiben und die Regelung der Finanzen weiterhin ihrem Mann überlassen.

Denkbar ist auch der Fall, daß ein Partner bei einem für den anderen nicht verhandelbaren Punkt einen Rückzieher macht. Das geschah in der Beziehung zwischen Wanda und ihrem Verlobten Barry.

Wanda, Sekretärin in einer Schuhfabrik, zog mit Barry, ihrem Chef, zusammen, nachdem er ihr einen Verlobungsring gegeben hatte. Sie waren sich in früheren Gesprächen einig gewesen, daß sie ein Kind haben wollten, sobald sie verheiratet wären. Dann stellte Wanda aber zwei Monate vor der anberaumten Hochzeit fest, daß sie schwanger war. Überglücklich wollte sie bis zum Abendessen warten, um Barry mit der freudigen Nachricht zu überraschen. Barry reagierte jedoch alles andere als erfreut. »Warum hast du nicht besser aufgepaßt?« fragte er ungehalten. »Wie konnte das passieren?«

Wanda fühlte sich wie erschlagen und war den Tränen nahe. »Ich vermute, ich habe wohl einmal die Pille vergessen«, sagte sie. »Aber spielt das eine Rolle? Ich dachte, wir wären uns einig, daß wir sofort ein Kind haben wollten. Willst du mir sagen, daß du es nicht willst?«

»Ich möchte ein Kind haben, aber dann, wenn ich es entscheide«, erwiderte Barry wütend. »Nicht durch einen unglücklichen Zufall.«

Wanda war tiefverletzt. Wie konnte sie sich eben noch so sicher gefühlt haben und jetzt so alleingelassen? Schweigen beherrschte den Rest des Abends. Sie konnten nicht einmal mehr über die alltäglichen, profanen Dinge miteinander sprechen.

Barry verbrachte diese Nacht im Gästezimmer, und beide waren in den nächsten Tagen sowohl zu Hause als auch im Büro kühl und distanziert. Barry hoffte, Wanda würde nachgeben und sich zu einer Abtreibung bereiterklären. Er hatte seine festen Pläne, wann das erste Kind kommen sollte, und die wurden von dieser Schwangerschaft durchkreuzt. Er fühlte sich in der Falle, als ob er bei dem Deal überhaupt nichts mitzureden habe. Wanda war jedoch nicht bereit nachzugeben und sich auf eine Abtreibung einzulassen. Daß sie nicht aufgepaßt hatte, mag zwar unverantwortlich gewesen sein, letztlich waren sie aber doch verbindlich übereingekommen, baldigst nach der Heirat ein Kind zu haben. Barry wurde also in einem für sie nicht verhandelbaren Punkt, dem Kind, wortbrüchig.

Die Tage vergingen, und als Wanda bei ihrem Standpunkt blieb, dachte Barry nochmals über die Situation nach und kam zu dem Schluß, daß sein Unbehagen darüber, daß die Ereignisse seiner Kontrolle entglitten waren, sekundär war angesichts seiner Liebe zu ihr und ihrem gemeinsamen Leben.

Schüchtern, mit Blumen in der Hand, startete er schließlich einen Annäherungsversuch. »Wanda, Liebes«, sagte er, »ich habe einen Fehler gemacht, daß ich so negativ reagiert habe. Ich liebe dich, euch beide, und natürlich möchte ich dieses Kind. Es ist unser Kind.« Und er nahm sie in die Arme.

Indem sie ihren Standpunkt behauptet und nicht mit ihm gestritten hatte, verhalf sie Barry zu der Einsicht, daß sie sich selbst und das

Kind mehr liebte als ihn, und daß er das akzeptieren muß oder sie sonst beide verliert.

In den langen Jahren Ihrer Ehe stellt Ihre Selbstliebe einen Felsen in der Brandung und einen spirituellen Anker in Ihrem Familienleben dar. Eine Frau, die ihren Mann mehr als sich selbst liebt, läuft Gefahr, benutzt und mißbraucht zu werden. *Tun Sie das nicht!*

Besonders gravierend ist das Dilemma, wenn ein nicht verhandelbarer Punkt *nach* der Heirat in Frage gestellt wird.

Justin, ein aufwärtsstrebender Anwalt, hatte Lorraine, eine Modedesignerin, in dem guten Glauben geheiratet, sie werde auch nach der Geburt ihrer Kinder weiterhin berufstätig sein. Ihr zusätzliches Einkommen trug aus seiner Sicht unstrittig zur Verbesserung ihrer Lebensqualität bei. Obwohl sie sich verbindlich auf diesen Kurs eingelassen hatte, wollte sie dann nach der Geburt des zweiten Kindes zu Hause bleiben und Vollzeit-Mutter sein. Was für ihn natürlich eine zusätzliche Belastung bedeutete, da er damit als einziger Verdiener für den Unterhalt der Familie verantwortlich war.

Ein anderes Beispiel wäre ein Mann und eine Frau, die sich vor der Heirat einig sind, daß sie Kinder haben möchten, er anschließend das Ganze aber immer wieder hinausschiebt und dann zu dem Schluß kommt, daß er keine Kinder haben möchte oder sogar erklärt, daß er in Wirklichkeit nie welche haben wollte.

Um heute zusammenzubleiben, muß ein Paar verhandeln und immer wieder neu verhandeln; daran geht kein Weg vorbei. Wenn es keinen Verhandlungstisch gibt oder dieser nicht aktiv genutzt wird, besteht die Gefahr, daß einer den anderen als zu selbstverständlich nimmt – eine Einstellung, die einem Todeskuß gleichkommen kann.

Teil IV

Der Rest der Geschichte

18. Für den Rest unseres Lebens

Zwischen Vierzig und Sechzig wird jeder von uns mit der hormonellen Umstellung seines Körpers konfrontiert. Es ist die Zeit, in der Männer zu Frauen und Frauen zu Männern werden.

Was ich damit sagen will, ist, daß Sie ab Fünfzig, wenn Sie in der Menopause sind und Ihr Östrogenspiegel sinkt, zunehmend von dem Hormon Progesteron beeinflußt werden. Mit dem Ergebnis, daß Sie im Vergleich zu früher gedankenorientierter und weniger gefühlsorientiert werden. Das heißt, daß Sie ausgezeichnet mit dem Geschiebe und Gedränge des Geschäftslebens umgehen können. Sie müssen an diesem Punkt nicht mehr die liebevolle Mami sein, weil Ihre Kinder in der Regel schon erwachsen sind. So kann es sich als ausgesprochen positiv erweisen, wenn eine Frau in einem bestimmten Alter, gestützt durch ihr Progesteronsystem, in die Welt hinausgeht, um irgendwo ihre Spur zu hinterlassen. Jetzt ist ihre Zeit.

Wenn ein Mann älter wird, sinkt sein Testosteron-Spiegel, und er wird zunehmend von dem Östrogen in seinem Körper beeinflußt. Da er damit im Vergleich zu früher gefühlsorientierter wird, kann nicht erwartet werden, daß er so leistungsorientiert bleibt, wie er einmal war. Ich finde den älteren Mann in der Regel netter als den jüngeren und die ältere Frau oft mürrischer als die jüngere, weil das Östrogen, wo es auch vorkommt, auf das Wohlfühlen bedacht ist. Und das steht bei der Frau dann in ihrer Jugend und bei dem Mann in seiner Reife im Vordergrund.

Eine Frau begeht einen gravierenden Fehler, wenn sie ihren reifen Mann nicht unterstützt, sich entspannt seinen Gefühlen hinzugeben. Das ist die Zeit, in der er entdeckt, daß er Feinschmeckergerichte kochen möchte, und sie, daß sie zur Schule zurückkehren möchte.

Wenn eine Frau mit femininer Energie von ihrem Mann verlangt, daß er ein Leben lang die überdurchschnittlich viel leistende, geldverdienende und problemlösende maskuline Energie bleibt, riskiert sie, ihn zu verlieren, weil sie ihn mit diesem Anspruch überfordert und in den Streß treibt, der dann die Ursache von Herz- und anderen chronischen schwerwiegenden Krankheiten sein kann.

Ein Mann muß es lernen, mehr wie eine Frau zu sein. Er muß am

Ende langsamer treten, sich zur Ruhe setzen, in eine lustorientierte Welt zurückgehen und aufhören, sich wie der letzte Draufgänger auf diesem Planeten zu geben. Und die Frauen müssen nach der Lebensmitte aufhören, sich nur noch als Empfängerinnen der Großzügigkeit des Mannes zu sehen, und anfangen, Verantwortung zu übernehmen.

Die Menopause kommt heute später. Früher trat sie bei den meisten Frauen etwa mit fünfundvierzig Jahren ein, während heute das Durchschnittsalter etwa bei zweiundfünfzig liegt. Frauen bekommen ihre Kinder heute später, weil sie heute jünger im Vergleich zu früher sind. Eine vierzigjährige Frau ist heute so, wie früher eine dreißigjährige Frau war.

Bei einem reifen Paar müssen die Kommunikationstechniken und Annahmen getauscht werden. Wo früher von ihm erwartet wurde, daß er wußte, was er dachte und was er wollte, muß sie jetzt als ältere Frau wissen, was sie möchte und was sie denkt. Als junger Mann pflegte er sie zu versorgen. Jetzt, in der Reife, muß sie für ihn sorgen.

Wo früher die Initiative bei ihm und das Vetorecht bei ihr lagen, werden jetzt, in der Lebensmitte, diese Rollen getauscht.

Jetzt, im reifen Alter, muß sie wissen, was sie denkt und möchte, aber sie muß auch ihrem Mann zuhören. Sie muß in der Lage sein, ihn zu verwöhnen, da er jetzt in seiner »Gefühls«-Phase ist.

Und so sagt sie: »Wie fühlst du dich? ... Wie fändest du es, wenn du dich pensionieren läßt? ... wenn wir hierhin oder dorthin ziehen?« Und er wird ihr antworten, und sie wird ihm zuhören.

Problematischer wird es, wenn zwischen beiden ein nennenswerter Altersunterschied besteht. Wenn er älter und sie jünger ist, sind *beide* biologisch weiblich. Das heißt, daß sie *über* den biologischen Drang, Freude zu empfangen, verhandeln müssen. Ist sie älter und er jünger, so müssen sie *über* den biologischen Drang, den anderen zu kontrollieren, verhandeln.

Entscheidend bei diesem Prozeß ist als erstes, daß Sie sich selbst kennen. Daß Sie wissen, mit welchem Prinzip oder Energiesystem Sie in die Beziehung gehen und auf spätere Änderungen vorbereitet sind, damit Sie sich beide auch noch in den Goldenen Jahren Ihrer Beziehung wohl fühlen. Und als zweites, daß Sie der anderen Person erlauben, das Gegenteil von Ihnen zu sein, so daß Sie im wechselseitigen Austausch Ihrer Energien zusammenarbeiten können. Schwierigkeiten bekommen Sie nur, wenn Ihre Systeme gleich sind. Sie bekommen keine Schwierigkeiten, wenn Sie sich ergänzen.

19. Zehn Geheimnisse, wie Sie den Richtigen bekommen und behalten

1. Entscheiden Sie, ob Sie respektiert oder verwöhnt werden möchten

Sie müssen wissen, wer Sie sind, ehe Sie das eintauschen können, was Sie haben. In jeder Beziehung kann es nur einen Führer geben, der respektiert wird, und einen, der ihm folgt, und der verwöhnt wird, zumindest am Anfang, bis eine feste Beziehung ausgehandelt wurde. Entscheiden Sie, unabhängig von Ihren anatomischen Voraussetzungen, ob Sie die gebende / männliche oder die empfangende / weibliche Energie sein möchten. Wie Sie sich auch entscheiden, wichtig ist, daß Sie Integrität beweisen.

2. Achten Sie auf Ihre Gefühle

Achten Sie stets auf Ihre Gefühle. Vermeiden Sie, was Sie nicht möchten. Die feminine Energie muß sich gut fühlen, um Gutes tun zu können. (Die maskuline Energie muß Gutes tun, um sich gut zu fühlen.) Sie dürfen negative Gefühle nicht wegrationalisieren, egal, wer Sie dazu anhalten möchte. Respektieren Sie Ihren Körper.

3. Flirten, um anzuziehen

Wenn Sie einen Mann »anziehen« möchten, müssen Sie als Sexobjekt »gesehen« werden. Achten Sie auf Ihren Körper, kleiden Sie sich sinnlich, frisieren Sie sich sorgfältig, und tragen Sie sorgfältig Make-up auf, gehen Sie dahin, wo Männer sind, fesseln Sie »seinen« Blick, und signalisieren Sie ihm, daß Sie interessiert und verfügbar sind (die Fünf-Sekunden-Flirt-Methode), so daß er keine Angst hat, sich Ihnen zu nähern. Lächeln, nicht sprechen. Wenn Sie als erste sprechen, sind Sie der bessere Mann.

4. Drei Dinge, die unabdingbar sind: Chemie, Kompatibilität und Kommunikation

Notwendig sind alle drei; Perfektion ist allerdings kein Muß. Die Chemie ist eine Körper-Körper-Reaktion. Genießen Sie sie, aber leben Sie sie nicht zu früh aus. Als erstes kommt die Kommunikation, um die Frage der Kompatibilität zu untersuchen und zwischen Projektionen Ihrer Phantasie und der Realität unterscheiden zu können. Er könnte schließlich verrückt, verheiratet oder ein »kleiner Junge« sein. Wenn die Körper erst einmal gesprochen haben, ist es schwierig, noch über die Frage der Kompatibilität zu verhandeln oder es auch nur zu lernen, miteinander zu kommunizieren.

5. Kein Sex ohne feste Bindung

Für die meisten Frauen gilt, daß sie sich an den Mann binden, mit dem sie eine sexuelle Beziehung haben. Wenn Sie also nicht »Manns« genug sind, mit Gelegenheitssex umzugehen, handeln Sie eine feste Beziehung aus, ehe Sie sich auf die körperliche Liebe einlassen. Und klären Sie vorab, ob er bereit ist, den »Eintritt« in Form von Ausschließlichkeit, Kontinuität und Beständigkeit zu bezahlen. Halten Sie sich stets vor Augen, daß Männer sich in Ihre Tugendhaftigkeit, nicht in Ihren Körper verlieben.

6. Nehmen Sie sich jeden Tag fünfzehn Minuten, um miteinander zu sprechen

Sie sollten jeden Tag ein »Amigo-Gespräch« führen, den anderen fragen, was er in Zusammenhang mit Dingen denkt und fühlt, die Ihnen jeweils wichtig sind. Sie müssen lernen, wie Sie dem anderen helfen können, daß er sich besser fühlt und seine Ziele erreicht. Im übrigen sollte jeder von Ihnen versuchen, die ihm zugewiesenen Aufgaben zu erfüllen. Wenn das Denken eines Mannes respektiert wird, hat er das Gefühl, daß auf ihn eingegangen wird. Wenn auf die Gefühle einer Frau eingegangen wird, fühlt sie sich respektiert.

7. **Die vereinbarten Bedingungen regelmäßig alle sechs Monate neu verhandeln**

Die ersten drei Monate sind die Perfekte Phase, die nächsten drei die Mängel-Phase. Nach sechs Monaten beginnen Sie über Zeit, Platz, Spiel und Geld zu verhandeln. Und nach neun Monaten, in der Bindungsphase, beginnen Sie, eine gemeinsame Zukunft zu planen. Wichtig ist, die getroffenen Vereinbarungen regelmäßig neu zu verhandeln, um etwaigen Änderungen Rechnung zu tragen und beiden Partnern die Chance zum Rollentausch zu geben.

8. **Halten Sie sich an alle Vereinbarungen**

Der einzige Weg, die Liebe zu sich selbst und anderen unter Beweis zu stellen, sind die Vereinbarungen, zu denen Sie sich bereiterklären und die Sie halten. Sie müssen einander tagtäglich respektieren bzw. verwöhnen. Und geben Sie nicht auf, solange er Sie nicht krank- oder verrückt macht. Niemand ist perfekt. Wenn er Ihre Ansprüche zu 51 Prozent erfüllt, behalten Sie ihn.

9. **Einen Speicher für romantische Erinnerungen anlegen**

Zu romantischen Erinnerungen, die Sie »speichern« sollten, gehören alle die Freuden, die der Mann Ihnen schenkt, und die Freuden, die Sie ihm dafür zurückgeben (allerdings immer etwas weniger, als Sie bekommen). Wenn der Mann Ihnen gibt, Sie beschützt und verwöhnt, bricht er Ihre Abwehrhaltung, so daß Sie sich der Beziehung hingeben und sie genießen können. Sie dürfen einen Mann nie bitten, Sie mehr, besser oder anders zu lieben. Suchen Sie sich also einen Mann aus, der Ihnen so gibt, wie Sie empfangen möchten.

10. **Mindestens ein Jahr warten, bis Sie heiraten**

Sie kennen einen Menschen nicht, wenn Sie nicht vier Jahreszeiten mit ihm zusammen waren. Sie müssen beide die Schwächen und Unzulänglichkeiten des jeweils anderen akzeptiert haben. Die männliche Energie muß wissen, was sie denkt, und um das bitten, was sie möchte. Die weibliche Energie muß wissen, was sie fühlt und was sie nicht möchte, und nein sagen zu allem, was ethisch oder moralisch verwerflich ist. Sie haben über Zeit, Platz, Geld und Spiel verhandelt. Wenn Sie vor Ablauf eines Jahres heiraten oder irgendwelche Papiere unterschreiben müssen, lassen Sie sich in jedem Fall vorher rechtlich beraten.

20. Einige grundlegende Fragen und Antworten

Frage: Meine Eltern haben nie mit mir über Sex gesprochen, abgesehen davon, daß sie mir gesagt haben: »Kein Geschlechtsverkehr vor der Ehe.« Natürlich habe ich rebelliert und mit Männern Sex gehabt. Übriggeblieben von meiner Erziehung ist aber dennoch das Problem, daß ich Sex als etwas Schmutziges betrachte, was zur Folge hat, daß ich frigide bin und Sex weder genießen kann, noch für erstrebenswert halte. Jetzt habe ich einen Mann kennengelernt, den ich wirklich mag, und ich möchte den Konflikt gerne für mich lösen. Können Sie mir helfen?

Antwort: Machen Sie eine Therapie. Im Rahmen einer Therapie ist es möglich, die Verstrickungen zu entwirren, die sich durch Ihren Vater und Ihre Mutter in Ihrem Kopf festgesetzt haben.

Frage: Ich habe eine Frage zu Oxytozin. Gibt es Frauen, die sich nicht durch Sex an Männer binden?

Antwort: Ja, es gibt Frauen mit maskuliner Energie, die sich intellektuell über die biologische Reaktion hinwegsetzen können, sich physisch an einen Mann zu binden, mit dem sie Sex genießen. Sie können so viele Liebhaber haben, wie sie möchten, und werden dennoch an keinen gebunden.

Es sind Frauen, die ihr Leben über den Kopf und nicht über den Körper bestimmen. Sie verbinden mit Sex einfach nicht die gleichen Empfindungen wie eine sensitive Frau, und sie sind nicht bereit, sich fallenzulassen und zu binden, solange sie den Mann, seinen Beruf und seine Führungsqualitäten nicht respektieren. Hier dominiert der »Geist« über allem.

Frage: Ich hatte Sex mit einem Mann, der sagte, er sei verrückt nach mir, wohlgemerkt, nachdem ich einen Kontrakt über

Beständigkeit, Monogamie und Kontinuität hatte. Und danach zog er sich zwei Wochen lang zurück.

Als ich ihn schließlich zur Rede stellte, sagte er mir, er sei ausgeflippt, weil ich einige Dinge gemacht hatte, die ihn an seine Ex-Freundin erinnerten. Wir beschlossen, es noch einmal zu versuchen und offener über alles zu reden. Ich habe aber festgestellt, je mehr ich rede, um so ruhiger und distanzierter wird er. Ich kann mir das alles nicht erklären. Glauben Sie, daß er mich belogen hat, nur um mich ins Bett zu bekommen?

Antwort: Er ist mit seiner Ex-Freundin wahrscheinlich noch nicht fertig. Beziehungen gehen oft vorzeitig in die Brüche, in dem Sinne, daß ein Partner oft noch nicht fertig mit dem anderen ist, so daß die negativen Reste in die nächste Beziehung mitgeschleppt werden. Das heißt, daß er aus Selbstschutzgründen, um sich nicht wieder zu binden und verwundbar zu sein, all jene ungelösten Dinge auch mit Ihrer Beziehung verknüpft.

Bindungsfähige Männer und Frauen wissen, daß jede Beziehung und jede Person einmalig und getrennt zu sehen sind. Selbst wenn die neue Beziehung am Ende nicht funktionieren sollte, bringen sie von vornherein dennoch den Mut auf, neue Risiken einzugehen. Risiken, die bindungsunfähige Personen jedoch nicht eingehen. Sie machen beim ersten Anzeichen von Problemen dicht. Und in dem Fall gilt: Verlassen Sie ihn, und geben Sie ihm keinen Sex.

Frage: Mein Freund hat mich kürzlich verlassen. Er sagte, er fühle sich neben mir minderwertig, weil ich einen besseren Job habe und mehr Geld verdiene als er. Wie kann ich ihn zurückbekommen?

Antwort: Er hat Sie verlassen, weil er sich mit Ihnen in einem Konkurrenzkampf, »männlich versus männlich«, befand. Und in seinem Kopf waren Sie die achtenswertere männliche Energie, und das warf er Ihnen vor.

Männer mit Minderwertigkeitsgefühlen können es nicht ertragen, wenn eine Frau überdurchschnittliche Fähigkeiten und Erfolg hat, so daß sie sie verlassen wegen einer Frau, bei der das nicht so ist und sie sich in ihrem

Selbstwertgefühl bestärkt fühlen. Sie haben die Wahl: Sie können einen sensitiven Mann suchen, der genügend selbstsicher ist, um Ihre Leistungen zu respektieren, oder Sie können Ihre Karriere an den Nagel hängen und Ihren Freund behalten. Mein Rat ist, einen anderen Mann zu suchen. Einen Mann können Sie immer ersetzen, sich selbst aber nicht.

Frage: Wie weiß ich, ob ein Mann mich wirklich liebt?
Antwort: Es gibt drei Möglichkeiten, das herauszufinden. Erstens: Er wird großzügig sein, mit seinem Körper, mit seinem Geist und mit seinem Geld. Zweitens: Er wird Sie beschützen wollen, und dazu gehört, daß er Sie nicht um drei Uhr nachts anruft und sagt: »Komm zu mir, Liebes, ich brauch 'ne Nummer.« Und drittens: Er wird Ihren Gefühlen Vorrang vor seinen eigenen geben. Wenn er seinen Gefühlen Vorrang vor Ihren gibt, ist er kein Mann, sondern ein kleiner Junge.

Frage: Wie weiß ich, ob er der »Richtige« ist?
Antwort: Es gibt keine »richtigen« Personen. Es gibt nur die richtige Person, die jetzt richtig ist. Und denkbarerweise könnte die Person, die Sie gerade vor sich haben, genau die richtige sein. Wir haben viele Wahlmöglichkeiten. Wenn Sie jetzt eine Chance verpassen, dann wird halt ein anderer kommen.

Sehr oft ist aber das, was heute für Sie richtig ist, morgen nicht mehr richtig. Die Ehe ist also ein schwieriges Unterfangen. Es gehört eine Menge Glück dazu, auf Dauer mit jemandem zusammenzubleiben.

Frage: Sie sagen, daß wir im Beruf alle maskulin und entsprechend zu respektieren sind. Was kann ich tun, daß ein Mann, den ich beruflich kennenlerne, mich als feminine Frau sieht und mich einlädt, mit ihm auszugehen?
Antwort: Nehmen Sie sich ein Beispiel an Clark Kent.* Schalten Sie in den Kaffeepausen, in den Mittagspausen, in Freistun-

* Amerikanische Comic-Figur, am Tage Rechtsanwalt, in der Nacht ›Richter der Welt‹.

den oder bei Bürofeiern von der Superfrau zur femininen Frau um. Außerhalb der Geschäftszeiten sollten Sie keine geschäftlichen Gespräche beginnen. Stellen Sie Ihr Reden sogar völlig ein. Beschränken Sie sich auf Augenkontakt und Lächeln, und lassen Sie ihn als ersten reden. Und Sie hören zu. Schweigen ist Gold – und anziehend. Überlassen Sie ihm die Führung und die Aufgabe, wegen eines Rendezvous hinter Ihnen her zu sein.

Frage: Ich bin single und habe seit zwei Jahren eine Affäre mit meinem Chef, der verheiratet ist. Er sagt, er liebt mich, könne aber seine Frau nicht verlassen, bis ihr fünfzehnjähriger Sohn die High-School abgeschlossen hat. Soll ich ihm glauben und warten?

Antwort: Nur wenn Sie nicht heiraten möchten und darüber hinaus an Märchen glauben. Sie werden als nette »Beilage« zur Belebung seines Ehetrotts benutzt. Ist es das, was Sie möchten? Ist Ihnen Ihre Unabhängigkeit wichtig genug, um auf eine Heirat zu verzichten?

Frage: Ich habe einige schmerzliche Erfahrungen hinter mir, und ich habe Angst, nochmals einem Mann zu vertrauen und mich an einen Mann zu binden.

Antwort: Sie tun gut daran, Männern nicht zu vertrauen. Sie sollten niemandem vertrauen, bis Sie die betreffende Person kennengelernt haben und sie sich als *vertrauenswürdig* erwiesen hat. Aber vergessen Sie nicht, wir wurden alle schon einmal gebrochen und haben unsere Macken und sind es somit kaum wert, daß jemand sich an uns bindet. Wenn Sie auf einer intimen Basis mit einem Mann verkehren, sagen Sie sich: »Ich werde herausfinden, wo er seine Macken hat, und sehen, ob *ich* damit umgehen kann.«

Binden Sie sich also nie an einen Mann. Binden Sie sich an die Beziehung. Vertrauen Sie darauf, daß Sie mit seinen Charakterschwächen umgehen können, und vertrauen Sie auf Ihre eigene Fähigkeit, damit fertig zu werden, wenn er Dinge tut, die Ihnen Schmerzen bereiten. Darum geht es bei einer Bindung: Sie sorgen für Ihren Teil und müssen sehen, ob er für seinen sorgt.

Frage: Ist es in Ordnung, einen jüngeren Mann zu heiraten?

Antwort: Ganz bestimmt. Gerade starke Frauen stellen oft fest, daß gleichaltrige Männer sie zu sehr als Konkurrenz sehen und sich unzulänglich fühlen. Ein Mann, der sich unzulänglich fühlt, ist geneigt zu versuchen, sie dann auf eine ihm genehme Größe zurückzustutzen. Das Ergebnis ist, daß Frauen in dem Fall sich oft Männer suchen, die oft zehn bis fünfzehn Jahre älter oder zehn bis fünfzehn Jahre jünger sind als sie.

Frage: Wie streite ich mit einem Mann?

Antwort: Überhaupt nicht. Sie sagen: »Weißt du, Schatz, du hast möglicherweise recht, daß es Freitag war, oder Donnerstag, oder daß meine Mutter da war. Das entspricht zwar nicht unbedingt meiner Erinnerung, aber was soll's. Die Sache ist es nicht wert, daß wir darüber streiten.« Wenn Sie sich daran halten, kann ich Ihnen versprechen, daß er innerhalb der nächsten sechzig Minuten zu Ihnen kommt und sagt: »Weißt du was? Ich habe nochmals darüber nachgedacht. Du hast möglicherweise recht.«

Ein maskuliner Mann möchte sich nicht mit einer verwundbaren Frau streiten. Er möchte nicht gewinnen, wenn Sie sich nicht wie ein Mann verhalten. Wenn ein Mann kämpfen möchte, zieht er in den »Krieg«. Wenn er nach Hause kommt, möchte er mit Ihnen spielen.

Heißt das, daß Sie sich »duckmäuserisch« verhalten sollen? Nein. Es heißt, wenn er Ihnen sagt, was er denkt und was er möchte, und wenn er Sie fragt, wie Sie sich fühlen, daß Sie ihm die absolute Wahrheit sagen. Entscheidend ist das Wie. Erinnern Sie sich noch, wie Ihre Oma das machte? Sie sagte: »Oh, Opa« – und rollte mit den Augen, weil sie wußte, wenn sie dafür sorgte, daß Opa glücklich blieb, dann würde es weder ein Gewitter geben, noch würde er sie verlassen und sie der Situation aussetzen, mit jemandem vorliebnehmen zu müssen, der nicht einmal eins und eins zusammenzählen konnte.

Frage: Wie muß ich aussehen, wenn ich heiraten möchte?

Antwort: Genauso, wie wenn Sie »hingelegt« werden möchten, weil das am Anfang jeglicher Heiratsambitionen steht. Ein

Mann sieht eine Frau, mit der er Sex haben möchte, und alles weitere ist dann eine Frage der Verhandlung über den Kostenfaktor. Der beläuft sich bei manchen Frauen auf ein Essen. Bei anderen auf zwei Blaue, die in bar aufs Bett zu legen sind. Zumindest Prostituierte sind clever genug, sich das Geld vorher zu sichern.

Wenn Sie heiraten möchten, sollten Sie so aussehen, als ob Sie sich vergnügen möchten. Seien Sie empfänglich, verfügbar, verwundbar, zugänglich, liebenswert und sexy.

Frage: Ich habe kürzlich einen Mann kennengelernt. Ich weiß nicht, ob die Ehe nun unbedingt für einen von uns ein Ziel ist. Ich möchte diese Beziehung aber gerne sexuell ausprobieren, ohne mich binden zu müssen. Ist das möglich?

Antwort: Nicht, wenn Sie die »weibliche« Energie in der Beziehung sind. In dem Fall müssen Sie im vorhinein wissen, ob eine Ehe im Rahmen der Möglichkeiten liegt, weil Sie sich wahrscheinlich an ihn binden werden.

Nur wenn ein Mann sagt: »Ich habe grundsätzlich nichts gegen Heiraten. Vielleicht heirate ich dich nicht, wer weiß, aber ich wünsche mir eine monogame Beziehung«, können Sie es mit ihm wagen. Wobei es natürlich auch denkbar ist, daß ein Mann in der Leidenschaft des Augenblicks vielleicht sagt, daß er heiraten möchte, das aber später zurücknimmt und eingesteht, er habe das nur impulsiv gesagt. Penis und Hirn sind oft einander uneins, und in dem Fall sind dann zwei Köpfe auch nicht mehr wert als einer.

Frage: Ich bin eine vierzigjährige alleinstehende Frau. Ich habe gerade den Mann verloren, den ich zwanzig Jahre lang liebte. Er war der einzige, den ich je haben wollte. Ich möchte heiraten, habe aber zuviel Angst vor einer neuen Beziehung und fühle mich zu alt, es nochmals zu versuchen. Was soll ich tun?

Antwort: Wenn das wirklich Ihr Gefühl ist, empfehle ich Ihnen, single zu bleiben. Es gibt im Leben weder Sicherheit noch Stabilität. Wenn Sie der Illusion der Sicherheit und Stabilität nachlaufen, sind Sie noch immer ein Kind, das darauf wartet, daß Mami und Papi kommen und den Nikolaus spielen. Sie werden nicht kommen, und ebensowenig wird der Heilige Nikolaus kommen.

Traurig, aber wahr: Die großartigsten Lebensgeschichten werden auf den größten Fiaskos aufgebaut. Sicherheit und Stabilität sind gleich Stagnation. Wenn Sie ein Leben in Fülle leben möchten, machen Sie, daß Sie da herauskommen, und machen Sie so viele kreative Fehler wie nur möglich.

Frage: Ich bin dreißig Jahre alt und single. Ich bin seit fast drei Monaten mit einem Mann zusammen, in den ich glaubte, wahnsinnig verliebt zu sein. Meine Gefühle haben sich jetzt plötzlich verändert. Ich möchte die Beziehung beenden, ich bin aber völlig verwirrt und frage mich, warum. Ich glaube, weil ich mehr Geld verdiene als er, und ich bin nicht bereit zu warten, bis er finanziell Fuß gefaßt hat.

Antwort: Es gibt Karrierefrauen, und es gibt Frauen, die nur berufstätig sind. Wenn Sie Ihre Karriere höher schätzen als den Mann, in den Sie verliebt sind, dann ist es Ihr gutes Recht, entsprechend zu wählen.

Frage: Ich bin sehr in einen Mann verliebt, der allerdings, wenn er Alkohol trinkt, völlig andere Seiten zeigt und unausstehlich wird. Was soll ich tun?

Antwort: Wenn ein Mann trinkt oder Drogen nimmt, versucht er damit, sein rationales Gehirn auszuschalten und in seinen femininen impulsiven Bauch hinabzusteigen, um sich so die Erlaubnis zu geben, Dummheiten zu machen.

Wenn Sie die denkende Frau sein möchten, die ihren Mann durch dick und dünn verwöhnt, dann kümmern Sie sich um ihn. Wenn Sie eine Frau sein möchten, die mit einem denkenden Mann zusammen ist, der sie verwöhnt, dann meiden Sie Trinker. Gehen Sie zu Al Anon-Gruppensitzungen, und tauschen Sie sich mit anderen Frauen aus, die mit dem gleichen Problem zu tun haben.

Frage: Was ist, wenn eine Frau trinkt oder Drogen nimmt?

Antwort: Hier tritt der gegenteilige Effekt im Vergleich zum Mann ein. Eine Frau, die trinkt oder Drogen nimmt, versucht damit, ihre Gefühle auszuschalten und zu ihrem rationalen Gehirn hinaufzusteigen, um Dummheiten zu machen, wie untaugliche Personen zu heiraten oder in untauglichen Jobs zu bleiben, die mit Frust verbunden sind.

Frage: Ich bin zweiunddreißig und geschieden. Ich hatte sechs Monate lang eine Beziehung mit einem tollen Typen, der sich aber jetzt zurückgezogen hat. Er sagt, er habe sich verrannt und sehe kein Fortkommen in der Beziehung. Dennoch ruft er weiterhin ständig an und schreibt. Was kann ich tun, um die Dinge wieder in Gang zu bringen?

Antwort: Wenn ein Mann sagt: »Ich weiß nicht, was ich will, ich brauche einfach Platz«, sagen Sie ihm: »Ich werde warten, aber während ich warte, werde ich mich auch mit anderen treffen.« Das dürfte ihn auf Vordermann bringen. Wenn nicht, gehen Sie Ihrer Wege.

Frage: Ich habe eine Beziehung mit einem Mann, der sehr lieb ist, mich sehr verwöhnt und mir viel gibt. Wenn ich dann aber darauf reagiere und versuche, in der Beziehung einen Schritt weiterzugehen, dann zieht er sich zurück.

Antwort: Wenn Sie versuchen, in der Beziehung einen Schritt weiterzukommen, reagieren Sie nicht, dann nehmen Sie die Sache vielmehr federführend in die Hand. Wenn Sie reagieren, würden Sie sagen: »Ja, bitte« und »Danke«. Er ist der Mann, und er bestimmt, was, wie und nach welchem zeitlichen Rahmen gemacht wird, und danach richten Sie sich. Wenn Sie ihn bitten, Ihnen mehr Liebe, Zeit, Zärtlichkeit oder Sex zu geben oder Dinge zu verbessern, wird er sich in der Regel zurückziehen und weniger geben.

Frage: Ich habe seit sieben Monaten eine Beziehung, in der ich die männliche Energie bin und er die weibliche Energie ist. Ist es möglich, die Rollen zu tauschen, so daß er die männliche Energie ist und ich die weibliche bin? Ich möchte, daß er die Sache in die Hand nimmt.

Antwort: Warum fragen Sie ihn nicht einfach, was er möchte und was er denkt, und sagen ihm, was Sie fühlen und was Sie nicht möchten. Damit geben Sie einfach das Zepter aus der Hand, und er greift es vielleicht auf.

Frage: Ich bin an einem Mann interessiert, der dabei ist, sich scheiden zu lassen. Ist das in Ordnung?

Antwort: Ein Mann ist verheiratet, wenn er die Heiratsurkunde unterzeichnet, und geschieden, wenn der Richter oder die Richterin die Scheidungspapiere unterzeichnet. Bei allem, was dazwischenliegt, ist er verheiratet.

Frage: Haben Männer keine Angst, eine Frau könnte sich in jemand anderen verlieben, wenn sie Wochen vergehen lassen, ehe sie wieder anrufen?

Antwort: Ja. Darum rufen sie in der Regel nach sechs bis acht Wochen an, um zu verhindern, daß sie ihrer Wege geht. Wenn Sie anrufen, ist er sich Ihrer sicher, Sie sich seiner aber nicht. Wenn Sie nicht anrufen, können Sie sich sicher wiegen, er nicht. Haben Sie Geduld! Warten Sie!

Frage: Ich bin wie besessen von einem Mann, an den ich emotional nicht herankomme. Wie kann ich diese Besessenheit überwinden? Ich sehe ihn ständig, und diese Besessenheit hat Einfluß auf alle meine anderen Beziehungen.

Antwort: Von einem Mann besessen zu sein, der nicht verfügbar ist, heißt, dauerhaft vor einem verfügbaren Mann bewahrt zu bleiben. Der Lover, der in unserem »Kopf herumgeistert«, hält uns besetzt mit der Phantasie der Pefektion, die wir in ihn hineinprojizieren, was auf Kosten der Realität geht. Die einzige Möglichkeit, ihn zu überwinden, ist, sich von ihm fernzuhalten. Sie dürfen ihn zwei Jahre lang weder schmecken, berühren, riechen, sehen noch hören. Und Sie müssen in der Zwischenzeit anfangen, sich wie wild zu verabreden.

Frage: Seit kurzem treffe ich mich mit einem Mann, den ich sehr mag. Er sagt und tut bei allem das Richtige. Er spricht von Beständigkeit, Kontinuität und Ausschließlichkeit; er ist extrem großzügig, geht auf meine Gefühle ein, und wir haben sehr viel Spaß zusammen. Er ist die körperliche Seite sehr langsam angegangen – mit viel Umarmen und Berühren. Ich möchte diese Beziehung fortsetzen, aber wie und wann sage ich ihm, daß ich eine Herpes-Infektion habe?

Antwort: Vor dem Sex. Diese Information dürfen Sie ihm nicht vorenthalten. Wenn Herpes für ihn ein nicht verhandelbarer Punkt ist, wird er unbeschadet und schnell seiner Wege gehen. Sofern Herpes für ihn ein verhandelbarer Punkt ist, wird er mit Ihnen und Ihrem Arzt oder Ihrer Ärztin zusammenarbeiten. Informieren Sie ihn so bald wie möglich, um Ihres eigenen Seelenfriedens willen.

Frage: Ich bin seit vier Jahren mehr oder weniger mit einem verheirateten Mann zusammen. Obwohl ich ihn sehr gerne mag und seine Gesellschaft genieße, habe ich dennoch nicht den Wunsch, ihn zu heiraten, weil er sehr viel jünger ist als ich. Ich finde es schön, locker mit ihm zusammenzusein, bis der Richtige mir eines Tages über den Weg läuft. Mache ich mir selbst etwas vor?

Antwort: Vielleicht sind Sie ja das Superpendant des Dandy, so daß der Junge, genau wie die anderen Jungs auf freier Wildbahn, seinen Gelegenheitssex haben kann. Es gibt, wie gesagt, solche Frauen. Andererseits haben Sie sich aber auch unabsichtlich an diesen Mann gebunden. Sie merken es nur nicht. Ich möchte dazu nur sagen, daß Sie zwar seit vier Jahren locker mit diesem Jungen zusammen sind, ich kann aber nicht sehen, daß Sie darüber hinaus irgend etwas anderes tun.

Seien Sie vorsichtig, mit wem Sie Sex haben. Ihr Körper kann sich in einen Mann verlieben, der der Falsche ist für Sie. Verlieben ist das, was man *binden* nennt.

Die beste Ehe

Für einen glücklichen Verlauf einer Ehe muß nach meiner Überzeugung ein »Bündnis« eingegangen werden, ein Bündnis zwischen einer Person mit weiblicher Energie, die in ihrem Selbstwertgefühl und in der Überzeugung verankert ist, daß sie begehrenswert ist, und einer Person mit männlicher Energie, die in ihrer Kompetenz und Selbstsicherheit verankert ist. Die weibliche Energie übt eine magische Anziehungskraft auf die männliche Energie aus, die großzügig ist und der weiblichen Energie gibt, die es braucht, daß sie zunächst empfängt, ehe sie zurückgibt.

So finden die weibliche Energie und die männliche Energie in einer jeweils fest verankerten Beziehung zusammen, in der sie eine beiderseitige Abhängigkeit aushandeln, und so zu einer ausgewogenen Einheit werden, die positiv in der Welt wirksam wird. »Positiv wirksam« durch ihre Liebe und Spiritualität, die mehr als nur Befriedigung, die darüber hinaus ihr Lebensziel sind.

Wenn ihnen das gemeinsame Lebensziel in ihrer Beziehung fehlt, wird die alleinige Suche nach Befriedigung sie nicht zusammenhalten. Es muß um mehr als um die rein körperliche Befriedigung des anderen gehen. Ein Leben, in dem es nur um Befriedigung geht, kennt selten sehr viel Liebe; aber ein Leben, in dem es um die Liebe geht, hält eine Menge Belohnungen und Befriedigungen bereit. Der Körper kann nie wirklich befriedigt sein; nur die Seele kann befriedigt sein.

Zwei Menschen, die sich zu einem Bündnis zusammengeschlossen haben, bewahren sehr viel Autonomie. Sie bleiben sie selbst. Sie haben ihre eigenen Freunde, ihre eigenen Interessen. Sie teilen ihr Leben miteinander, und sie verhandeln den Deal. Es sind Menschen, die in der Welt einen Unterschied machen. Die Art und Weise, wie sie miteinander umgehen, demonstriert das spirituell Gute in ihrer Beziehung. Und das Interessante an ihrer Beziehung ist, daß sie besser und immer besser wird. Sie haben das Rüstzeug, zusammen durch dick und dünn zu gehen, durch Zeiten, in denen sie Geld haben und kein Geld haben, in denen sie gesund und in denen sie krank sind, weil das alles Entscheidende gegeben ist: sie lieben sich. Es sind diejenigen, die am besten lieben, weil sie den anderen wie auch sich selbst lieben.

Niemand braucht ein Stück Papier, um zu heiraten. Die Ehe beginnt in Wirklichkeit an dem Punkt, an dem die männliche Energie auf ihr ureigenstes Recht auf Polygamie verzichtet und die weibliche Energie das Risiko eingeht, sich zu binden, indem sie ihm ihren Körper gibt. Wenn Sie jedoch eine hundertprozentige verbindliche Beziehung haben möchten, bei der keine Türen offengelassen werden, weder körperlich, geistig noch emotional, dann müssen Sie, glaube ich, offiziell heiraten. Damit nehmen Sie sich dann gegenüber der Gesellschaft in die Pflicht. Wenn ein Mann sich auf dem Papier verpflichtet, ist er in die Pflicht genommen.

In der Ehe verpflichten die Körper sich auf der sexuellen und sinnlichen Ebene. Der Geist verpflichtet sich auf der Ebene von Geld und Eigentum und Status in der Gemeinschaft. Wenn Körper und Geist verpflichtet sind, dann haben Sie Zuneigung, Liebe und Lust, und dann, und nur dann ist der Betreffende »verliebt«.

Lieben und geliebt zu werden ist ultimativ das spirituelle Ziel aller Menschen. Mögen Sie Ihren Mann finden, eine solide Grundlage bauen und die Früchte einer liebevollen Ehe ernten.

Wenn mein Buch Ihnen dazu verhilft, daß Sie dahin kommen, so müssen Sie dennoch verstehen, daß das Leben ein Prozeß ist, und daß sich unsere Ehen, die Art und Weise, wie wir zusammenleben, die Art und Weise, wie wir miteinander kommunizieren, und die Art und Weise, wie wir miteinander verhandeln, sich zwangsläufig jeweils genauso verändern müssen wie wir.

INGRID **KLEIN** VERLAG

Linda Tschirhart Sanford /
Mary Ellen Donovan
Frauen und Selbstachtung
Ich bin ich
und ich bin o.k.
ISBN 3-89521-019-6

Nach wie vor leiden viele Frauen in bedrückender Weise unter einem zu geringen Selbstwertgefühl. Sie fühlen sich unsicher, unzulänglich, nichts wert, häßlich, zu dick, zu dünn, zu groß, zu klein, haben Probleme mit ihrer Sexualität, mit ihrem Partner, ihrem Beruf, ihren Kindern, fühlen sich talentlos, glücklos, erfolglos, kurz: ihre Selbstachtung ist außerordentlich unterentwickelt. Diese weltweit einzige Untersuchung dazu von den beiden amerikanischen Autorinnen untersucht engagiert und einfühlsam, woraus die negative Selbsteinschätzung resultiert, und wie sie sich verfestigt. Außerdem bietet sie konkrete Hilfe in Form von schrittweise nachvollziehbaren Übungen.
»Eines der seltenen Selbsthilfebücher, die innere und äußere Veränderungen zu revolutionärer Umwälzung verbinden.« Gloria Steinem